U0839232

基层治理的价值观融入机制研究

方雷　刘蕊　李宸　著

山东大学出版社
SHANDONG UNIVERSITY PRESS
·济南·

图书在版编目(CIP)数据

基层治理的价值观融入机制研究 / 方雷,刘蕊,李宸著.—济南:山东大学出版社,2025.6

ISBN 978-7-5607-7880-8

Ⅰ.①基… Ⅱ.①方…②刘…③李… Ⅲ.①社会管理—研究—中国 Ⅳ.①D63

中国国家版本馆 CIP 数据核字(2023)第 138794 号

责任编辑 朱若翌
封面设计 杜 婕

基层治理的价值观融入机制研究
JICENG ZHILI DE JIAZHIGUAN RONGRU JIZHI YANJIU

出版发行 山东大学出版社
社　　址 山东省济南市山大南路 20 号
邮政编码 250100
发行热线 (0531)88363008
经　　销 新华书店
印　　刷 济南乾丰云印刷科技有限公司
规　　格 720 毫米×1000 毫米 1/16
　　　　 14.25 印张 257 千字
版　　次 2025 年 6 月第 1 版
印　　次 2025 年 6 月第 1 次印刷
定　　价 57.00 元

版权所有 侵权必究

目　录

导　论

一、研究背景与价值意义

（一）研究背景

核心价值观作为社会意识形态的主体和灵魂，是发展国家主流意识形态、整合社会意识、形成人们共同思想道德基础的重要前提。确立一套能在所有价值观念和价值取向中处于统摄和支配地位，对社会意识和社会思潮具有强大的凝聚力和整合功能，并且能够形成广泛社会共识的核心价值观，对于避免人心涣散和社会混乱，保证社会前进的正确方向，都具有显而易见的重要作用。

习近平总书记在党的十九大报告中指出："经过长期努力，中国特色社会主义进入了新时代，这是我国发展新的历史方位。"[①]现实发展和实践探索都需要我们对社会主义有更为深入的认识，特别是需要从价值观层面对社会主义进行科学回答。社会主义本身虽然有许多方面的规定，诸如所有制特点、指导思想、理论体系、制度文明等，但是价值观层面无疑是非常重要且不容忽视的。核心价值观是社会主义在价值观层面最集中、最凝练的体现，换言之，社会主义核心价值观，就是要科学回答"什么

① 习近平：《决胜全面建成小康社会　夺取新时代中国特色社会主义伟大胜利——在中国共产党第十九次全国代表大会上的报告》，人民出版社 2017 年版，第 10 页。

是社会主义的价值本质”这一根本问题。[①] 历史和现实表明，能否适应社会经济基础和政治制度的要求，构建起具有强大感召力和凝聚力的核心价值观，关乎能否把握社会主义社会发展规律进行治国理政、安民固邦的大问题。

党的二十大报告指出：“我们确立和坚持马克思主义在意识形态领域指导地位的根本制度，新时代党的创新理论深入人心，社会主义核心价值观广泛传播，中华优秀传统文化得到创造性转化、创新性发展，文化事业日益繁荣，网络生态持续向好，意识形态领域形势发生全局性、根本性转变。”[②]社会主义核心价值观从广泛传播到广为弘扬，再到深入人心，显示出核心价值观的思想认同和情感认同基础不断扩展，核心价值观在引领思想、规制行为、塑造共识方面越来越发挥重要作用。

社会主义核心价值观是在中国共产党第十八次全国代表大会上首次被概括提出的。党的十八大报告指出：“倡导富强、民主、文明、和谐，倡导自由、平等、公正、法治，倡导爱国、敬业、诚信、友善，积极培育和践行社会主义核心价值观。”[③]社会主义核心价值观是社会主义价值体系中最基础、最核心的部分，从国家、社会、个人三个层面明确指出了社会主义的价值取向，指明了我们要建设什么样的国家、建设什么样的社会、培育什么样的公民，体现了社会主义的价值本质，并引导着社会各领域、各层次的价值观塑造。我们党深化了对于社会主义核心价值观的认识，概括提炼了社会主义核心价值观的重要功能作用。党的十九大报告指出：“社会主义核心价值观是当代中国精神的集中体现，凝结着全体人民共同的价值追求。要以培养担当民族复兴大任的时代新人为着眼点，强化教育引导、实践养成、制度保障，发挥社会主义核心价值观对国民教育、精神文明创建、精神文化产品创作生产传播的引领作用，把社会主义核心价值观融入

---

① 参见戴木才：《科学揭示中国特色社会主义核心价值观的四个维度(上)：中国特色社会主义核心价值观探索之二》，《南昌航空大学学报》(社会科学版)2011 年第 3 期。

② 习近平：《高举中国特色社会主义伟大旗帜　为全面建设社会主义现代化国家而团结奋斗——在中国共产党第二十次全国代表大会上的报告》，人民出版社 2022 年版，第 10 页。

③ 胡锦涛：《坚定不移沿着中国特色社会主义道路前进　为全面建成小康社会而奋斗——在中国共产党第十八次全国代表大会上的报告》，人民出版社 2012 年版，第 31～32 页。

社会发展各方面，转化为人们的情感认同和行为习惯。”[①]党的十九届六中全会通过的《中共中央关于党的百年奋斗重大成就和历史经验的决议》强调“用党的理想信念凝聚人，用社会主义核心价值观培育人，用中华民族伟大复兴历史使命激励人，培养造就大批堪当时代重任的接班人”[②]。2025年5月，习近平总书记对精神文明建设工作作出重要指示，强调“要坚持不懈用新时代中国特色社会主义思想凝心铸魂，强化理想信念教育，广泛践行社会主义核心价值观。要更加注重以文化人、以文育人，不断丰富人民精神世界，促进人的全面发展”[③]。这为我们指明了抓好社会主义事业后继有人问题的根本遵循，用社会主义核心价值观培育人，用积极健康向上的思想文化引领人民群众，使人民群众在涉及社会主义核心价值观的重大问题上达成共识、统一认识、形成合力，从而形成全面深化改革的强大精神纽带和精神动力。

可以说，经过十年来持续不断的努力，社会主义核心价值观在融入精神文明建设、国民教育、党的建设全过程和社会生活的方方面面等都取得了实质性发展，并被广大人民群众在日常生活中认同和感知。社会主义核心价值观宣传践行的实践经验表明，社会主义核心价值观融入社会发展各方面是推进核心价值观落地生根的重要举措，也是核心价值观真正在中国大地深入群众、深入人心的具体举措。新时代不仅是从时间的维度上，更是从社会复杂情况的维度上揭示了传统社会到现代社会甚至是后现代社会发展转型呈现的不确定性，并向我们提出“如何应对”这一问题。推进国家治理体系和治理能力现代化，要大力培育和弘扬社会主义核心价值观，这一要求明确提出了深入研究社会主义核心价值观融入国家治理的战略任务。社会主义核心价值观融入基层治理，对于引领基层社会价值取向，坚定社会主义信仰信念，巩固国家认同、民族认同和政党

---

① 习近平：《决胜全面建成小康社会　夺取新时代中国特色社会主义伟大胜利——在中国共产党第十九次全国代表大会上的报告》，人民出版社2017年版，第42页。

② 《中共中央关于党的百年奋斗重大成就和历史经验的决议》，人民出版社2021年版，第74页。

③ 《推动精神文明建设高质量发展为强国建设民族复兴提供强大精神力量》，《人民日报》2025年5月24日。

认同具有重要意义。培育和弘扬社会主义核心价值观，能够有效包容和整合社会意识，这是社会系统得以正常运转、社会秩序得以有效维护的重要途径。

基层是我们党一切具体工作的落脚点。基层治理是国家治理的基石，是国家治理体系最终执行的落脚点，也是现代社会的核心议题之一。党的十九届四中全会审议通过的《中共中央关于坚持和完善中国特色社会主义制度　推进国家治理体系和治理能力现代化若干重大问题的决定》明确指出，“社会治理是国家治理的重要方面。必须加强和创新社会治理，完善党委领导、政府负责、民主协商、社会协同、公众参与、法治保障、科技支撑的社会治理体系，建设人人有责、人人尽责、人人享有的社会治理共同体，确保人民安居乐业、社会安定有序，建设更高水平的平安中国”①，同时，“构建基层社会治理新格局”②。基层治理作为国家治理体系的重要组成部分，是实现国家治理体系和治理能力现代化的基础工程。具体来说，基层治理指的是对基层社会领域中公共问题的管控和处理。在中国，国家权力与社会自治场域之间的交集主要是在“基层”，在城市主要是街道、社区层面，在农村主要是乡镇、村庄层面。城乡基层是培育和践行社会主流价值的重要依托，机关、社区、学校等基层单位要重视社会主义核心价值观的工作，使之融入基层党组织建设和基层政权建设之中，融入人们的生产生活，推动社会主义核心价值观不断转化为人们的自觉行动。③

中国共产党第二十次全国代表大会修订的《中国共产党章程》第三十三条指出：“街道、乡、镇党的基层委员会和村、社区党组织，统一领导本地区基层各类组织和各项工作，加强基层社会治理，支持和保证行政组织、经济组织和群众性自治组织充分行使职权。”④显而易见，基层治理同样

① 《中共中央关于坚持和完善中国特色社会主义制度　推进国家治理体系和治理能力现代化若干重大问题的决定》，人民出版社 2019 年版，第 28 页。

② 《中共中央关于坚持和完善中国特色社会主义制度　推进国家治理体系和治理能力现代化若干重大问题的决定》，人民出版社 2019 年版，第 28 页。

③ 参见《关于培育和践行社会主义核心价值观的意见》，人民出版社 2013 年版，第 22 页。

④ 《中国共产党章程》，人民出版社 2022 年版，第 25 页。

表现为治理主体的多元化。基层社会治理中的多元主体包括县（区）、乡镇政府以及政府的派出机构、政法部门，还包括城乡基层自治组织、社会组织和居民等社会力量。具体到基层社会治理方面，就是要为基层有效治理确立良好的“心理机制”，增强价值认同，提高社会凝聚力。

基层治理需要社会主义核心价值观来向社会传导正确的价值取向。习近平总书记指出：“各种社会管理要承担起倡导社会主义核心价值观的责任，注重在日常管理中体现价值导向，使符合社会主义核心价值观的行为得到鼓励、违背核心价值观的行为受到制约。”[①]2016 年 12 月，中共中央办公厅、国务院办公厅印发的《关于进一步把社会主义核心价值观融入法治建设的指导意见》指出：“推动社会主义核心价值观建设既要靠良法，又要靠善治。”[②]基层治理是涵养社会主义核心价值观的重要载体，日常治理工作有利于落细、落小、落实核心价值观的目标与要求。要努力推动社会主义核心价值观不断转化为社会群体意识，使其成为人们日常的基本遵循。

习近平总书记在河南考察时强调：“要全面落实党的领导，健全社会治理体制机制……要高度重视法治和诚信建设，发挥好法治对社会治理的规范和保障作用，加强诚实守信的价值引导，提高政府诚信、企业诚信、社会诚信水平。”[③]核心价值观与基层治理是紧密相连的，核心价值观是基层治理的内在精神支撑。因此，深入贯彻习近平新时代中国特色社会主义思想和习近平总书记关于基层治理重要讲话精神，要求我们必须将社会主义核心价值观融入基层治理提升到巩固全体人民团结奋斗的共同思想道德基础的战略高度，并与推进基层治理的实践紧密结合，进而深入、系统地探讨社会主义核心价值观融入基层治理的规范意蕴。

---

① 中共中央文献研究室编：《习近平关于社会主义文化建设论述摘编》，中央文献出版社 2017 年版，第 111 页。

② 《中办国办印发〈关于进一步把社会主义核心价值观融入法治建设的指导意见〉》，《人民日报》2016 年 12 月 26 日。

③ 《习近平在河南考察时强调：坚定信心推动高质量发展高效能治理 奋力谱写中原大地推进中国式现代化新篇章》，《人民日报》2025 年 5 月 21 日。

(二)理论价值

构建基层治理中社会主义核心价值观融入机制,目的就是深化对社会主义核心价值观建设与基层治理之间关系的认识,明辨社会主义核心价值观融入基层治理的理论与实践意义,为推动社会主义核心价值观融入基层社会建设提供理论支撑。

目前学界有关社会主义核心价值观融入基层治理的研究,整体上仍处于起步阶段,在理论与现实、文化与哲学、宏观与微观等多维视角相互融合中展开的纵深理论研究仍然相对缺乏。本书使抽象理论与实践研判相互支撑,将宏观把握与微观设计融为一体,可以为有关学术机构和学者的相关研究提供理论参考,为深化基层治理中社会主义核心价值观的融入机制研究作出应有的学术贡献。

本书立足于对社会主义核心价值观融入基层治理本质意蕴的双重把握,从社会主义核心价值观微观实践研究的薄弱状况和基层治理宏观引导研究的匮乏状态中超脱出来,以基层治理研究充实对社会主义核心价值观引领中国特色社会主义实践的研究,以社会主义核心价值观研究贯穿于基层治理过程的中国特色社会主义价值研究,继而凝练出基层治理中社会主义核心价值观融入机制的主题。基于对社会主义核心价值观融入基层治理的理论建构,既可以建立一套基层治理中社会主义核心价值观融入机制的理论模型,又可以提供贯彻落实党的领导、提升依法执政水平和能力、落实社会主义核心价值观等多方面的有益启发。

(三)现实意义

习近平总书记指出,要"紧紧围绕建设具有强大凝聚力和引领力的社会主义意识形态,坚持以社会主义核心价值观为引领,不断构筑中国精神、中国价值、中国力量,发展壮大主流价值、主流舆论、主流文化"[①]。构建基层治理中社会主义核心价值观融入机制,对社会主义核心价值观融入基层治理实践的问题进行细化分类与策略创新,既可以探究社会主义

---

① 《锚定建成文化强国战略目标　不断发展新时代中国特色社会主义文化》,《人民日报》2024年10月29日。

核心价值观融入基层治理的文化网络、结构特征、运行程序,又可以为基层领导干部创新性推进基层治理工作,改进基层治理体制与工作方法,扎实贯彻党中央关于以社会主义核心价值观引领文化建设的重要部署,探索具有可行性、操作性和借鉴性的实践路径。

构建基层治理中社会主义核心价值观融入机制的政治意蕴,就是深入推进社会主义核心价值观融入基层社会建设,以社会主义核心价值观为社会主义现代化强国建设凝魂聚气,将中国特色社会主义价值理念和党的领导深入贯彻落实到基层人民群众心中,不断凝聚党领导人民进行国家治理的社会共识,推进国家治理体系和治理能力现代化。

构建基层治理中社会主义核心价值观融入机制的制度意蕴,就是大力推动社会主义核心价值观更好地融入基层治理,不断为在全社会大力培育和弘扬社会主义核心价值观提供制度保障,立足当代中国文化建设和政治发展的时代境遇,创新和完善社会主义核心价值观与基层治理深度融合的体制机制。

构建基层治理中社会主义核心价值观融入机制的实践意蕴,就是推进依法治国与以德治国的互融互促,强化社会主义核心价值观对社会建设的引导,加强社会主义核心价值观落细、落小、落实的政治保障,推动社会主义核心价值观在基层治理领域的融入贯穿,以切实提升社会主义核心价值观融入基层治理的效能。

二、国内外研究综述

(一)研究动态

自党的十八大明确提出以“倡导富强、民主、文明、和谐,倡导自由、平等、公正、法治,倡导爱国、敬业、诚信、友善”为主要内容的社会主义核心价值观以来,“社会主义核心价值观研究”逐步成为学术热点,学界研究成果日丰,其中便有对核心价值观融入政治社会生活领域问题的研讨。但是,当前学界现有研究中,直接聚焦“基层治理中社会主义核心价值观融入机制”展开的研究相对较少。相关研究主要集中于以下几个方面。

1.有关社会主义核心价值观内涵解读、结构解析的研究

深刻把握社会主义核心价值观的内涵意蕴，是深入推进本书研究的重要基础和前提。鉴于此，我们对有关社会主义核心价值观内涵解读、结构解析的研究成果进行了梳理和总结。

第一，关于社会主义核心价值观科学内涵的解读。对于社会主义核心价值观，学界分别从宏观和微观的角度进行了探讨。

从宏观角度来看，有论者指出，社会主义核心价值观有一般和特殊之分，学界对于社会主义核心价值观外延的理解和认识不尽相同，有人认为“社会主义核心价值观”指的是世界社会主义的价值观，而又有人认为社会主义核心价值观是中国社会主义事业的价值观。前者所指是不分民族和国别的世界社会主义共同价值观，或一般意义上的社会主义核心价值观，它来源于各个国家社会主义运动，但又不能归结于某个国家的社会主义运动。后者指的则是个别社会主义国家的核心价值观，比如中国特色社会主义核心价值观。刘建军认为，我们现在所讲的“社会主义核心价值观”，从字面上看，似乎是一般的社会主义核心价值观，因为它的前面没有加限定性的词语，比如“中国特色”，但从实质上讲，却是中国特色社会主义核心价值观，因而它属于特殊的社会主义核心价值观。也就是说，我们并不是在为世界上所有的社会主义国家，为所有追求社会主义的人们，提供一般意义上的价值遵循，而是在当代中国语境下，以中国特色社会主义为蓝本，为当代中国人提供价值遵循。[①] 杨业华、符俊指出，关于社会主义核心价值观中的“社会主义”属性问题是探讨社会主义核心价值观的理论前提，对“社会主义”的理解不宜泛化，应从中国特色社会主义的视角进行解读，它所指称的是中国的社会主义，不是其他国家的社会主义，也不是其他社会主义流派；社会主义核心价值观中的“核心价值观”，是指人们在长期的生活实践中积淀和形成的有关客体对主体效应的根本看法，是人们在处理各种价值问题时所持的根本立场、观点和态度，它在整个价值观体系中处于中心地位，起着主导作用，代

① 参见刘建军：《社会主义核心价值观的三种区分》，《思想理论教育导刊》2015年第2期。

表着价值观的根本特征，体现着价值观的根本倾向，统率并约束其他处于非核心地位的价值观。[①] 李文阁强调，把握社会主义核心价值观的基本内涵，关键是要从价值理念的层次或高度来理解它，社会主义核心价值观是对社会主义本质的价值概括，它继承了中华优秀传统文化，吸收了人类文明有益成果，反映了当代中国实践要求，具有社会主义性质及民族性、时代性和实践性，是民族特色、时代内涵、制度属性和实践要求的有机统一。[②]

从微观层面来看，有学者分别对“富强、民主、文明、和谐，自由、平等、公正、法治，爱国、敬业、诚信、友善”12 项核心价值观的具体内容进行了研讨。刘书林认为，“富强、民主、文明、和谐”明显地体现了社会主义初级阶段的要求，是科学社会主义在当前的直接目标。社会主义核心价值观中“富强、民主、文明、和谐”这 8 个字的来源，就说明了社会主义的来源，体现了科学社会主义在中国现阶段的目标。[③] 学界对核心价值观具体内容的解读总体趋同、共识度较高，在此不再一一赘述。

此外，学界还对社会主义核心价值观进行了分层解读。李忠军认为，在关于国家发展的目标设定上，社会主义核心价值观把“富强、民主、文明、和谐”作为中国特色社会主义现代化建设追求的价值目标，体现了社会主义意识形态引领当代中国人民奋力建设社会主义现代化国家的价值承诺；在关于社会发展的目标设定上，社会主义核心价值观把“自由、平等、公正、法治”作为中国特色社会主义社会建设的价值目标，体现了社会主义意识形态对于建设美好社会的价值承诺；在关于个人发展的价值规定上，社会主义核心价值观把“爱国、敬业、诚信、友善”确立为人们开展社会行为的价值准则，体现了社会主义意识形态对于弘扬优秀传统文化、引

---

① 参见杨业华、符俊：《关于社会主义核心价值观的界定分析》，《湖北大学学报》（哲学社会科学版）2015 年第 2 期。

② 参见李文阁：《论社会主义核心价值观的形成、内涵与意义》，《北京师范大学学报》（社会科学版）2015 年第 3 期。

③ 参见刘书林：《论社会主义核心价值观的几个重要关系》，《思想理论教育导刊》2014 年第 9 期。

领道德风尚的价值承诺。[①]

第二,关于社会主义核心价值观内在结构的研究。曾长秋、曹挹芬分析了社会主义核心价值观的价值结构。他们认为,从内容维度看,社会主义核心价值观包括国家建设价值目标(富强、民主、文明、和谐)、社会秩序价值取向(自由、平等、公正、法治)、公民道德价值准则(爱国、敬业、诚信、友善)三个方面的内容;从关系维度看,社会主义核心价值观各层面内部相互联系、相互依存,三个层面之间也是相互联系、相互依存的关系。[②]周顺玲对社会主义核心价值观进行了结构分层,认为以"三个倡导"为主要内容的社会主义核心价值观不仅对公民个人的价值选择和道德提出了要求,而且更为重要的是,它还确立了整个国家的共同理想,特别是确立了社会(政府)建设的价值和道德要求。社会主义核心价值观体现了中国在新的历史条件下国家、社会(政府)和公民个人之间的共同和双向的价值和道德要求。一方面,社会(政府)尽可能保障公民个人的权利;另一方面,公民个人也要尽可能地承担起自己的义务和责任并共同致力于建设"富强、民主、文明、和谐"的社会主义国家。[③] 贺善侃指出,社会主义核心价值观在内涵上是价值理想和价值规范的统一,在特征上是时代性和传统性的统一,在功能上是民族认同和社会认同的统一,清晰勾勒出社会主义核心价值观的目标取向、行为规范和实施方式等方面的内容,突出体现了社会主义核心价值观的体系性。[④]

第三,关于社会主义核心价值观法制化和制度化的研究。江畅、张景分析了社会主义核心价值观法制化的意义、内涵、任务、障碍和路径,指出培育和践行社会主义核心价值观的根本目标和基本任务是要使社会主义核心价值观现实化为当代中国的社会价值体系,使之成为当代中国文化的核心内容和深层结构。这是一个实践转化的过程。法制化是关键环节

---

① 参见李忠军:《论社会主义核心价值观、中国精神与社会主义意识形态》,《社会科学战线》2014 年第 3 期。

② 参见曾长秋、曹挹芬:《社会主义核心价值观结构探析》,《伦理学研究》2014 年第 2 期。

③ 参见周顺玲:《社会主义核心价值观的结构分层初探》,《求实》2013 年第 1 期。

④ 参见贺善侃:《论社会主义核心价值观的体系性》,《思想理论教育》2013 年第 7 期。

和核心内容，因此必须高度重视社会主义核心价值观法制化。社会主义核心价值观法制化，是指社会主义核心价值观中体现社会主义本质的要求和事关社会主义社会秩序和谐的要求的制度化，以及这些要求中的底线要求的法律化。其首要任务就是要把社会主义核心价值观具体化为不同维度、不同层次的子观念价值体系，然后再将这些子观念价值体系体现在法制体系中。[①]

当前，社会主义核心价值观法制化面临着法制观念模糊、缺乏核心价值观法制化意识、不愿意和不习惯法制化等障碍。要克服这些障碍，需要进一步解放思想和更新观念，充分推行法制化，加快法制化的理论研究和实施方案设计进程。制度是价值观的重要载体，制度化建设是社会主义核心价值观建设的一个重要途径。制度化的具体内涵是社会主义核心价值观可以转化为制度安排的内在价值观、具体的规章制度以及赏善罚恶的奖惩机制。喻文德指出，要从社会主义核心价值观出发搞好制度的顶层设计、价值评价，重建道德秩序，这是社会主义核心价值观制度化建设的基本途径。制度化建设的最终目的是使社会主义核心价值观逐渐沉淀为人们的生活方式。[②] 价值观念变革、价值观念认同、价值观念践行是促成社会主义核心价值观制度化的重要原因。

2.关于基层治理的研究

基层治理是本书的基础理论之一。围绕“基层治理”展开的相关研究，为基层治理中社会主义核心价值观融入机制的深入研究奠定了良好基础。

第一，基层社会治理的意义认知。20 世纪 90 年代，治理理论开始传入中国。自此以后，治理理论被应用于基层社会研究领域，形成了基层社会治理理论。“对于社会治理而言，基层社会治理是基础支撑，是前沿阵地，发挥着关键性作用。社会治理的实现要依靠各项政策和机制在基层

① 参见江畅、张景:《论社会主义核心价值观的法制化》,《思想理论教育》(综合版)2015 年第 10 期。

② 参见喻文德:《论社会主义核心价值观的制度化建设》,《中国特色社会主义研究》2016 年第 2 期。

社会治理中的落实，要依靠基层社会治理激发和动员社会力量的参与，要依靠基层社会治理实践中产生的良好做法和经验来推动。”[①]推进基层社会自治，是实现基层社会多元主体治理和社会治理体系转型的结构性条件。

基层自治发生于国家权威主导的社会变迁过程中。改革开放以来，基层社会的组织体系发生了重大变化，城乡社区取代传统的基层社会组织，居委会和村委会等基层群众自治组织出现并发展起来。但是社会主体性并没有建构起来，单位社区及整个社会缺乏自立性、韧性与活力。周庆智指出，虽然单位制管理体系已经弱化，但作为基层群众自治组织的城市居委会和农村村委会并没有发展成为真正意义上的社会自治组织。城乡社区只是个地域性或行政性概念，还不能成为真正的社会共同体，旧的制度结构还发挥着一定的组织功能和作用。[②] 虽然城乡社区治理结构的组织化关系已经发生变化，但基层社会旧的基本权力格局和治理原则还在延续，单位制式管理组织结构和管理方式并没有发生与之相适应的变化。

基层治理的问题本质上是如何形成良好的社会秩序。通常来说，社会秩序的形成包括社会自发形成秩序和国家(政党)为社会订立规则两种不同路径。在中国向现代民族国家转型的过程中，中国共产党发挥了重建社会的独特作用。通过政党的动员凝聚机制，国家权力逐步延伸和渗透到基层乡村社会。在政党与社会关系方面，林尚立认为：“党的基层组织必须从传统的行政化的功能定位回到政党化的功能定位，党促进基层社区发育和成长不可能也不应该用行政资源来推动，而应该用党自身所拥有的政治资源来推动。”[③]梁妍慧认为，现代社会中，不同利益群体既是治理的客体，也是治理的主体，他们与党和政府是相互合作、共同治理社会的伙伴。这就要求党和政府做到，凡是社会能够自行解决的事务，政府

① 沈筱芳：《党的领导与基层社会治理研究 》，中共中央党校博士学位论文，2017年。

② 参见周庆智：《基层社会自治与社会治理现代转型》，《政治学研究》2016年第4期。

③ 林尚立：《社区党建：中国政治发展的新生长点》，《上海党史与党建》2001年第3期。

不再过多过细干涉，要逐步从包揽到总揽、从微观到宏观。[①]

当前，我国基层社会处于矛盾冲突多发和利益诉求多元的时期。基层社会治理的重要作用更加凸显，发挥好基层社会治理在整个社会治理乃至国家治理体系和治理能力现代化中的基础性作用，对于基层社会治理的健康发展有着重要意义。“没有基层社会自治，基层政府公共性就不能建立起来，就不可能完成基层社会整合和实现社会治理的现代转型。”[②]

第二，基层治理的内涵解析。基层社会从行政层级上来看，一般是指县级及其以下层面的社会群体，主要包括市辖区、街道、社区居民委员会等，也包含与城市社区直接发生联系的基层乡镇、村(居)委会。作为由社会基层组织构成的社会空间，从组织形态上讲，在城市中，基层社会主要是指街道、社区层面，在农村中则主要是指乡镇、村庄层面。

基层社会治理，即面向街镇、村居(社区)及相关党政机关、企事业单位、社会团体以及广大居民群众对共同生活进行的民主、公正、规范、有序的合作治理。作为党和政府直接与人民群众发生互动的场域，基层治理担负着组织领导群众参与社会治理的重要任务。

史云贵和屠火明从主体平等的角度来界定基层社会治理，认为基层社会治理是指基层社会的治理主体以相对平等的身份，就基层社会公共事务进行合作共治。[③] 通过社会关系的协调与社会行为的规范，解决社会问题，维护社会公正与稳定，以促进社会和谐。我国传统型基层社会治理模式已经无法适应目前经济社会发展的新形势。而社会结构、社会组织形式以及社会价值理念等方面的一系列深刻变化，使得政府必须改变以往对各项社会事务进行大包大揽的治理方式，创新出适应市场经济体制运行的治理手段。周昌祥从民主参与、公平公正、协商包容等视角界定基层社会治理，认为基层社会治理就是要通过优化社区治理主体之间的责任关系，培育社区居民的自主性、责任性和参与性，让他们自觉投入到

---

① 参见梁妍慧：《现状与深化：社会领导体制改革探析》，《中国党政干部论坛》2013 年第 5 期。

② 周庆智：《基层社会自治与社会治理现代转型》，《政治学研究》2016 年第 4 期。

③ 参见史云贵、屠火明：《基层社会合作治理：完善中国特色公民治理的可行性路径探析》，《社会科学研究》2010 年第 3 期。

对公共生活的合作管理中来，将政府的公助、各治理主体的互助与居民的自助有机统一起来，以实现社区公共利益最大化的“善治”目标，促进社区和谐与发展。[①] 江治强认为，基层社会治理要增强基层自治组织自治权限和自治能力。加强基层自治组织自治能力建设，首要的是通过立法及政治改革进一步改变行政权力侵蚀自治权力的问题。应限定政府的行政权，防止政府用行政手段干预基层群众自治范围内的事情和随意用行政命令的方式下达指标和指令性任务。[②] 党的领导在基层治理中的作用，就是在党的领导下，政府和社会力量协同推进基层社会事务的管理和服务。

陈家刚认为：“基层治理就是基层的公共权威相互合作、共同管理基层社会政治生活，增进基层民众福祉和公共利益的过程。因此，治理的权威既可以是官方的，也可以是民间的，还可以是官方与民间机构共同合作。”[③]在多元治理主体中，党组织是领导基层治理的核心和主体力量，党和政府依然在基层治理过程中发挥着主导作用。基层治理本质上是“国家权力向基层延伸并为社会订立规则的过程，是在现代社会变迁的条件下形成的一种新的社会秩序”[④]。因此，合作治理、协同治理、多元治理是基层治理的灵魂。基层民众、自治组织、社会组织以及基层党政干部、国家机关等，通过确定基层组织领导人、科学合法作出决策、民主管理与监督等基本方式参与基层治理，最终实现基层治理现代化的目标。

第三，基层治理的逻辑构成与结构范畴。基层治理理论主要讨论两个问题：一是在社区治理中，政府与社会各有哪些行动主体介入，它们之间是什么关系；二是在社区建设中，应当如何构建政府与社会的合作关系。前者以分析模式出现，后者以建构模式出现。我国传统型基层社会治理模式已经无法适应当前经济社会发展的新形势，创新适应市场经济体制运行的基层治理模式势在必行。

---

① 参见周昌祥：《创新基层社会治理的有效方式：以服务为本的社区社会工作》，《社会工作》2014年第2期。

② 参见江治强：《基层社会治理机制的构建设想和路径》，《中国民政》2013年第9期。

③ 陈家刚：《基层治理：转型发展的逻辑与路径》，《学习与探索》2015年第2期。

④ 陈家刚：《基层治理：转型发展的逻辑与路径》，《学习与探索》2015年第2期。

基层治理就其承担的作用而言,“既包括将国家的方针政策与本地区、本部门的实际结合起来、落实下去,又包括要充分激发广大人民群众参与社会治理的主动性和积极性,担负起联结党、政府与社会以及广大人民群众的桥梁”[①]。拜茹、尤光付认为,在乡村振兴背景下,构建在党的全面领导下政府与乡村社会多元主体协商共治的协同治理模式,促进政府与乡村社会力量的协调合作是实现基层治理精准化的重要途径。[②] 基层治理是执政党不可或缺的社会职能,陈东辉对党在基层治理中的领导地位和引领作用进行了研究,认为以基层党建引领社会治理创新是科学有效的基层治理模式,他提出要坚持走以党建为引领,以人民为中心,以问题为导向,以创新为关键,以制度为保障,把党的群众路线贯穿到各领域全过程的新路子。[③] 向德平认为,社区自治是基层社会治理模式重构的基础路径,社区自治的发展已成为培育基层社会自治能力的起点,也成为重构基层社会治理模式的基础。在政府与社会的互动过程中,通过社区自治的发展能够提升整个社会的自治水平,逐步形成一种“小政府,大社会”的治理结构,重构了服务型的新型社会治理模式。[④] “要增强对自治行为的法律约束,规范自治权和自治边界,真正尊重和保障居民的自治权。特别是应当授予社区公共资源由社区民主协商解决权,在达成一致意见和保证公平的基础上,鼓励基层自治组织动员社区资源,逐步提高依靠自身获得资源的能力。”[⑤]加强政府、社会公众对社会组织的监督,建立社会组织发展竞争、淘汰机制,激发社会组织的活力与创新能力。

第四,基层治理的困境剖析与路径优化。由于基层社会存在着个体利益多样化、利益群体多元化、治理结构多元化等特点,基层社会治理还存在一些亟待解决的现实问题。周昌祥认为,无限责任下社区建设呈现单一政府资源注入式发展趋向,于是出现这样一些问题:“社区居委会具

---

① 沈筱芳:《党的领导与基层社会治理研究 》,中共中央党校博士学位论文,2017 年。

② 参见拜茹、尤光付:《自主性与行政吸纳合作:乡村振兴中基层社会治理模式的机制分析》,《青海社会科学》2019 年第 1 期。

③ 参见陈东辉:《基层党建引领社会治理创新的探索与路径》,《理论与改革》2019 年第 3 期。

④ 参见向德平:《社区自治与基层社会治理模式的重构》,《甘肃社会科学》2013 年第 2 期。

⑤ 江治强:《基层社会治理机制的构建设想和路径》,《中国民政》2013 年第 9 期。

有政府机构的意味或角色，居民自治组织的功能不显著；社区工作人员缺乏足够的时间和精力去培育社区内生的自主发展力量；社区内生自主发展功能因无限责任的过度照顾而弱化；街道和社区主动为居民制定若干公共服务与居民的实际需要存在差距。”①

随着不同历史时期经济社会发展的阶段性特征和社会治理重心的转移，基层社会治理格局也处于不断变动之中。当前基层社会治理的核心议题之一在于能否正确处理政府与社会的关系。周庆智认为，当前基层社会治理中还不同程度地存在政府权力过大、过于集中，政府是一切规则的制定者和评判者，是基层秩序的唯一权威，而社会发展空间狭窄，社会自治没有发展的条件的问题。②

另外，党建引领与空间治理结合视域下空间政治学研究正成为学界关注的热点，研究如何通过党建引领促进空间治理的现代化，实现国土空间规划的有效实施和管理。谢岳等提出：“当前中国基层的社区治理在经验和现象层面不断显现空间意义上的实践、表达和行为，比如社区更新、平台建设、邻避运动、业主维权等，社区空间作为集体行动的基础和关系构建的网络结构，成为影响基层政治秩序的关键变量。”③因此，如何界定政府在基层社会领域的权力边界，如何规范处理好政府与社会、市场的关系，实现基层社会治理中政社关系的法治化与规范化，是推进基层社会治理稳步发展的重要基础。

基层社会治理要积极利用新媒体传播迅速、互动便捷、形式多样的技术优势，丰富拓展基层党建的实现机制。“以网络信息技术为载体，搭建引导群众、服务群众、联系群众的新渠道，搭建城乡社区多元主体协商共治的参与平台。”④吴锦良在对浙江枫桥镇社会治理实践研究的基础上，提出要在基层社会治理中提升基层党组织和政府的协调和整合功能，搭

---

① 周昌祥：《创新基层社会治理的有效方式：以服务为本的社区社会工作》，《社会工作》2014 年第 2 期。

② 参见周庆智：《基层社会自治与社会治理现代转型》，《政治学研究》2016 年第 4 期。

③ 谢岳、戴康：《空间结构与社会行动：一个城市政治研究的新议题》，《比较政治学研究》2020 年第 2 期。

④ 沈筱芳：《党的领导与基层社会治理研究 》，中共中央党校博士学位论文，2017 年。

建基层协同治理新平台,发挥好基层党组织的引领作用。[①] 何晓斌、李政毅和卢春天提出大数据技术在基层社会治理中的创新运用,认为未来应致力于打造共建、共享、共治的基层大数据社会治理格局。在未来,最优的技术治理机制是打造共建、共享、共治的基层大数据社会治理格局,实现大数据技术对政府和居民的双向赋能。对居民而言,增加了表达合理治理诉求的渠道和方式;对政府而言,增进了政府工作的透明度和反馈效率,提高了行政效率,营造了更为宜居的社区环境,同时,政府通过深入挖掘社区居民的日常需求,提供精细化、智慧化的大数据社会治理服务,让全民共享大数据技术进步所带来的成果。[②]

学界普遍认为,创新社会治理的有效方式是提供普适性的公共服务和个性化的个别服务,将治理寓于专业化、精细化、规范化的服务之中。用专业化服务,满足社区各治理主体个性化、多样化和复杂化的需要,以重建责任意识,培育合作精神,唤起社会参与,凝聚发展力量,促进社区善治。树立社会治理的新思维,需要逐步从无限责任与管控观念中解放出来。“确立以服务为导向的治理理念,明晰治理主体的地位与责任意识,政府以公助的方式支持、协助和配置资源,协助各治理主体对共同生活实行合作管理,形成参与性、协商性、回应性、透明性、公正性、责任性和法治性的基层社会治理思维框架,努力追求基层社会的善治。”[③]

3.有关社会主义核心价值观融入国家治理的研究

社会主义核心价值观融入国家治理,是本书的重点关注内容之一。目前学界有关社会主义核心价值观融入国家治理的研究,主要从以下几方面展开。

第一,社会主义核心价值观与国家治理的关系研究。社会主义核心价值观与国家治理之间存在什么样的内在关联,是开展社会主义核心价

---

① 参见吴锦良:《“枫桥经验”演进与基层治理创新》,《浙江社会科学》2010 年第 7 期。

② 参见何晓斌、李政毅、卢春天:《大数据技术下的基层社会治理:路径、问题和思考》,《西安交通大学学报》(社会科学版)2020 年第 1 期。

③ 周昌祥:《创新基层社会治理的有效方式:以服务为本的社区社会工作》,《社会工作》2014 年第 2 期。

值观融入国家治理研究必须回答的基础理论问题之一。段立国从核心价值观与国家治理现代化的关系维度指出，社会主义核心价值观为国家治理现代化奠定价值遵循、提供价值引领、凝聚价值共识，国家治理现代化是社会主义核心价值观的重要实现形式，为核心价值观提供重要载体和制度保障。[①] 他的研究为深入分析核心价值观与国家治理之间的内在关联提供了参考和借鉴。黄力之指出，今天中国的国家治理体系对核心价值观建设的重视，是在中国历史传承、文化传统、经济社会发展的基础上，长期发展、渐进改进、内生性演化的结果。他认为社会主义核心价值观建设必须适应国家治理体系和治理能力现代化。[②] 刘涛认为，社会主义核心价值观作为国家、社会、个人三个层面价值的有机统一体，与国家治理现代化内在契合、密切相连。其中，“富强、民主、文明、和谐”彰显国家治理现代化的宏伟目标，“自由、平等、公正、法治”展现国家治理现代化的价值品质，“爱国、敬业、诚信、友善”体现国家治理现代化的行为品格。[③] 双传学基于软实力的视角分析指出，社会主义核心价值观与国家治理现代化具有契合性，以社会主义为根基和以人民群众为旨归的本质特征充分说明，社会主义核心价值观是国家治理现代化所倚重的一种软实力。[④] 两者紧密关联、协同互进，社会主义核心价值观能够为国家治理提供价值指引，国家治理现代化则是社会主义核心价值观得以实施的重要载体。

第二，社会主义核心价值观融入国家治理的基本依据研究。苗瑞丹基于对社会主义核心价值观融入现代国家治理的基本概念和基本意蕴的研究，指出了社会主义核心价值观融入现代国家治理的两个基本依据。其一，社会主义核心价值观融入现代国家治理坚持了实践的价值思维方式，坚持了人民主体的价值原则，坚持了共产主义的价值理想，集中体现

① 参见段立国：《国家治理现代化与社会主义核心价值观的内在关联》，《湖北社会科学》2015年第4期。

② 参见黄力之：《国家治理与社会核心价值观建设的关系》，《思想理论教育》2014年第6期。

③ 参见刘涛：《论社会主义核心价值观与国家治理现代化的契合》，《湖北民族学院学报》（哲学社会科学版）2017年第1期。

④ 参见双传学：《社会主义核心价值观与国家治理现代化的契合性——基于软实力的一种考察视角》，《中国特色社会主义研究》2014年第6期。

了马克思主义价值观思想的理论诉求。其二，社会主义核心价值观融入现代国家治理是积极发挥上层建筑能动反作用的内在要求，是科学把握政治上层建筑与观念上层建筑辩证关系的内在要求，是科学把握马克思、恩格斯上层建筑理论的内在要求。[①]

第三，社会主义核心价值观的治理功能研究。对社会主义核心价值观治理功能的研究，学界从核心价值观的国家治理功能和社会治理功能两个维度展开。从社会主义核心价值观的国家治理功能来看，任洁指出，社会主义核心价值观在制度建构、制度执行和制度评价中具有重要作用，提高运用中国特色社会主义制度有效治理国家的能力，必须大力培育和弘扬社会主义核心价值观。[②] 苗瑞丹、徐雅芬认为，社会主义核心价值观在国家治理中的作用主要在于为国家治理理念的创新提供价值导向，为国家治理实践拓展发展方向，为国家治理现代化的实现铸就精神力量。[③]文化治理是国家治理中的重要内容，温海霞对社会主义核心价值观的文化治理功能进行了分析，指出社会主义核心价值观文化治理功能的三重维度，即对个体价值观的塑造、对社会价值体系的建构和对国家文化软实力的提升。[④] 从社会主义核心价值观的社会治理功能来看，构建满足各领域共同价值评价需要的价值标准是时代之需，宁友金、王永友认为，"随着社会各领域的急剧变革，每个领域的价值评价标准各有差异，存在传统价值标准样态与现代价值标准样态、物质价值标准样态与精神价值标准样态、国内价值标准样态与国外价值标准样态并存的客观事实，影响社会秩序有效运行，亟待在社会治理中构建满足各领域价值评价需要、获得大

---

① 参见苗瑞丹：《社会主义核心价值观融入问题探析》，《科学社会主义》2016 年第 4 期。

② 参见任洁：《社会核心价值观在国家治理中的功能》，《中国社会科学院研究生院学报》2015 年第 4 期。

③ 参见苗瑞丹、徐雅芬：《论社会主义核心价值观在国家治理中的作用》，《人民论坛》2014 年第 32 期。

④ 参见温海霞：《社会主义核心价值观的文化治理功能及其实现路径》，《理论导刊》2016 年第 9 期。

众普遍认同的共同价值标准”[①]。骆郁廷、唐丽敏指出，社会主义核心价值观与社会治理有着密切的联系，两者相辅相成、相互促进，社会主义核心价值观发挥着引领治理理念转变、激发精神力量、凝聚价值共识、促进社会治理的重要作用。[②] 王学俭、金德楠认为，社会主义核心价值观对我国社会治理具有社会教化功能、社会整合功能、社会引导功能和社会推动功能。具体而言，其社会教化功能是实现社会善治的智力支持，社会整合功能是吸纳社会善治的必要条件，社会引导功能是实现社会善治的价值导向，社会推动功能是实现社会善治的不竭动力。[③] 宁友金、王永友对社会主义核心价值观融入社会治理进行了逻辑归因，认为“社会治理领域价值倾向的偏离、价值标准的离散以及价值危机的影响，迫切要求社会主义核心价值观出场，并对偏离的社会价值倾向进行校正，对离散的价值标准进行统一，对潜在的社会价值危机进行防范”[④]。

第四，社会主义核心价值观融入国家治理的路径研究。徐瑞鸿指出，将社会主义核心价值观这一精神之本有机融入国家治理现代化是历史与时代的要求，可从以下方面入手：一是以理念契合为基点，推动社会主义核心价值观建设与国家治理现代化相适应；二是以制度建设为重心，将社会主义核心价值观融入国家治理体系；三是以实践转向为旨归，力行社会主义核心价值观，提升国家治理能力。[⑤] 段立国指出，推进社会主义核心价值观与国家治理现代化的有机统一，需要从加强对国家治理现代化与社会主义核心价值观的理论研究，将国家治理现代化与社会主义核心价值观内化于国民之心，将社会主义核心价值观内涵于国家治理体系，国家

---

① 宁友金、王永友：《社会主义核心价值观融入社会治理：价值、困境与实现》，《思想政治教育研究》2019 年第 1 期。

② 参见骆郁廷、唐丽敏：《核心价值观的社会治理作用及其实现机制》，《思想政治教育研究》2017 年第 2 期。

③ 参见王学俭、金德楠：《论社会主义核心价值观的社会治理功能及其实现机理》，《黑龙江高教研究》2014 年第 11 期。

④ 参见宁友金、王永友：《社会主义核心价值观融入社会治理：价值、困境与实现》，《思想政治教育研究》2019 年第 1 期。

⑤ 参见徐瑞鸿：《将社会主义核心价值观融入国家治理现代化》，《人民论坛》2016 年第 5 期。

治理能力建设要力行社会主义核心价值观等四个方面着手。① 宁友金、王永友从社会治理创新的角度，提出将社会主义核心价值观融入社会治理。一方面，必须以凝聚社会成员对社会主义核心价值观的共识为关键，通过处理好主体间的竞争与合作关系、治理过程中效率与效果关系、治理手段上德治与法治关系来规范社会秩序。另一方面，社会主体也必须在行为上自觉践行社会主义核心价值观，以身作则、率先垂范，将社会主义核心价值观落实在大政方针制定、法治道德建设、精神文明创建等实践活动中，以自身的自觉行动增强政策导向力、文明牵引力、法治助推力、道德示范力，增强社会发展的内外驱动力，为社会主义现代化强国建设增添动能。②

4.国外关于价值观与基层治理之间关系的研究

第一，国外关于价值、价值观的意涵研究。价值体系是一个宏大的概念，涉及意识形态、文化传统和思想观念等多种要素。西方对价值理论研究主要是从伦理学、政治经济学领域，探究其功能意义和作用机理。康德把价值概念引入哲学领域，随后尼采等较为频繁地将“价值”视为哲学概念使用。19 世纪后期，拉皮埃的《愿望的逻辑》、哈特曼的《价值论概论》、赫森的《价值哲学》、杜威的《价值学说》相继问世，成为较为经典的西方研究价值论的著作。③ 西方有关价值观研究的主流学说主要分成两种。“一种坚持价值主观主义，被称为‘主观主义价值论’。这种价值论认为事物的价值主要体现在对人的根本意义上。除此之外，其他的一切都不成为主要的依据。另一种则坚持价值的客观性，或者叫‘客观主义价值论’。该价值论强调价值具有相对的客观独立性。”④

---

① 参见段立国：《国家治理现代化与社会主义核心价值观的内在关联》，《湖北社会科学》2015 年第 4 期。

② 参见宁友金、王永友：《社会主义核心价值观融入社会治理：价值、困境与实现》，《思想政治教育研究》2019 年第 1 期。

③ 参见鲁宽民等：《网络时代社会主义核心价值教育实效性研究》，中国社会科学出版社 2016 年版，第 38 页。

④ 刘勇：《当代中国主流价值观话语权的思想溯源与现实建构》，安徽大学博士学位论文，2017 年。

第二,国外关于价值观与基层治理的关联研究。国外学者目前主要聚焦于治理理论本身的完善以及国家治理、政治治理中的调节机制构建、风险分析与防控、组织运行秩序等题域,极少有学者全面论及价值观与基层治理之间的关系问题。部分学者已经意识到价值观对国家治理的影响,从作为文化形态的价值观的秩序化解功能着手,认为价值既体现了治理过程中的权力冲突,又是化解冲突的有效路径。德国学者卡尔·曼海姆(Karl Mannheim)在讨论文化社会学时提出,科学的、美学的和伦理的文化,作为不同的解释尝试、作为各种不同的生活方案和世界方案而相互对立。它们谁都没有最终确立自己的地位。它们为重组世界构成因素所作的各种努力,事实证明也都是不可能成功的。这种看似无法解决的张力,似乎获得了一种始料未及的和乍看起来自相矛盾的、作为这一过程结果的解决办法。①

(二)简要评论

通过以上梳理可以发现,学界围绕社会主义核心价值观和基层治理而形成的有关理论成果,为本书的深入研究奠定了一定的理论基础。与此同时,学界对社会主义核心价值观融入国家治理现代化和中国特色社会主义法治建设的热烈探讨,也为本书研究的进一步推进提供了丰厚的理论资源。但从目前研究状况来看,宏观战略性的研究多,精细化的研究相对缺乏,基层治理中社会主义核心价值观融入机制的研究更为薄弱,这就需要我们在注重拓展研究视野的同时,以研究切入点之“微”增进研究着力点之“深”。一是对于“基层治理的价值观融入机制研究”这一议题来讲,虽然目前介入的学科较多,但基于深度的多学科对话而形成的研究成果还比较缺乏。二是现有研究对核心价值观融入国家治理和基层治理的理论研究覆盖面广泛,但对某一方面展开研究的深度相对薄弱,需要我们及时推出更多纵深的学术探索之作。三是从目前的研究成果来看,理论

---

① 参见[德]卡尔·曼海姆:《文化社会学论要》,刘继同、左芙蓉译,中国城市出版社2002年版,第7页。

演绎的研究成果较多，基于深入的调查研究而形成的能够准确反映社会主义核心价值观融入基层治理所涉环节、领域、问题、途径等的实证研究成果还相对缺乏。

总之，社会主义核心价值观融入基层治理研究是我们面临的崭新课题，理论和实践上的探索都还处于起步阶段。本书在参考和借鉴上述研究成果和理论资源的同时，进一步深入有关社会主义核心价值观融入基层治理中的重大理论与实践问题的研究，力求突破目前研究的薄弱领域，不断推进该领域研究的深化，为推进社会主义核心价值观融入基层治理提供更多的理论支撑。

通过对相关学术史与研究动态的全面总结和系统梳理，在借鉴与观照既有研究成果的基础上，我们认为，“基层治理的价值观融入机制研究”这一议题，必须从研究内容上突破社会主义核心价值观与基层治理未能纵深结合的理论匮乏，从研究范式上突破社会主义核心价值观与基层治理未能多维融合的逻辑单一，从研究目的上突破社会主义核心价值观与基层治理未能机制统合的机械回应，进而推进在基层治理的具体实践中社会主义核心价值观融入机制的系统构建、策略落地与应用实现。

三、研究框架及内容

（一）研究对象

本书的主旨在于全面揭示社会主义核心价值观融入基层治理的学理内涵，准确把握社会主义核心价值观融入基层治理的时空定位，深度破解社会主义核心价值观融入基层治理的现实困境，系统构建社会主义核心价值观融入基层治理的体制机制，以期有助于实现社会主义核心价值观由理念建构到日常践行的始终如一、由战略指引到实践指导的浑然一体、由顶层设计到基层落实的一以贯之。因此，本书把社会主义核心价值观融入基层治理的体制困境及其回应机制作为研究对象。

(二)总体框架

本书主要从社会主义核心价值观融入基层治理的宏观背景与微观场景逐步代入,围绕基层治理中社会主义核心价值观融入的总体问题渐次展开,以社会主义核心价值观融入机制为研究对象,以回应社会主义核心价值观融入基层治理为策略指向。加强社会主义核心价值观的价值导向地位,强化社会主义核心价值观对基层治理的价值引领作用,建构基层治理中社会主义核心价值观融入机制,是本书的主题指向与核心目标。

建构基层治理中社会主义核心价值观融入机制,必须站在以社会主义核心价值观为支撑、推进国家治理体系和治理能力现代化的战略高度,必须把握向基层社会全面贯彻中国特色社会主义价值理念和党的领导权威的本质向度,必须依据破解核心价值观融入基层治理机制障碍的实践效度,从理论逻辑、价值关怀、情景回归、问题析出和机制创新等多重层次逐渐深入。在这一总体框架中,我们认为:(1)基层治理中社会主义核心价值观融入机制,植根于内生秩序与权威建构相交汇的基层社会空间,社会主义核心价值观与基层治理之间的特定内涵、理论联系、价值相关、互动联结与机制融合在其中展开,诸多内容的内在逻辑组成了社会主义核心价值观融入基层治理的学理阐释。(2)基层治理中社会主义核心价值观融入机制,遭遇了价值立场虚置的文化网络障碍、参与主体失能的结构要素障碍和程序规则偏离的运行过程障碍,诸多障碍的集合构成了社会主义核心价值观融入基层治理的机制障碍。(3)基层治理中社会主义核心价值观融入机制,必须涵盖文化、结构与过程三重维度的推进路径,从价值引导、领导贯彻、多重共治、监督约束、社会教化、制度吸纳等多重节点切入,诸多策略的回应形成了社会主义核心价值观融入基层治理的机制创新。

总体框架示意如图 0-1 所示。

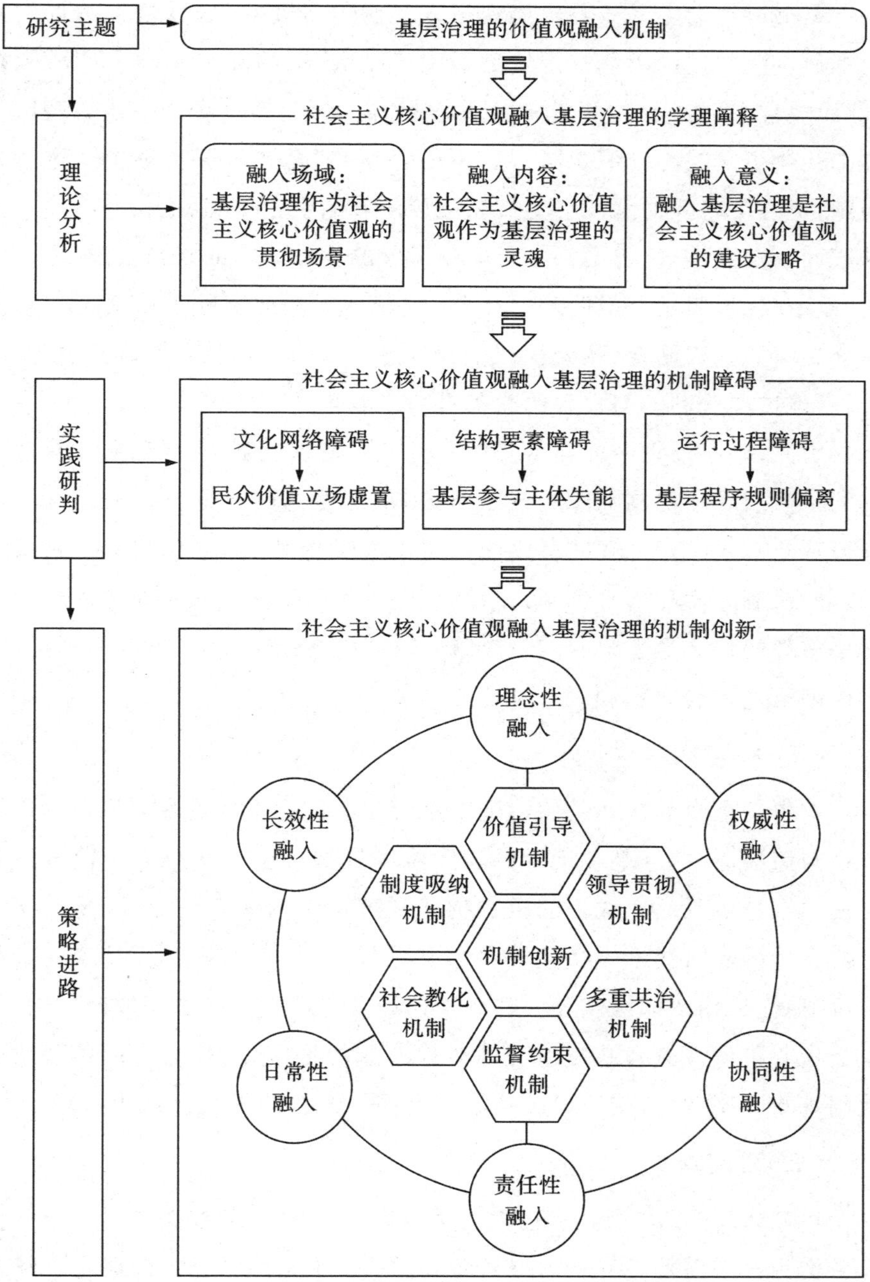

图 0-1　总体框架

(三)主要内容

本书以社会主义核心价值观融入机制为研究对象,以基层治理为切入视角,遵循"理论阐释—困境剖析—机制回应"的基本思路,以"融入机制"为契合点,将"社会主义核心价值观"与"基层治理"融为一体。基层治理中社会主义核心价值观融入机制的创新,就是在基层治理中通过解析问题、组合策略等加强社会主义核心价值观的引领作用,把核心价值观向基层社会全面推进,将由核心价值观承载的党和国家的领导权威、价值权威、政治权威、组织权威向基层社会的党员、群众全力贯彻,实现党与人民群众之间的紧密结合,凝聚全社会的价值共识、政治共识、发展共识、组织共识,推进围绕利益与权力的改革进一步深化。

因此,基层治理中社会主义核心价值观融入机制的创新,必须超越简单的价值引导与机制保障的互动维度,从深层意蕴上把握社会主义核心价值观与基层治理之间的理论联系以及基层治理中社会主义核心价值观融入的机制障碍和机制创新,系统分析社会主义核心价值观融入过程中基层治理的价值理念整合、利益结构协调、权力结构协同、责任体系塑造、具体制度完善等内容。

(四)研究重点

本书的重点是构建基层治理中社会主义核心价值观融入机制的推进路径与策略体系,从基层治理的切入维度发展社会主义核心价值观融入机制的理论体系。实践上的机制构建和理论上的体系发展,既是对深入贯彻习近平新时代中国特色社会主义思想、大力培育和践行社会主义核心价值观、运用法律法规和公共政策向社会传导正确的价值取向、把社会主义核心价值观融入基层治理的时代命题的回应,又是对全面落实依法治国基本方略、坚持依法治国和以德治国相结合的现实命题的回应。

(五)研究难点

1.揭示社会主义核心价值观与基层治理之间的深刻联系

作为对中国特色社会主义价值体系的高度抽象概括,社会主义核心价值观具有精练的文本表达、丰富的价值内涵、周密的逻辑层次与鲜明的理论支撑，社会主义核心价值观的融入随之展现在隐性的、宏观的、抽象的层面。作为对全面推进国家治理的基层具象表达，基层治理具有特定的时空归属、复杂的情景特征、动态的实践过程与清晰的发展主线，基层治理随之体现在显性的、微观的、具体的层面。因此，构建基层治理中社会主义核心价值观融入机制，首先需要从分属两类范畴的概念中确定加强社会主义核心价值观建设与推进基层治理之间交叉的地带，突破社会主义核心价值观和基层治理之间的理论屏障，深刻把握社会主义核心价值观与基层治理之间理论内涵的联系、价值关怀的呼应和实践过程的互动，建构起社会主义核心价值观融入基层治理的学理阐释。

2.破除社会主义核心价值观融入基层治理的深层障碍

社会主义核心价值观融入基层治理的主题，是以基层社会的视角对社会主义核心价值观融入基层治理的宏大背景的情景锁定。就表层而言，在具体的问题情景中，社会主义核心价值观是推进基层治理的价值导向，基层治理是加强社会主义核心价值观建设的重要保障。但就深层而言，把社会主义核心价值观融入基层治理，是从坚持党中央集中统一领导，改革和完善党的领导体制，协调推进“四个全面”战略布局的伟大实践中转化而来的，彰显着价值、法治、政治与制度等方面的丰富而切实的深远意蕴，内含着周到而细致的对现实问题的解决之道。因此，构建新时代基层治理中社会主义核心价值观融入机制，必须超越一般表象，深入时代背景与现实问题的维度，将文化网络中价值立场虚置、关系结构中参与主体失能、治理过程中程序规则偏离等现实问题与坚持党的领导、凝聚社会共识、实现上下联动、突破利益固化、推进改革深入等时代背景密切结合，归纳出社会主义核心价值观融入基层治理的机制障碍。

3.推进基层治理中社会主义核心价值观融入机制的深度创新

社会主义核心价值观融入基层治理具有丰富的意涵底蕴，这一主题不仅是社会主义核心价值观与基层治理之间的互动响应，而且应当与丰富的实践创新和广阔的时代背景密切联系起来，是一个在容纳着文化、结构、过程等多重层面上同时展开的综合性的重大问题。融入机制既是社会主义核心价值观的基础性工程，又是社会主义核心价值观的直接出发点和最终落脚点，还是培育和践行社会主义核心价值观的最生动体现。融入机制与推动社会主义核心价值观建设之间具有立意一致性、制度相容性、实践共通性等深度联系，有助于强化社会主义核心价值观建设的制度保障，推进社会主义核心价值观建设的践行落实，体现了社会主义核心价值观对国家治理的整体结构、全部过程和文化内核的价值引领，包括结构性改善的引领、制度性转化的引领和文化性培育的引领。融入机制又是推动社会主义核心价值观建设的基本方略，有利于社会主义核心价值观的多方位融入、全过程融入、各环节融入。因此，构建基层治理中社会主义核心价值观融入机制，不能局限于文化扩散与价值传播的单一维度，应当从基层的党组织、政府、社会组织、公众等共同参与的多元主体和多种过程出发，综合价值引导、领导贯彻、多重共治、监督约束、社会教化、制度吸纳等多种机制，实现社会主义核心价值观融入基层治理的机制创新。

四、研究思路与方法

构建基层治理中社会主义核心价值观融入机制，既是对社会主义核心价值观理论和基层治理理论的丰富，又能够破除加强社会主义核心价值观建设与推进基层治理相互融合的现实障碍。因此，本书的基本思路、研究方法与研究计划，必须能够实现宏大抽象的社会主义核心价值观与微观具体的基层治理之间的沟通，实现社会主义核心价值观融入基层治理的机制障碍与机制创新之间的对接，实现基层治理中社会主义核心价值观融入机制的理论创新与实践落实之间的转换，以期突破从理论成果到现实举措之间的转化屏障。

（一）总体思路

本书的主要内容沿着两重线索渐次推进：一是按照“理论阐释—困境剖析—机制回应”的整体研究逻辑，在解析社会主义核心价值观与基层治理的内涵特殊性、理论相关性、价值关联性和实践交叉性的前提下，从文化、结构、过程三重维度，提取出社会主义核心价值观融入基层治理时存在的价值立场虚置、参与主体失能和程序规则偏离等机制障碍，进而构建起由理念性融入、权威性融入、协同性融入、责任性融入、日常性融入和长效性融入等节点依序组成的社会主义核心价值观融入基层治理的机制框架，每一节点均针对从总体问题中分解出来的具体问题而建立起对应的策略组合。二是根据“价值引导—领导贯彻—多重共治—监督约束—社会教化—制度吸纳”的机制推进路径，从基层治理中社会主义核心价值观融入机制的价值理念建构、权威结构塑造、融入过程协同、长效制度转化、责任体系控制与社会风尚教化等层次，提出社会主义核心价值观融入基层治理的对应策略与解决方案。

第一，坚持规范意蕴。本书严格遵循马克思主义的价值关怀，运用马克思主义方法论分析归纳社会主义核心价值观融入基层治理中机制创新的内在规律，从全面贯彻落实党的二十大精神、深入学习贯彻习近平新时代中国特色社会主义思想的总体立场出发，将巩固全体人民团结奋斗的共同思想道德基础的战略高度与推进基层治理的实践维度紧密结合，从而坚持社会主义核心价值观融入基层治理的规范意蕴。

第二，坚持问题导向。本书不仅要分析社会主义核心价值观融入基层治理的理论问题，而且要突破社会主义核心价值观融入基层治理的实践困境，透过社会主义核心价值观融入基层治理中共识式微、组织软弱和过程内卷的问题表象，切中基层社会文化网络中的符号竞争、地方权力与资本利益渗透下的庇护结构以及社会底层非正式规则对正式规则的隐性溶解等问题要害，进而回归信仰缺失与利害计算的互通融渗、权威贯彻与民主参与的制度梗阻、责任控制疲软与权利保障滞涩的吊诡共生以及民众价值立场的虚置、基层参与主体的失能和基层程序规则的偏离等问题本质，从而坚持社会主义核心价值观融入基层治理的问题导向。

第三，坚持系统筹划。本书是在基层治理的情景定位中，对社会主义核心价值观融入基层治理的理论模型、实践困境与机制创新的系统回应，运用了文化网络，结构、功能与过程内卷化等多种理论，兼容了核心价值观向基层社会贯彻的自上而下的观察视角和基层社会落实核心价值观的自下而上的观察视角。在机制推进的具体路径上，系统性地提出了价值引导机制的理念性融入、领导贯彻机制的权威性融入、多重共治机制的协同性融入、监督约束机制的责任性融入、社会教化机制的日常性融入和制度吸纳机制的长效性融入等多维融入机制，进一步规划了每一具体机制下相关的构成要件和推进路径，从而坚持社会主义核心价值观融入基层治理的系统筹划。

（二）研究目标

本书的研究是在推进全面依法治国和社会主义核心价值观建设的战略任务中开展的，旨在推动社会主义核心价值观深度融入基层治理建设，为人民群众在党的领导下努力奋斗提供价值引导力、文化凝聚力和精神推动力。

围绕这一目标主旨，本书致力于从理论上破解基层治理中社会主义核心价值观融入机制的学理体系，从实践上构建基层治理中社会主义核心价值观融入机制的应用策略，从服务上促进基层治理中社会主义核心价值观融入机制的决策落地。

第一，理论创新的目标。一是提炼基层治理与社会主义核心价值观融入机制的理论内涵、内在关联与互动范式。基层治理的时空归属赋予了社会主义核心价值观融入机制全新的情景属性，社会主义核心价值观融入机制在基层治理中获得了具体的表现形式，二者的结合不仅在于社会主义核心价值观融入机制与基层治理之间的价值关怀重合、逻辑链条协同、运作形式互补，而且在于这种结合契合当代国家发展形势，符合现实政治演化趋势，切合目前权力运作取向，从而拥有了更为丰富的底蕴。二是剖析基层治理中社会主义核心价值观融入机制的文化困境、结构缺陷与运行障碍。通过将基层治理中社会主义核心价值观融入机制由学理层面代入问题场域，从文化网络、结构功能和政治过程相结合的三维视角透视其所遭遇的机制障碍与现实瓶颈，深入揭示社会主义核心价值观融入基层治理的困境表现、实质原因与关键后果。三是规划基层治理中社会主义核心价值观融入机制的构成要件、推进路径与策略体系。构建起由“价值引导—领导贯彻—多重共治—监督约束—社会教化—制度吸纳”等内容组成和逐步推进的社会主义核心价值观融入机制，在基层治理的情景设置中，为每一项机制内容筹划出相应的配套策略。

第二，实践应用的目标。一方面，从社会主义核心价值观融入基层治理的立场看，本书积极回应理论研究要关注重大现实问题、重大理论问题和重要实践经验的导向，围绕党的十八大以来党中央提出的关于社会主义核心价值观的重大理念、重大举措和具体要求，大力推动实践基础上的理论创新，着力推出有实践指导意义、有决策参考价值的重大成果。另一方面，从基层治理遵循社会主义核心价值观的立场看，本书深入基层治理的实践情景，将为规范基层治理的价值导向、突破基层治理的现实困境提供切实可行的策略建议，同时，还吸纳了一些基层党委政府部门的领导作为讨论调研的支持力量，通过他们把研究成果运用到实务管理中，争取作为改革试点进一步加以推动。

第三，服务决策的目标。本书注重创新性、前瞻性、针对性和实用性，坚持理论与实际相统一，瞄准学科前沿，突出问题导向，服务科学决策。重点围绕改善基层党组织在社会主义核心价值观融入基层治理中的领导体制和工作机制以及社会主义核心价值观融入基层治理中基层责任约束、建立道德准则转化机制和方式创新等重大理论和现实问题展开，为党中央和各级党委、政府决策提供有重要参考价值的研究成果。

（三）研究方法

构建基层治理中社会主义核心价值观融入机制，既必须利用马克思主义方法论进行规范分析，又必须结合实证主义方法论进行现象分析；既必须把握社会主义核心价值观融入基层治理中个体主观态度的变化，又必须注重社会主义核心价值观融入基层治理中一般客观经验的积累；既必须深入社会主义核心价值观融入基层治理的典型案例的运作机制，又必须总结社会主义核心价值观融入基层治理的广泛实践的普遍规律，最终回归于社会主义核心价值观融入基层治理的机制构建的试点、定型与推广。具体来讲，本书主要采用了以下四种研究方法。

第一，文献研究法。本书对已有研究文献进行梳理，对文献内容进行归纳分析，从文献中提炼升华出一般观点，进而对这些观点进行比较研究。通过对收集到的档案数据和文件进行系统分析，为实证调查作准备。这种研究方法遵循的基本原则是客观性、科学性和全面性。

第二，规范分析法。本书对规范分析法的应用就是从马克思主义的基本立场和一般原理出发，深入分析社会主义核心价值观与基层治理的基础理论问题，建立二者之间的理论联系、价值融合与互动模式的规范框架，准确理解社会主义核心价值观融入基层治理的深刻联系、深层意蕴与深度创新。这一研究方法，依托于马克思主义方法论的真理性与中国特色社会主义理论体系的实践性，是用中国理论、中国话语、中国思路与中国方法进行理论创新的努力。

第三，个案访谈法。本书对个案访谈法的应用就是在对基层社会的领导干部、一般党员、行政人员及其他群体代表等相关个体的访谈中，掌握特定对象关于社会主义核心价值观与基层治理的认知经验、情感偏好与意识取向等心理信息。这一研究方法依托于社会主义核心价值观融入基层治理首先表现为基层干部群众的价值共识的凝聚这一基本事实，将社会主义核心价值观融入基层治理，必须在基层干部群众中将社会主义核心价值观内化于心、外化于行，必须从心理层面上真实了解基层干部群众的利益需求、情感状态与具体态度。

第四，典型调研法。本书对典型调研法的应用就是从社会主义核心价值观融入基层治理的普遍实践中，按照相关标准和特定比例择取诸项具有典型性、代表性和特殊性的基层城乡案例，深入案例情景中进行长时间跨度的现象观察、关系调查、信息收集，能够在更贴近实践、更深度介入的基础上了解社会主义核心价值观融入基层治理的现实运作机制，抽析出所涉及基层社会的具体文化网络、参与结构与运行过程。这一研究方法依托于社会主义核心价值观融入基层治理的深层意蕴与典型调研法的深入倾向的相互耦合。

五、特色和创新之处

本书以构建基层治理中社会主义核心价值观融入机制为轴心，从对社会主义核心价值观与基层治理关系的理性解构和理论重建中，凝练出社会主义核心价值观融入机制的本质内涵。因此，本书的学术思想、学术观点与研究方法循此方向着力并有所突破、有所创新，最终使研究视野与学术关怀超越简单的对社会主义核心价值观的文本遵循，面向社会主义核心价值观负载的“建设什么样的国家、建设什么样的社会、培育什么样的公民”的本质精神；超越单一的社会主义核心价值观融入基层治理的价值维度，面向社会主义核心价值观融入基层治理的文化网络、关系结构、运行过程等复杂系统；超越浅层的社会主义核心价值观融入基层治理的问题表象，面向社会主义核心价值观融入基层治理的问题成因、不良后果与机制回应等深层机理。

（一）学术思想的特色创新

首先，在研究线索上，深入挖掘社会主义核心价值观融入基层治理的内在逻辑。构建基层治理中社会主义核心价值观融入机制，这一主题实际上蕴含了两套逻辑线索。一是以“社会主义核心价值观融入”为主线，实现上下联动的纵向贯彻逻辑，所表达的是既要巩固和改善党的领导，将党的领导权威全面而彻底地向基层落实，又要调动广大基层干部群众的参与积极性，将基层社会的民心民意转化为人民群众对党和国家的倾力支持，在党的领导下凝聚社会共识、团结改革力量、配置发展资源。二是以推动“基层治理”为副线，规范基层秩序的横向发展逻辑，所表达的是在基层治理中强化社会主义核心价值观的价值引导作用，形成社会主义核心价值观与基层治理之间的良性互动，优化基层社会秩序的实现方式与运作模式，调整基层社会中党组织、政府、社会组织与公众等主体间的关系，提升基层社会中规范化建设水平，从而增进基层人民群众核心价值观的共识，提升基层人民群众对党和国家的认同。

其次，在理论进路上，重点突破社会主义核心价值观融入基层治理的一般范式。在基层治理的时空坐标定位中，从理论进路上提出两重转换。一是从社会主义核心价值观融入国家战略，落定到基层治理的微观运作层面，将社会主义核心价值观与基层治理之间的理论联系、逻辑联结、价值关怀，建立在坚定的立场和扎实的基础上。从贯彻党的领导权威、全面推进依法治国、推进国家治理体系和治理能力现代化的战略高度，审视社会主义核心价值观融入基层治理的本质意蕴，在两者的理论互动与实践交叉中构建起社会主义核心价值观融入基层治理的内涵细节。二是从社会主义核心价值观融入的抽象理念层面落实到基层治理的具体实践层面，把研究主题中的融入问题分解为可观察、可测量、可操作的具体问题。因此，在社会主义核心价值观融入基层治理的主题之下，实际上观照着对基层治理中社会主义核心价值观融入的价值竞争问题、结构梗阻问题和过程内卷问题的统摄，从而从社会主义核心价值观融入机制的多重维度、多重层次、多重环节的回应上有所创新。

最后，在机制构建上，系统回应社会主义核心价值观融入基层治理的策略选择。把社会主义核心价值观融入基层治理，是一项双重路径上展开的研究主题：从表层的规范论述展开，社会主义核心价值观与基层治理之间的互动关系，就是发挥社会主义核心价值观在基层治理中的价值引导作用和落实基层社会的法治建设对社会主义核心价值观的保障功能；而从深层的学理分析展开，又涉及在文化、结构与过程等多种维度中，实现正统价值确立、党的领导权威、内部关系协调等问题。因此，必须从涵盖全面、系统衔接的机制构建角度予以回应。基层治理中社会主义核心价值观融入机制的构建，可以分解为价值引导机制、领导贯彻机制、多重共治机制、社会教化机制、监督约束机制与制度吸纳机制等六大机制，每一具体机制内部各自包含了分别按照价值理念实现、权威结构调整、过程运转协同、制度长效转化、责任保障集成、社会培育教化等不同主旨组合而成的策略体系，这些相关策略构成了社会主义核心价值观融入机制全面落实的具体回应举措。

（二）学术观点的特色创新

第一，基层治理的价值融入机制研究，突破了社会主义核心价值观与基层治理之间联结的文本含义，超越了发挥社会主义核心价值观的价值引导作用和基层社会法治建设的保障作用之间的表层互动，将社会主义核心价值观融入基层治理的机制，拓展为旨在贯彻党的领导权威、动员基层群众力量、实现上下一体联动、凝聚社会价值共识、整合社会资源基础、提升基层法治规范、打破利益僵化格局、全面推进改革深化的一系列具体机制与策略。这是对社会主义核心价值观融入机制意蕴解读的创新。

第二，基层治理是承载社会主义核心价值观融入的情景场域，基层性的空间归属与国家治理现代化的时间线索，为社会主义核心价值观的融入规定了时空阈限。基层社会是内生秩序与权威建构的交汇空间，社会转型是兼容协调基层社会两类秩序生成方式的治理结构、制度规则与文化网络的时代转换，从纵横的时空之维，准确定位了社会主义核心价值观融入机制的构建情景。这是对基层治理中社会主义核心价值观融入机制情景解析的创新。

第三，社会主义核心价值观融入机制与基层治理之间的理论联系、逻辑相关、价值融合与实践交汇，集中体现在二者的互动联结中。社会主义核心价值观是引领基层治理结构性改善、制度性转化与文化性培育的灵魂，融入基层治理是推动社会主义核心价值观奠定法治基石、强化制度保障与践行落实到位的方略。机制的创新将二者最终凝聚为社会主义核心价值观对基层治理的多方位融入、全过程融入和各环节融入。这是对社会主义核心价值观融入机制与基层治理之间关系学理解释的创新。

第四，从社会主义核心价值观融入基层治理的实践中显现的复杂困境，可以整合为由文化性联结障碍、结构性要素障碍与运行性过程障碍组成的机制障碍，这三重维度分别涵括了各自的表象、成因与后果。基层社会文化网络中的符号象征与规范竞争、地方科层体制与当地资本垄断利益渗透下的庇护结构、社会底层非正式规则对正式规则的隐性溶解等深层原因，导致了民众价值立场的虚置、基层参与主体的失能和基层程序规则的偏离等后果。这是对基层治理中社会主义核心价值观融入机制问题归纳的创新。

第五，社会主义核心价值观融入基层治理的机制创新，必须从具体的推进路径和详尽的策略举措两重层次上逐步展开，既切中社会主义核心价值观融入基层治理的深层意蕴，又回应基层治理中社会主义核心价值观融入机制的现实障碍。一是从推进路径上解析出理念性融入的价值引领、权威性融入的领导贯彻、协同性融入的多重共治、长效性融入的制度吸纳、责任性融入的监督约束、日常性融入的社会教化等具体机制。二是围绕每一具体机制建构起旨在实践推行的策略体系。这是对基层治理中社会主义核心价值观融入机制系统构建的创新。

（三）研究方法的特色创新

1.规范分析与实证研究相结合

本书从对基层治理中社会主义核心价值观融入机制的基础性理论问题的建构着手，坚持马克思主义的价值立场和发展中国特色社会主义的政治立场，运用马克思主义的一般规律和实证主义研究方法，对社会主义核心价值观融入基层治理的价值规范与经验现象进行深入研究。

2.主观心理测量与客观现象研究相结合

本书对基层治理中社会主义核心价值观的经验现象的描述，既注重对场域之内个体的心理状态与过程进行标准化测量，回归到基层社会中个体对社会主义核心价值观的深层心理认同，又侧重于对客观情景的现象观察、指数度量、数据搜集与结果分析，建构起社会主义核心价值观融入基层治理的数据模型。

3.典型案例解析与普遍规律研究相结合

本书对基层治理中社会主义核心价值观融入机制的客观情境的测量，既深入到按照特定比例择取的基于区域划分、城乡划分的具有代表性的典型案例中，把握社会主义核心价值观融入基层治理的内在运作方式与结构联系，又将相关的特殊结论转换为普遍性框架，升华到能够适应多种情形的一般机制层次，从而促进研究结论的大规模推广、开展和应用。

4.试点实验操作与一般机制研究相结合

本书对基层治理中社会主义核心价值观融入机制的研究成果的确定，必须在选取的社会条件稳定、参数便于控制的基层试点中开展现场实验，检验社会主义核心价值观融入机制的适应性、有效性与复杂性，根据检验结果的信息反馈调整初步的研究结论，在持续的实验、反馈与调整的循环往复中最终确定具有普遍意义的一般机制。

第一篇
基层治理中价值观融入的学理阐释

把社会主义核心价值观融入基层治理的机制创新，必须紧扣基层社会的空间属性与治理现代化的时代转型。从基层治理的主体、客体、载体、介质等要素出发，围绕加快推进实现中国式基层治理现代化的重要目标，深入分析探究核心价值观融入基层治理的理论逻辑。因此，要梳理和阐释社会主义核心价值观的历史源流、理论内涵、内在逻辑、当代意蕴及治理功能，深入剖析社会主义核心价值观与基层治理的理论联系、逻辑关联与实践融合等范畴，进而回归于基层治理中社会主义核心价值观融入机制创新的理论必要性、实践必需性和现实可行性。

第一章 基层社会是社会主义核心价值观落地生根的基础场域

基层社会是社会主义核心价值观落地生根的基础场域，并从根本上决定着社会主义核心价值观的培育和践行成效。基层社会最鲜明的特征，是其处于民间内生的复杂秩序与权威建构的标准秩序直接接触、相互交汇的空间层次上。这两种秩序生成方式的殊异，既对国家治理提出了重大挑战，也对推进基层治理提出了挑战，同时也是基层治理现代化进程中必须要处理好的重大问题。基层社会的复杂性和特殊性，实质上是社会主体与党政体制、潜在规则与制度整合、民间习俗与权威引导之间在合法性、有效性与合理性上展开竞争、合作、融合的问题。

一、基层社会秩序维持模式的时代性突破

当前我国基层社会治理需要在结构和制度上进行深化改革，也需要在文化和理念上进行深刻的变革，以适应新的社会需求和挑战。新中国成立后，我国基层社会变迁大致经过了从“政府管制”“政府管理”向“基层治理”的转变，这不仅仅是形式上、手段上的改变，更是深层次的结构、制度和文化的全面更新。基层社会从“管制”向“治理”、从“人治”向“法治”的秩序维持模式的时代性突破，本质上就是基层社会的治理结构、制度规则和文化网络的根本性转变。

基层社会曾经在很长一段时间里主要依赖政府或官僚体系进行管理

和建设，但随着经济社会的发展和基层事务复杂性的增加，单一的治理主体已经难以应对各种日益复杂的社会问题。基层社会治理面临的现实挑战与时代选择要求基层社会治理运行机制要适应时代选择进行不断创新，也就是说，要以法治中国为框架构建基层治理格局、基层治理规则体系和基层治理价值理念，从而将基层社会的内生秩序与权威建构自然而然地融入以社会主义核心价值观为思想根基的一体化新模式中。这就决定了基层治理是国家治理体系和治理能力现代化的基础性工程，是社会主义核心价值观融入基层治理的最终落脚点和基础场域，是加强基层社会主义核心价值观建设，培育和践行社会主义核心价值观基层实践的生动体现。

一个社会的治理，只有在价值体系这种直指人心的力量与社会治理其他力量所形成的合力中，才能臻于化境。中国共产党始终关注社会主义核心价值观的建设，并将其作为建设国家治理体系和提升国家治理能力的重要内容。习近平总书记强调："培育和弘扬核心价值观，有效整合社会意识，是社会系统得以正常运转、社会秩序得以有效维护的重要途径，也是国家治理体系和治理能力的重要方面。历史和现实都表明，构建具有强大感召力的核心价值观，关系社会和谐稳定，关系国家长治久安。"[①]因此，推动形成党委领导、政府负责、社会协同、公众参与、法治保障、科技支撑的基层治理新格局，不仅能够更有效地解决基层社会中的矛盾问题，还能够促进基层社会自治能力的发展与提高。有效的基层治理需要对多元治理主体的思想观念、价值取向等进行统领和整合，以促进多元治理主体形成一致的行动。这种整合能够使公民个体、社会群体团结凝聚为一个社会整体。

"社会主义核心价值观体现了马克思主义意识形态的本质要求，凝结着全体人民共同的价值追求，具有引领纷繁复杂的社会思潮、凝聚社会思想共识的整合作用。社会主义核心价值观整合了国家、社会和公民三个层面的价值目标与价值追求，能够有效引导多元治理主体形成共同的理

① 《习近平谈治国理政》，外文出版社 2014 年版，第 163 页。

想信念和价值追求，促进各主体为实现公共利益而协商合作、权责分担，从而增强社会的凝聚力和向心力。”①

二、核心价值观融入基层治理的时空定位

社会主义核心价值观重在培育和践行。培育和践行社会主义核心价值观，“既是中国特色社会主义艰难探索、曲折发展、不断创新的历程反映出的关键性课题，也是为中国特色社会主义发展提供精神支撑、思想支柱和文化之脉的实践性课题”②。基层社会作为社会主义核心价值观落地生根的重要阵地，提供了核心价值观在基层培育践行的具体实践场所，也为凝聚社会共识、增进社会团结提供了基础场域。

（一）基层治理场域是社会主义核心价值观的贯彻场景

“对于社会主义核心价值观的认知要基于其本身的实践过程，对于社会主义核心价值观的培育和践行更是要结合中国特色社会主义的理论和实践，在考察和分析核心价值观本质规定、生成过程、具体形态和建构主体的过程中，澄清误解、厘清迷思、还原本义。”③从精神文明建设维度上讲，社会主义核心价值观本身就是推动基层治理的重要内容和主要环节。

基层是培育和践行社会主义核心价值观的重要依托。农村、企业、社区、机关、学校等基层单位是培育和弘扬社会主义核心价值观的重要场域，通过在这些基层单位中广泛开展社会主义核心价值观的教育和实践，推动核心价值观不断转化为社会群体意识和人们的自觉行动，可以进一步巩固党的执政基础，增强政党认同的价值支撑。因此，培育和弘扬社会主义核心价值观需要契合人们的实际生活情景。通过日常的宣传思想工作和思想政治教育工作，使之融入基层党组织建设、基层政权建设中，融入城乡居民自治中，融入人们生产生活和工作学习中。

---

① 宋劲松、周晶：《社会主义核心价值观：推进社会治理创新的精神力量》，《南华大学学报》（社会科学版）2018 年第 6 期。

② 王学俭、李东坡：《社会主义核心价值观研究述要》，《思想政治教育研究》2013 年第 4 期。

③ 王学俭、李东坡：《社会主义核心价值观研究述要》，《思想政治教育研究》2013 年第 4 期。

（二）基层社会是社会主义核心价值观发挥实际作用的关键领域

2013 年 12 月，中共中央办公厅印发《关于培育和践行社会主义核心价值观的意见》，明确指出“要把践行社会主义核心价值观作为社会治理的重要内容，融入制度建设和治理工作中，形成科学有效的诉求表达机制、利益协调机制、矛盾调处机制、权益保障机制，最大限度增进社会和谐”①。基层社会为社会主义核心价值观在凝聚社会共识、增进社会团结等方面提供了基础场域，确定了主体对象。

其一，基层社会既是社会主义核心价值观的传播场所，也是其发挥凝聚社会共识的实际作用的关键领域。基层社会为核心价值观在凝聚社会共识方面提供了基础场域，确定了主体对象。培育和弘扬社会主义核心价值观需要在基层社会厚植文明风气，营建和谐有序、充满活力的良好社会氛围。各地通过广泛开展身边榜样示范、健全乡规民约等社会主义核心价值观主题宣讲活动，引导群众在公共交往和基层社会中明是非、辨善恶、守诚信、知荣辱。这些活动的最终落脚点都是在基层社会，都与基层社会发生紧密关联。

其二，基层社会是核心价值观发挥增进社会团结的实际作用的重要场域。基层是一切工作的落脚点，党中央各项重大决策部署的贯彻实施，最终的逻辑落脚点都指向基层。核心价值观发挥增进社会团结的实际作用，也必然离不开基层社会这一重要场域。“通过教育引导、舆论宣传、文化熏陶、制度保障，使社会主义核心价值观内化为人们的自觉追求、外化为人们的行为实践，才能把整个社会凝聚成为一个整体，全体社会成员才能齐心协力地为中国特色社会主义事业和中华民族伟大复兴的战略目标而奋斗，我们的社会才能和谐稳定，我们的国家才能长治久安。”②社会主义核心价值观的培育践行和宣传传播，只有与基层群众的具体生产生活场景相联系，与群众密切关心的就业、养老、医疗等民生问题相关联，才能产生良好的预期效果，才能走近群众内心深处，进而才能在基层凝聚起同

---

① 《关于培育和践行社会主义核心价值观的意见》，人民出版社 2013 年版，第 10 页。

② 汪信砚：《价值共识与和谐世界》，《武汉大学学报》（哲学社会科学版）2017 年第 5 期。

心同德共同建设社会主义现代化强国的磅礴力量。

三、核心价值观落地生根需融入基层治理

基层社会是社会主义核心价值观生成和凝练的土壤。社会主义核心价值观只有获得最广大基层人民群众的普遍情感认同并付诸实践，才能成为具有强大精神推动力和强大文化凝聚力的价值观。而在现实生活中，作为基层社会重要组成部分的基层社区，其社会主义核心价值观培育和践行还面临不少亟待解决的难题。其一，作为基层治理主体的群众参与社区事务的意愿不高。随着社区人数增多，社区事务激增，当社区范围变得越来越大之后，如何实现社区事务的精细化、精准化治理，如何在社区活动开展和社区居民参与之间建立有效联结成为很多社区干部思考的问题。从目前的基层治理现状来看，群众参与不足是基层治理的短板之一，表现在群众社会治理意愿不强烈、参与能力不高、参与渠道不丰富等方面，影响了基层治理的整体效能。其二，基层治理多元主体权责界定不明。基层治理是由基层政府、社会组织、社区居委会、社区居民等多元主体共同参与管理社区公共事务、满足社区居民需求、优化社区秩序的过程。目前大多数的社区党组织、居民委员会、物业机构、小区业主委员会之间关系不顺、责权不清，社区治理缺乏法律法规支撑，多数社区党组织往往面临责任无限大、资源无限少的尴尬局面。

因此，提高基层治理成效，推动社会主义核心价值观融入基层治理，要重点从以下两个方面展开。一方面，需要培育群众的民主意识、法治意识、权利意识、规则意识，激发群众参与社会治理创新的动力和活力。观念形态的价值观念在没有转化为大多数人所信奉的价值观念之前，还不是一个社会真正的核心价值观。“而要真正使社会主义核心价值观为大多数人所接受和遵循，就需要使之转化为自觉的公民意识。”[①]社会主义核心价值观只有转化为公民意识的构成，才能落地生根于社会和人民之中。从培养公民意识的角度考虑培育社会主义核心价值观，必然离不开

---

① 孙向军：《论社会主义核心价值观及其培育》，《中共中央党校（国家行政学院）学报》2013年第2期。

基层社会的动员和参与，要将社会主义核心价值观的传播纳入国家教育体系，融入全体社会成员的日常生活。执政党则要通过严谨完善的政党纲领、鲜明的政治主张和重要的决策理念引导整个国家和社会形成价值取向。另一方面，开展社会主义核心价值观教育，将社会主义核心价值观融入基层治理，要旗帜鲜明地坚持党的领导。无论是建立健全基层治理制度，完善群众参与基层治理的制度化渠道，还是推进自治、法治、德治相结合的城乡基层治理体系，都只能在党的领导下扎实推进。要加强基层党组织服务供给、依法办事、文化引领、舆论引导、矛盾预防化解、群众工作、信息化运用等多方面的能力建设，将便民服务和为民服务延伸到群众的身边，提高党员、群众对基层党建工作的认可度、满意度。与此同时，开展社会主义核心价值观教育必须考虑基层实际状况，充分发挥社会治理在组织秩序、制度规范、法律保障等层面的优势，推动基层民众对社会主义核心价值观从知识领悟到主动接受，从情感认知到行为落实的内在塑造。

习近平总书记指出："核心价值观，其实就是一种德，既是个人的德，也是一种大德，就是国家的德、社会的德。"①培育和践行社会主义核心价值观，必须找到并切实抓好道德建设载体。实践证明，要使社会主义核心价值观内化于心、外化于行，成为人们的自觉信仰，必须采取"春风化雨、润物无声"的方式。因此，将社会主义核心价值观融入基层治理，需要将道德规范作为加强基层治理的重要抓手，将社会主义核心价值观融入村规民约，融入行业守则、职业规范，融入家风家训，充分发挥党员在家风养成、引领致富、服务群众等方面的表率作用，广泛弘扬个人品德、家庭美德、社会公德、职业道德。通过建立公共文化场馆、开展文化活动，彰显文化育人特色，用道德力量推进基层治理，使社会和谐有序运转。

总之，社会主义核心价值观培育和践行是一个理论和实践互动发展的过程，只有理论的发展演进和实践的运行推进相互融通、协同共进，才能更好地促进社会主义核心价值观在基层社会治理中发挥重要引领作用。

---

① 《习近平谈治国理政》，外文出版社2014年版，第168页。

第二章　社会主义核心价值观是基层治理的灵魂

社会主义核心价值观在基层治理中的灵魂地位，体现为社会主义核心价值观对基层治理的整体结构、全部过程和文化内核的价值引领功能。基层社会是国家各项政策措施落地生效的最终场域，在推进政策措施落地过程中，基层党政领导干部如何因地制宜、实事求是地贯彻党的路线方针政策，这既是对广大基层领导干部的实践考验，又是基层治理现代化进程中重要的基础性议题。社会主义核心价值观融入基层治理，就为基层治理结构的优化改善、基层治理制度的健全完善以及基层治理文化的培育涵养提供了价值引领。

一、核心价值观是基层治理结构性改善的引领

社会主义核心价值观是统领社会治理的中轴力量。社会主义核心价值观融入基层治理总体要求是“坚持以人为本，尊重群众的主体地位，关注人们利益诉求和价值愿望，促进人的全面发展”①。由此观之，社会主义核心价值观在基层治理中的顶层设计和宏观指导意义，从价值观引领和塑造层面规定了基层治理的人民主体性。这种价值观层面的顶层设计落实到基层治理中就是要在基层广泛开展社会主义核心价值观的宣传教

① 《关于培育和践行社会主义核心价值观的意见》，人民出版社2013年版，第5页。

育,引导民众积极培育和践行社会主义核心价值观。习近平总书记强调:“把培育和弘扬社会主义核心价值观作为凝魂聚气、强基固本的基础工程,继承和发扬中华优秀传统文化和传统美德,广泛开展社会主义核心价值观宣传教育,积极引导人们讲道德、尊道德、守道德,追求高尚的道德理想,不断夯实中国特色社会主义的思想道德基础。”[①]推动社会主义核心价值观深入人心,使其内化为人们的自觉行为准则是一项长期任务,需要持之以恒不断对全体社会成员进行宣传、教育和培育涵养,特别是要做好基层社会的社会主义核心价值观宣传教育,要注重在基层社会结构分化的基础上推动治理主体间的功能性契合。

当前基层治理亟须通过结构性改善来优化基层治理体系,这必然涉及乡镇(街道)、村(社区)的党组织、基层政府、基层群众自治组织等。社会主义核心价值观是基层治理结构性改善的引领,是引领基层治理结构性改善的灵魂,主要体现为核心价值观在推动加强党的基层组织建设、构建简约高效的乡镇(街道)管理体制、完善党建引领的社会参与制度、加强基层政权治理能力建设、健全基层群众自治制度、推进基层法治和德治建设、加强基层智慧治理能力建设,提升基层治理的效率和效果等方面发挥着重要价值引领和文化涵育作用。

(一)优化基层治理结构,推进以党建引领基层治理

实现社会治理现代化关键在基层。基层治理现代化是国家和社会治理现代化的基础性工程。党的二十大明确指出:“坚持大抓基层的鲜明导向,抓党建促乡村振兴,加强城市社区党建工作,推进以党建引领基层治理,持续整顿软弱涣散基层党组织,把基层党组织建设成为有效实现党的领导的坚强战斗堡垒。”[②]基层强则国家强,基层安则天下安。没有基层社会的现代化,国家治理现代化显然会失去根基和保障。基层社会治理是“党和政府为主导的基层社会多元主体以基层社会公共利益为旨归,通过引导、协商、沟通等方式,依法对城乡基层社会公共事务进行规范和疏

① 《习近平谈治国理政》,外文出版社 2014 年版,第 163 页。

② 习近平:《高举中国特色社会主义伟大旗帜　为全面建设社会主义现代化国家而团结奋斗——在中国共产党第二十次全国代表大会上的报告》,人民出版社 2022 年版,第 67 页。

导的过程”[①]。党建引领是推进基层治理结构优化必须坚持的根本原则，坚持党建引领基层治理，就是坚持和加强党对基层治理现代化的领导，不断增强以社会主义核心价值观引领基层党组织的政治建设、思想建设、组织建设、作风建设等建设，用社会主义核心价值观不断凝聚起基层党组织的强大组织力、号召力和引领力。党的十九大强调：“加强社区治理体系建设，推动社会治理重心向基层下移，发挥社会组织作用，实现政府治理和社会调节、居民自治良性互动。”[②]长期以来，基层治理面临着“松散性、碎片化与封闭性的结构缺陷造成治理失语和政权不稳的隐患”[③]，这就要求基层党建引领社会治理必须有一个有效结构来处理政党、政府与社会之间的互动聚合，协调好基层治理中“条块”关系的耦合，实现纵向动员与横向整合。通过基层治理结构优化提升，进一步发挥党建引领基层治理的作用。政府与社会关系的变迁发展深刻反映出基层社会的现代化转型之路，基层治理现代化必然涉及政府与社会的关系，中国基层社会治理转型的目标是“要使政府与社会确立在法治、民主、自治、共治的结构性关系上，从传统治理的一种支配性和依附性关系转变为一种现代治理的民主共治的协商关系，这就是中国基层治理转型的现实社会政治含义”[④]。

2021 年 6 月 7 日，习近平总书记在青海省西宁市城西区文汇路街道文亭巷社区考察加强基层党建、开展便民服务等情况时指出：“社区治理得好不好，关键在基层党组织、在广大党员，要把基层党组织这个战斗堡垒建得更强，发挥社区党员、干部先锋模范作用，健全基层党组织领导的基层群众自治机制，把社区工作做到位做到家，在办好一件件老百姓操心事、烦心事中提升群众获得感、幸福感、安全感。要牢记党的初心使命，为

① 王宗礼、李连军：《新中国 70 年来基层社会治理的演进逻辑与主要启示》，《青海社会科学》2019 年第 6 期。

② 习近平：《决胜全面建成小康社会　夺取新时代中国特色社会主义伟大胜利——在中国共产党第十九次全国代表大会上的报告》，人民出版社 2017 年版，第 49 页。

③ 李小艺：《“结构—能力”范式：基层党建引领社会治理的包容性耦合框架研究》，《中共天津市委党校学报》2020 年第 3 期。

④ 周庆智：《改革与转型：中国基层治理四十年》，《政治学研究》2019 年第 1 期。

人民生活得更加幸福再接再厉、不懈奋斗。”①

社会主义核心价值观是创新基层社会治理的精神力量。基层治理效能能否发挥，关键看基层党组织的政治领导力、思想引领力、群众组织力、社会号召力是否得到真正落实和体现，关键看社会主义核心价值观与基层治理的融合创新进程。中国共产党领导基层治理的显著优势之一，是党的领导始终贯穿于党与政府以及党与社会关系的全过程。“当党作为政治力量被归结到国家范畴时，其通过确立于政府内部的权力组织网络实现对国家政治的领导；而作为组织力量与社会范畴发生联系时，则通过建立于党的组织网络基础上的社会权力组织网络实现党对社会的领导。”②基层治理效能高低取决于党的执行力在基层治理场域的运行状况。党的执行力在社会治理场域就体现为“建立于党建引领基层治理逻辑之上，党的基层组织在落实国家治理政策最后一公里时表现出的综合能力。其治理效能则体现为在党的领导下构建新型基层治理体系，夯实国家治理基础”③。

（二）合理划分基层社会中不同主体权、责、利的关系，激发治理主体内在活力

社会主义核心价值观融入基层治理，要在基层社会结构分化的基础上，注重治理主体间的功能性契合。所谓功能性契合，是指“党组织通过功能（社会动员、服务供给、政治价值）发挥，推动各治理主体在确立共同目标的前提下形成协作互动的开放式关系，且不断植入自己的核心影响，实现传统授权性组织管理模式向功能化、社会化治理方式转变”④。

社会主义核心价值观通过凝聚治理主体价值共识，激发治理主体内

---

① 《习近平在青海考察时强调：坚持以人民为中心深化改革开放深入推进青藏高原生态保护和高质量发展》，《人民日报》2021年6月10日。

② 林尚立：《集权与分权：党、国家与社会权力关系及其变化》，《复旦政治学评论》2002年第10期。

③ 方雷、孟燕：《从制度优势到治理效能——基于国家治理三维场域的中国共产党执行力解析》，《山西大学学报》（哲学社会科学版）2021年第2期。

④ 赵海星、孙钦军：《结构性嵌入和功能性融入——党建引领基层社会治理的双重逻辑》，《湖北行政学院学报》2020年第4期。

在活力，为社会成员提供明确的价值导向，有助于人们在工作生活中形成共同的价值追求。当前"多元利益诉求、错误价值观念交融及西方发达国家价值观的渗透扩张使中国社会的价值观呈现多元化趋势。因此，要以社会主义核心价值观引领社会思潮，批驳谬误，尊重差异，包容多样，最大限度地扩大思想共识"[①]。社会主义核心价值观有助于强化治理主体的法治意识，能够引导治理主体在社会治理中遵循正确的价值导向，也为治理主体树立起了正确的行为规范和行动指引。社会主义核心价值观的"民主""法治"内容，为基层治理绩效提升提供了重要价值支撑。南京市秦淮区在基层治理中通过减少管理层级来增强社区自治能力，在2002年进行街道管理体制改革试点工作，撤销了淮海路街道办事处，打破了传统的城市管理模式，把原街道办事处的行政职能归位到市区职能部门，南京市秦淮区原淮海路街道办事处原有的57项行政管理和行政执法职能全部移交给白下区13个相应职能部门。对于一些需要延伸到社区的工作，由政府职能部门招聘或派人承担。通过进行基层组织改革，建立白下区淮海路社区党工委，支持和保障社区自治，下设工委办公室、社区综合治安治理办公室和武装部，分别负责综合协调、治安稳定和人民守卫工作。与此同时，成立过渡性的行政事务受理中心。[②] 作为区政府有关职能部门在辖区内直接面对居民服务的平台，行政事务受理中心由劳动、民政、卫健、城建、市容、司法等职能部门派出工作人员组成，方便群众办事，使区政府直接服务于社区群众。通过这样进行城市治理中的基层治理结构改革，社区自治能力得以提升，改变了原来承担街道办事处分配任务的传统工作模式，社区居委会直接面向居民，服务群众能力得以进一步改善提升。

因此，社会主义核心价值观是推进基层治理现代化的重要精神力量。"核心价值观不仅有助于培育社会成员的认同感，使人与人之间、群体与群体、组织与组织之间更具有亲和力，而且有助于提升整个社会的凝聚

---

① 包雅玮：《推动社会主义核心价值观融入社会治理体系》，《新华日报》2023年2月17日。

② 朱勇、程晓：《白下区淮海路社区：撤销街道办事处建立社区新体制》，《中国民政》2003年第4期。

力，使多元社会主体之间更容易达成共识，从而彼此信任、相互合作。”[①]换言之，社会主义核心价值观能够通过凝聚治理主体价值共识，激发治理主体内在活力，增强多元主体（如政府、企业、市场、社会组织等）之间的合作与互动。这种价值共识有助于减少和消解不同利益群体之间的冲突分歧，能够为社会成员提供正确的价值导向。合理划分基层社会中不同主体权、责、利的关系，夯实党在基层治理中的领导地位，落实基层群众自治，激活社会组织的积极性，才能更好地促进基层政治权利、经济权利和社会权利的主体回归，发挥法律法规在平等协商、主体合作和矛盾纠纷处理中的功效。

二、核心价值观是基层治理制度性转化的引领

社会主义核心价值观是社会主义制度的价值规定，也是社会主义制度改革完善、国家治理体系和治理能力现代化的价值遵循。制度性转化具体就是把社会主义核心价值观转化为具体的法律规范和政策措施，确保其在国家治理和社会管理中的实际应用，从而推动国家治理体系和治理能力的现代化。社会主义核心价值观融入基层治理要求注重政策保障、制度规范、法律约束相衔接，使社会主义核心价值观融入人们生产生活和精神世界。[②]

没有共同的价值观作为社会治理的指引，任何社会制度都将无所依托。一方面，核心价值观对于制度的形成、发展与完善具有引领规范的指引作用。社会主义核心价值观在制度规范中得以体现和彰显，自然能更有效地规范治理行为。另一方面，核心价值观为社会治理制度提供正确的价值指引和衡量标准，对良善治理制度的制定运行及优良社会秩序的形成具有重大意义，能够推进社会治理制度向良法善治迈进，推动形成多元主体共建共治共享的现代社会。社会主义核心价值观融入大众文化不

---

① 胡宝荣、李强：《论社会主义核心价值观在社会治理中的作用》，《中国特色社会主义研究》2014 年第 2 期。

② 参见柳礼泉、陈方芳：《社会主义核心价值观融入日常生活探析》，《思想教育研究》2015 年第 7 期。

仅要真正体现贴近实际、贴近生活、贴近群众的基本原则，更要“接地气”，有活力、有生机地融入老百姓生产生活的各个领域和各个环节，内化为百姓日用而不知的行为准则，做到一切为了人民群众，不断满足人民群众日益增长的文化需求，使人们既因实现物质财富的不断增长而感到满足，更因精神财富的富足而感到幸福。

其一，社会主义核心价值观融入基层治理，要通过制度化方式把宣传、培育和践行核心价值观融入制度规范，进而上升为法律法规。

任何制度体系都有其内在的价值灵魂。制度体系是相应价值观的制度转化，也是相应的价值观得以在一个社会深深扎根的涵育力量和基本载体。2013 年 12 月，中共中央办公厅印发的《关于培育和践行社会主义核心价值观的意见》提出，要把践行社会主义核心价值观作为社会治理的重要内容，“完善市民公约、村规民约、学生守则、行业规范，强化规章制度实施力度，在日常治理中鲜明彰显社会主流价值”①。2014 年 6 月，国务院发布《社会信用体系建设规划纲要(2014～2020 年)》。2014 年 7 月，中央精神文明建设委员会印发《关于推进诚信建设制度化的意见》。这些文件着力推动建立起全覆盖的社会信用信息记录，形成褒扬诚信的政策导向，完善诚信监督体系，建立健全激励诚信、惩戒失信的长效机制。2016 年 12 月，中共中央办公厅、国务院办公厅印发《关于进一步把社会主义核心价值观融入法治建设的指导意见》，强调“把社会主义核心价值观融入法治国家、法治政府、法治社会建设全过程，融入科学立法、严格执法、公正司法、全民守法各环节，以法治体现道德理念、强化法律对道德建设的促进作用”②。2018 年 5 月，中共中央印发《社会主义核心价值观融入法治建设立法修法规划》明确了将道德要求上升为法律规范的重要性，明确把社会主义核心价值观融入法律法规的立改废释全过程。2021 年，中共中央办公厅、国务院办公厅印发《关于加强社会主义法治文化建设的意见》，明确提出要“把社会主义核心价值观融入法律法规立改废释的全过

---

① 《关于培育和践行社会主义核心价值观的意见》，人民出版社 2013 年版，第 10 页。

② 《中办国办印发〈关于进一步把社会主义核心价值观融入法治建设的指导意见〉》，《人民日报》2016 年 12 月 26 日。

程,使法律法规、司法解释等更好体现国家价值目标、社会价值取向和公民价值准则”①。

强化基层党员干部制度化责任约束。社会主义核心价值观融入基层治理,要通过加强基层党组织、司法机关、行政机关的制度化责任约束体系,将基层领导干部的廉洁自律和政治规矩入法入规,发挥市民公约、乡规民约、行业规范、家风家教的激励约束作用。

在推进社会主义核心价值观制度化方面,党中央更加注重采取加强依规治党、制度治党的策略。中共中央新出台和修订了多部涉及党政机关和领导干部行为规范的党内法规,譬如《党政机关厉行节约反对浪费条例》(2013年)、《党政机关国内公务接待管理规定》(2013年)、《因公临时出国经费管理办法》(2013年)、《中央和国家机关差旅费管理办法》(2014年)、《关于严禁在历史建筑、公园等公共资源中设立私人会所的暂行规定》(2014年)、《中央和国家机关会议费管理办法》(2016年)、《党政机关办公用房管理办法》(2017年)、《党政机关公务用车管理办法》(2017年)等。通过出台这些党内法规,从制度保障方面为社会主义核心价值观的弘扬、宣传和践行提供了坚实有力的法律法规支撑。

党的二十大通过的党章修正案在总纲和第一章《党员》三处提到“社会主义核心价值观”。新修订的党章强调“培育和践行社会主义核心价值观,倡导社会主义荣辱观,增强民族自尊、自信和自强精神,抵御资本主义和封建主义腐朽思想的侵蚀”②。“扫除各种社会丑恶现象,努力使我国人民成为有理想、有道德、有文化、有纪律的人民。”③把社会主义核心价值观载入党章,意味着党章在指导思想和价值追求上的与时俱进,也进一步明确了党员和党组织在培育和践行社会主义核心价值观方面的责任和义务。党员模范遵守党章、维护党章必须“发扬社会主义新风尚,带头实践社会主义核心价值观和社会主义荣辱观,提倡共产主义道德,弘扬中华民族传统美德,为了保护国家和人民的利益,在一切困难和危险的时刻挺

① 《关于加强社会主义法治文化建设的意见》,《法治日报》2021年4月6日。

② 《中国共产党章程》,人民出版社2022年版,第7页。

③ 《中国共产党章程》,人民出版社2022年版,第13页。

身而出，英勇斗争，不怕牺牲”[1]。

其二，社会主义核心价值观融入基层治理，要把价值观的引领作用有效转化为基层治理的制度效能。

核心价值观不仅是基层治理制度性转化的重要引领，而且通过各种制度化和法治化的手段把价值观的引领作用有效转化为基层治理的实际效能。

社会主义核心价值观融入基层治理，要健全和完善党委领导、政府治理、社会调节、居民自治的良性互动制度，积极搭建群众参与治理的平台，推进党员带头示范依法有序组织居民群众参与社区治理，推动加快形成人人有责、人人尽责、人人享有的基层治理共同体。譬如山东省济南市槐荫区中大槐树街道裕园社区，坚持党建引领这条红色主线贯穿社区治理全过程，通过党委抓支部、支部抓党员、党员带群众，形成了“1＋5＋7＋X”的社区治理体系，凝聚起社区治理的强大力量。裕园社区先后组建“党员金点子议事会”“妇女网格花组织”“邻里守望安全服务队”等38个社团组织，吸纳500多名志愿者参与社区自治，有效提升了社区居民的认同感和自豪感，社区工作取得显著成效。

社会主义核心价值观融入基层治理，要健全新技术赋能基层治理体系，统筹推进城乡智慧社区基础设施、系统平台和应用终端建设，强化系统集成、数据融合和网络安全保障。在基层治理中各级领导干部要充分应用大数据、云计算、人工智能等信息技术手段，整合社区各类服务资源，打造基于信息化、智能化管理与服务的社区治理新形态。重点规划社区服务基础设施运营、智慧停车、智慧快递、智慧便民超市等领域智慧化建设。党员干部应不断强化互联网思维，重视依托网络收集和获取信息辅助决策，主动学网、懂网、用网，提高通过互联网组织群众、服务群众的能力，更好应对新技术革命背景下的执政环境变迁带来的挑战。当前越来越多的政务部门注重尊重网上的民情民意，注重倾听网上的民生疾呼，依托技术手段为群众提供多样化全天候智能服务。譬如2019年江苏省公共法律服务中心正式启用，面向公众提供公共法律服务，实现了省、市、

---

① 《中国共产党章程》，人民出版社2022年版，第14～15页。

县、乡、村五级公共法律服务实体平台全覆盖，搭建起枢纽型、智慧型、实战化的省级公共法律服务平台，12348 江苏法网 2.0 智慧版的日均服务量已达到 4000 件次，12348 法律服务热线全天候响应，能够满足不同群体的多样化法律服务诉求。《社会主义核心价值观融入法治建设立法修法规划》明确提出推进社会主义核心价值观融入法律政策体系，建立健全社会主义核心价值观入法入规的协调机制。“与制度建设同步推进，发挥制度体系对价值观的涵育作用是当代中国社会主义核心价值观弘扬与践行的重要着力点。这不仅表现在推进社会主义核心价值观相关要求的制度化，而且表现在以社会主义核心价值观引领当代中国治理体系的改革和完善。”①

三、核心价值观是基层治理文化性培育的引领

党的二十大报告提出：“社会主义核心价值观是凝聚人心、汇聚民力的强大力量。弘扬以伟大建党精神为源头的中国共产党人精神谱系，用好红色资源，深入开展社会主义核心价值观宣传教育，深化爱国主义、集体主义、社会主义教育，着力培养担当民族复兴大任的时代新人。”②发挥社会主义核心价值观对国民教育、精神文明创建、精神文化产品创作生产传播的引领作用。社会主义核心价值观融入基层治理文化性培育，要坚持以理想信念为核心，抓住世界观、人生观、价值观这个总开关，在全社会牢固树立中国特色社会主义共同理想。“坚持学思用贯通、知信行统一，把新时代中国特色社会主义思想转化为坚定理想、锤炼党性和指导实践、推动工作的强大力量。”③中国共产党的指导思想是包括马克思列宁主义、毛泽东思想、邓小平理论、“三个代表”重要思想、科学发展观、习近平新时代中国特色社会主义思想在内的一系列一脉相承又与时俱进的思想理论体系。马克思主义始终是我们党和国家的指导思想，是我们认识世

---

① 沈壮海：《构筑社会治理创新的价值基础——当代中国的社会主义核心价值观建设》，《社会主义核心价值观研究》2016 年第 1 期。

② 习近平：《高举中国特色社会主义伟大旗帜 为全面建设社会主义现代化国家而团结奋斗——在中国共产党第二十次全国代表大会上的报告》，人民出版社 2022 年版，第 44 页。

③ 习近平：《高举中国特色社会主义伟大旗帜 为全面建设社会主义现代化国家而团结奋斗——在中国共产党第二十次全国代表大会上的报告》，人民出版社 2022 年版，第 65 页。

界、把握规律、追求真理、改造世界的强大思想武器。

习近平总书记在纪念马克思诞辰200周年大会上指出："实践证明，马克思主义的命运早已同中国共产党的命运、中国人民的命运、中华民族的命运紧紧连在一起，它的科学性和真理性在中国得到了充分检验，它的人民性和实践性在中国得到了充分贯彻，它的开放性和时代性在中国得到了充分彰显！"①

近代以来，为挽救民族危亡，许多政治团体和政治主张曾在中华大地上竞相登台，但这些政治团体的政治主张，无一例外并未从根本上改变和扭转中华民族积贫积弱的残酷现状。直到以马克思主义为指导的中国共产党的诞生，苦难深重的古老中华民族才开始了新的征程。中国共产党诞生之后，用马克思主义武装起来的共产党人，团结带领中国人民战胜一个又一个艰难困苦，取得一个又一个伟大胜利，极大地振奋了民族精神，迈开了走向中华民族伟大复兴的铿锵步伐。正如毛泽东同志所言："自从有了中国共产党，中国的革命面目就焕然一新了。"②在推进马克思主义与中国具体实际相结合、实现中国化时代化的进程中，不断加快发展中国特色社会主义文化，为中华民族伟大复兴注入符合中国实际、顺应时代发展要求的先进思想和文化底蕴，使其与时俱进、不断焕发新的生机，这是中国共产党人付出巨大代价得来的宝贵经验，深刻体现了我们党对文化发展规律的科学把握、对传承发展中华文化的历史担当。

党的十八大以来，习近平总书记站在新时代坚持和发展中国特色社会主义、实现中华民族伟大复兴的中国梦的全局和战略高度，创造性地提出文化自信的时代命题，把我们党对中国特色社会主义的认识、对文化地位作用和发展规律的认识提升到一个全新境界。中国特色社会主义文化，"源于中华民族5000多年文明历史所孕育的中华优秀传统文化，熔铸于党领导人民在革命、建设、改革中创造的革命文化和社会主义先进文化，植根于中国特色社会主义伟大实践"③。以社会主义核心价值观、民

① 习近平：《在纪念马克思诞辰200周年大会上的讲话》，人民出版社2018年版，第14页。

② 《毛泽东选集》第4卷，人民出版社1991年版，第1357页。

③ 李捷：《实现中华民族伟大复兴的正确道路》，《理论导报》2021年第8期。

族精神和时代精神等为主要内容的社会主义先进文化，代表着时代前进的方向，是当代中国人鲜明的精神标识，体现着中国特色社会主义的独特优势。党的二十大报告指出："我们要坚持马克思主义在意识形态领域指导地位的根本制度，坚持为人民服务、为社会主义服务，坚持百花齐放、百家争鸣，坚持创造性转化、创新性发展，以社会主义核心价值观为引领，发展社会主义先进文化，弘扬革命文化，传承中华优秀传统文化，满足人民日益增长的精神文化需求，巩固全党全国各族人民团结奋斗的共同思想基础，不断提升国家文化软实力和中华文化影响力。"[①]文化自信是更基础、更广泛、更深厚的自信，是一个国家发展进步的不竭源泉，也是一个民族最动人的精神底色。坚定文化自信的实质就是坚定对中国特色社会主义的自信。中华优秀传统文化、革命文化、社会主义先进文化一脉相承、生生不息，贯通中华民族的过去、当下与未来，共同垒铸了中国人民精神上的万里长城，支撑起中国人文化自信的雄伟大厦。

社会主义核心价值观融入基层治理文化性培育的具体要求是，消解基层人民群众的信仰危机，合法规范网络舆论表达渠道，树立社会主义核心价值观的符号正当性和价值合理性，增强基层人民群众对社会主义核心价值观的情感认同和价值认同。

社会主义核心价值观的正当性体现在社会主义核心价值观作为国家治理和社会治理的基本价值指引，能够凝聚社会共识，激发治理内在活力。社会主义核心价值观融入基层治理，要加快推进基层文化治理，筑牢基层社会治理的文化根基。社会主义核心价值观融入基层治理必须要同群众的现实世界相互作用，切实走进大众的生活世界，切合大众的心理需求、精神需求。基层群众对于社会主义核心价值观的情感认同和价值认同是建立在现实世界基础之上，这就要求我们必须从解决该群体最直接的利益问题、最关心的实际问题入手，充分尊重基层群众的主体利益关切，合理地满足基层群众的物质利益需求和精神需求，用必要的利益认同来推动社会主义核心价值观认同，并在实践中不断转化为思想认识上的

---

① 习近平：《高举中国特色社会主义伟大旗帜　为全面建设社会主义现代化国家而团结奋斗——在中国共产党第二十次全国代表大会上的报告》，人民出版社2022年版，第43页。

积极认可和行为上的自觉遵循。[①] 社会主义核心价值观无论是培育还是践行，都必须同现实世界相互作用，深入联系群众，只有人民群众成为社会主义核心价值观自觉能动的建设力量和积极活跃的建设主体，社会主义核心价值观的培育才能获得源源不断的动力和持久有效的支撑。

社会主义核心价值观在基层治理中的价值合理性，体现在其对社会舆论表达的规范引导促进作用。社会主义核心价值观融入基层治理必须借助网络时代新媒体技术工具，了解各个群体的实际精神需求，合法规范引导网络舆论表达。“当前人们思想活动的独立性、选择性、多变性和差异性明显增强，各种社会思潮相互激荡，社会主义核心价值观的培育过程实质上是尊重差异、包容多样、最大限度地形成价值共识的过程。社会主义核心价值观必须与大众的思想文化观念相互碰撞，主动与各种社会思潮交锋，在差异中求共识，在比较竞争中彰显其真理性，从而实现社会主义核心价值观的有效社会传播。”[②]要树立社会主义核心价值观的符号正当性和价值合理性，增强基层人民群众对社会主义核心价值观的情感认同和价值认同。在经济全球化、信息全球化的今天，大数据、云计算、虚拟现实技术蓬勃发展，网络的作用已经不能小觑，要充分借助网络新兴媒体，创新社会主义核心价值观宣传平台，同时还要加强网络监管，增强社会主义核心价值观的吸引力，坚决抵制各种错误思潮，如历史虚无主义、功利主义、利己主义、极端个人主义等，批判清除不利于人民身心健康发展的信息。“对明显偏离理性轨道的网络热点必须敢于发声、及时亮剑，通过‘纠偏’驳斥虚假传言。要善于在网络议题设置中体现正确导向，在网民互动中达成价值共识，实现社会主义核心价值观在新时代基层治理中春风化雨、润物无声的传播效果。”[③]营造一个健康文明的网络文化传播环境。

因此，社会主义核心价值观的传播效果，“归根结底取决于其满足人

---

① 参见孟轲：《论社会主义核心价值观的认同主体》，《马克思主义研究》2015 年第 4 期。

② 杨晓梅、李少斐：《试论社会主义核心价值观融入大众生活世界》，《理论与现代化》2013 年第 6 期。

③ 马建军、周玉：《社会主义核心价值观融入社会生活的路径选择》，《理论导刊》2014 年第 7 期。

民利益和愿望的程度，取决于其能否以隐蔽、间接、融渗的方式实现由理论形态向大众实际生活世界的回归，取决于社会主义核心价值观能否对大众的日常生活世界进行有效的引领和提升”[①]。社会主义核心价值观要对大众生活世界实现有效引领提升，就需要与大众思想文化观念互动。要在基层社会培育那些大家喜闻乐见、易于接受的社会主义核心价值观传播形式，比如通过故事书、动漫、戏曲、音乐、影视、小品、小说等形式，让不同年龄段的人们都能找到自己喜欢的精神生活内容，从而找到社会主义核心价值观与大众思想文化观念互动的契合点，这样才能使社会主义核心价值观更容易获得民众的广泛认同。

① 杨晓梅、李少斐：《试论社会主义核心价值观融入大众生活世界》，《理论与现代化》2013年第6期。

第三章　融入基层治理是推动社会主义核心价值观建设的方略

基层治理与推动社会主义核心价值观培育践行之间，具有立意一致性、制度相容性和实践共通性等深度联系，社会主义核心价值观在基层的落地生根，必须牢牢把握基层治理现代化对于推动社会主义核心价值观落细、落小、落实方面的保驾护航作用，准确认知基层治理理念如何奠定社会主义核心价值观建设的现实基石，如何强化社会主义核心价值观建设的基本保障以及如何推进社会主义核心价值观建设的践行落实等效度，推动社会主义核心价值观更好地融入基层治理之中。

一、基层治理奠定核心价值观建设的现实基石

基层治理不仅是国家治理的基石，更是社会主义核心价值观落地的重要场域。基层治理奠定社会主义核心价值观建设的现实基石。基层治理着眼于基层社会的人民群众需要，承载着国家建设和社会主义核心价值观建设的光荣使命。社会主义核心价值观培育的现实立足点是人民群众的日常生活，把社会主义核心价值观融入基层治理，必须在基层社会中达成核心价值观和基层治理二者之间的融洽和谐和互生共进。

当前，我国基层治理中亟待解决的问题既千头万绪又千差万别，处理好这些纷繁复杂的事务必然离不开社会主义核心价值观的思想引领和价值塑造。社会主义核心价值观是获得人民广泛情感认同并趋于实践追随

的价值观。如果社会主义核心价值观在基层社会能够落地生根，融入百姓日常生活，成为每一位老百姓的内在生活准则和价值标准，那么基层治理就有了精神依托，社会主义核心价值观在全社会范围内的广泛传播和践行就有了坚实基础。

因此，基层治理场域是社会主义核心价值观落地的现实基石，“是社会主义核心价值观生成和凝练的社会土壤，从根本上决定着社会主义核心价值观的培育和践行成效”[①]。

(一)社会主义核心价值观的基层培育符合马克思主义主体价值论

从唯物史观角度分析，社会主义核心价值观的基层培育符合马克思主义主体价值论。通过有效的价值引导和思想引领，进而帮助人们形成正确的价值观，这是取得社会广泛共识的重要思想前提。“从价值观的一般关系分析，价值观具有属人性，价值观的最终享有者与受益者正是人自身。”[②]判断一个社会是否拥有优良体制和终极关怀的价值尺度和衡量标准，主要看社会全体成员是否拥有公正公平和自由发展的权利。

中国特色社会主义社会治理的主要目的在于谋求实现和维护最广大人民群众的根本利益，最大限度地增加和谐因素，增进人民福祉。“社会治理者应以核心价值观的践行者和引领者的姿态，客观看待群众提出的建议与问题，以强烈的责任感和主动性切实把握各种民生问题，真心解决好百姓期盼的问题。以实在的公民权利、共享的治理成果、统一的协调引导，增进民众对于核心价值观的价值认同。”[③]

因此，社会主义核心价值观的培育和践行需要站稳人民立场，坚持以人民为中心的发展思想，要把增进人民福祉、促进人的全面发展贯穿核心价值观培育践行的始终，带领广大人民群众朝着共同富裕方向稳步前进。培育和践行社会主义核心价值观，要广泛动员人民积极参与其中，引导广

---

① 刘颖：《现代社会治理视阈下的社会主义核心价值观基层培育探究》，《湖北社会科学》2017年第7期。

② 刘颖：《现代社会治理视阈下的社会主义核心价值观基层培育探究》，《湖北社会科学》2017年第7期。

③ 刘颖：《现代社会治理视阈下的社会主义核心价值观基层培育探究》，《湖北社会科学》2017年第7期。

大人民群众弘扬社会正气，坚守政治理想，不断增强全社会文明意识，提高全体民众的文明素养。

（二）服务型政府是进行社会主义核心价值观基层培育的有效载体

基层治理是基层党组织、政府、社会组织和基层民众等诸多行为者，通过平等的合作型伙伴关系，依法对社会事务、经济文化事业和社会生活进行规范和管理的过程。基层治理的推进和实现的过程正是政府治理模式转变的过程，总体倾向是其职能服务更多侧重于向公共性转变。

当前，我国政府职能转变的理念由过去的"管理本位"转变为"治理本位"，由政府管控社会的观念让位于服务社会的观念，确保政府"不越位不错位"。因此，要在坚持党的全面领导下以服务型政府建设为目标导向，进一步推进政府职能转变和机构改革深化，不断推动各级政府权力进一步下放，能够以更加平等的姿态对待合作对象和管理客体，能够激发更多治理主体发挥主动性和积极性，能够不断营造民众最主动的、最自觉的参与精神。这些内容在党的十八届三中全会通过的《中共中央关于全面深化改革若干重大问题的决定》关于"加快转变政府职能、简政放权"中均得到体现。服务型政府治理的重要目标指向是"在促进经济发展的基础上，完善社会管理，维护人民利益，从而赢得群众的支持和拥护，使基层群众体会到国家富强带来的国家荣誉感和公平正义带来的社会和谐感"①。

（三）全面从严治党为开展社会主义核心价值观基层培育奠定坚实基础

党的十八大以来，以习近平同志为核心的党中央以前所未有的勇气定力和责任担当，作出全面从严治党的战略部署。作为"四个全面"战略的重要组成部分，全面从严治党为基层治理中社会主义核心价值观的培育奠定了坚实组织基础，为更好推进基层治理现代化提供了坚实的组织保障和基础条件。经过全面从严治党的革命性重塑，基层党员干部的先锋模范作用更好得到发挥，成为基层群众学习和践行社会主义核心价值

---

① 刘颖：《现代社会治理视阈下的社会主义核心价值观基层培育探究》，《湖北社会科学》2017 年第 7 期。

观最直接的比照对象。

党的十八大以来，党中央结合新形势重新修订和制定了一系列党内规章制度，要求全体党员严肃党内政治生活、严格以党章为遵循、严守党规党纪，彰显出勇于自我革命的政治自觉和全面从严治党的历史自信。中国特色社会主义进入新时代，中国共产党在全党组织开展了一系列党内集中学习教育，先后开展了党的群众路线教育实践活动、"三严三实"专题教育、"两学一做"学习教育、"不忘初心、牢记使命"主题教育、党史学习教育、学习贯彻习近平新时代中国特色社会主义思想主题教育等党内集中学习教育。这些党内集中学习教育对于广大党员坚定理想信念，强化为民服务的宗旨，提高党性修养，都起到了积极促进作用，有力推动了广大党员坚定信心跟党走，全面推进社会主义现代化强国建设的进程。2019 年 5 月，习近平总书记在江西考察时指出："主题教育就是进一步筑牢理想信念，就是要在新中国成立 70 年的时候宣示下一个 70 年，我们将高举革命的旗帜，继往开来，重整行装再出发。"①

因此，可以说，思想文化是一种强大精神的力量，相对于制度规定和法律等外在约束性要素，思想文化则是一种内在约束性要素，在引领和推进国家治理现代化方面发挥着不可替代的作用。

二、基层治理强化核心价值观建设的基本保障

社会主义核心价值观的制度表达，是将之转化为对行为具有激励和约束作用的规范。基层治理现代化着眼于搭建基层治理的规则框架，让基层各级各类权力主体在法规制度的约束下规范运行，促进基层治理水平不断提升，这个治理水平不断提升的过程同时也是将社会主义核心价值观显现为制度规则的过程。习近平总书记指出："法安天下，德润人心。法律有效实施有赖于道德支持，道德践行也离不开法律约束。法治和德治不可分离、不可偏废，国家治理需要法律和道德协同发力。"②

---

① 中华人民共和国年鉴社编：《中国国情读本》，新华出版社 2020 年版，第 67 页。

② 《习近平在中共中央政治局第三十七次集体学习时强调：坚持依法治国和以德治国相结合 推进国家治理体系和治理能力现代化》，《人民日报》2016 年 12 月 11 日。

（一）党建引领是核心价值观融入基层治理的根本前提

党建引领基层治理是我国基层治理的显著特征和基本逻辑，这种内在逻辑是由党的社会革命历史使命决定的，是由党的自我革命鲜明品格决定的，也是由党群关系同心圆的社会结构决定的。[①] 从现实意义上讲，也是应对基层治理现代化中个体化社会发展趋势及其挑战所决定的。

党建引领基层治理是社会主义核心价值观在基层落地践行的根本保障。党领导基层治理，就是要“坚持政治领导、组织引领、能力引领、机制引领，把党的领导落实到基层治理中，使基层党组织建设与基层治理有机衔接、良性互动，以党的建设贯穿基层治理、保障基层治理、引领基层治理”[②]。2018 年中共中央印发《中国共产党支部工作条例（试行）》，规定“村党支部，全面领导隶属本村的各类组织和各项工作，围绕实施乡村振兴战略开展工作，组织带领农民群众发展集体经济，走共同富裕道路，领导村级治理，建设和谐美丽乡村。贫困村党支部应当动员和带领群众，全力打赢脱贫攻坚战。”“社区党支部，全面领导隶属本社区的各类组织和各项工作，围绕巩固党在城市执政基础、增进群众福祉开展工作，领导基层社会治理，组织整合辖区资源，服务社区群众、维护和谐稳定、建设美好家园。”[③]党领导基层治理是中国特色基层治理体系的重要特征，各级基层党组织是领导基层治理的核心。党的十九届四中全会将这一治理实践上升为国家制度。2021 年，十三届全国人大四次会议表决通过的“十四五”规划，提出健全党组织领导的自治、法治、德治相结合的城乡基层社会治理体系，完善基层民主协商制度，建设人人有责、人人尽责、人人享有的社会治理共同体。

党政领导干部在基层治理中，应以社会主义核心价值观的践行者、示范者和引领者的角色，客观看待群众提出的建议与诉求，要发扬共产党员的忠诚担当精神，充分利用党组织的协调引导功能，努力实现公众和政府的良性互动。同时，党政领导干部还要严格履行道德责任、遵守法律底

---

① 参见董立仁等：《提高基层治理现代化水平的对策建议》，《中国国情国力》2022 年第 4 期。

② 《党的十九大报告学习辅导百问》，党建读物出版社、学习出版社 2017 年版，第 22 页。

③ 《中国共产党支部工作条例（试行）》，人民出版社 2018 年版，第 11～12 页。

线，以此引导人们树立社会主义核心价值观传达的意义庄严感和价值归属感，以强烈的责任感和主动性切实把握当前社会的民生难题，用情用力解决好群众的“急难愁盼”问题。[①] 要从制度层面，注重坚持和完善繁荣发展社会主义先进文化的制度体系建设，通过制定相关的政策法规，建立新闻宣传行为规范，正确引导社会舆论，从而维护以马克思主义为指导的社会主义主流意识形态的指导地位。只有持续加强和改善党的领导，不断提升党的执政能力和执政水平，提升党的政治领导力、思想引领力、群众组织力和社会号召力，才能进一步增进党和群众的情感联结、巩固党的执政基础。正如习近平总书记指出：“城乡社区处于党同群众连接的‘最后一公里’，要把加强基层党的建设、巩固党的执政基础作为贯穿社会治理和基层建设的一条红线，深入拓展区域化党建。”[②]

党建引领基层治理是社会主义核心价值观在基层落地践行的有效路径。全国各地党组织探索出许多党建引领基层治理的宝贵经验，例如北京市的“街乡吹哨、部门报到”，上海市的党建深度嵌入基层社会的大城市治理，天津市的“战区制、主官上、权下放”，浙江省的“枫桥经验”升级，成都市在市委、区委两级成立城乡社区发展治理委员会等。[③] 这些有益探索实践建构形成了党建引领基层治理的各具特色的基层治理方式，实现了一体融合推进基层党建与基层社会治理。因此，党领导基层治理，“需要提升党的组织力确保社会治理秩序，增强党的政治功能确保社会治理的正确方向，以平台机制培育社会治理的内生动力与活力，以社会主义核心价值观为灵魂推进基层治理，实现社会发展与社会治理有机统一”[④]。只有通过科学完善的平台载体，以制度化方式把党员有效配置到基层治理和服务群众的最前沿，才能最大限度激发基层党组织的创造活力。党

---

① 参见刘颖：《现代社会治理视阈下的社会主义核心价值观基层培育探究》，《湖北社会科学》2017 年第 7 期。

② 中共中央文献研究室编：《习近平关于全面建成小康社会论述摘编》，中央文献出版社 2016 年版，第 148 页。

③ 参见祝灵君：《党领导基层社会治理的基本逻辑研究》，《中共中央党校（国家行政学院）学报》2020 年第 4 期。

④ 祝灵君：《党领导基层社会治理的基本逻辑研究》，《中共中央党校（国家行政学院）学报》2020 年第 4 期。

组织和党委书记应承担起激活基层党组织创造活力的职责，要让更多党员参与到党委政府推进社会主义核心价值观建设的工作部署中，将普通党员的身份意识、组织意识唤起，让他们在尽义务的过程中塑造党员身份意识和责任意识。[①] 要避免把党建引领的概念泛化，把党建引领简单等同于开会学习、宣传教育等日常党务工作。不论什么工作都打出“党建引领”的旗号，却对具体“引领什么”“怎么引领”不进行深入思考，最终会造成党建引领工作的虚化。

（二）基层治理为核心价值观从理念到行动的转化提供实践平台

在当代中国，推进基层治理现代化的过程，本身就是一场伟大的“社会革命”。这场伟大的社会革命范围涉及基层基础设施建设、基层经济社会发展、基层文化繁荣等方面，基层治理现代化推进实施的过程本身也是推进伟大社会革命的进程，在这一伟大社会革命进程中，社会主义核心价值观的传播有了坚实的基础，也拥有了核心价值观从理念到行动转化的实践平台。

习近平总书记强调，“知者行之始，行者知之成”[②]。认知认同是行动的前提，任何一种思想、一种理念、一种价值都需要首先建立理论认同，充分的理论认同为践行社会主义核心价值观奠定了坚强精神支撑。社会主义核心价值观表达了全体人民价值取向的最大公约数，是社会崇德向善的具体表现，能够引导人民规范自身行为。但理论认同还不是实践行动，也不能简单等同于实践行动，社会主义核心价值观从理念到行动转化需要在实践中不断去验证，需要借助具体实践平台作为转化的抓手。

基层治理为社会主义核心价值观的践行搭建了许多百姓喜闻乐见的实践平台，譬如，一些地区探索开设基层道德讲堂、法律讲堂、儒学讲堂等，不断创新社会主义核心价值观宣传践行的有效方法，以此提高居民的基本法律素养、法律素养。客观上讲，结合实际工作场景进行社会主义核心价值观的宣传，要比单纯背诵记忆核心价值观的内容更有实际意义和

---

① 参见杨华：《县乡中国：县域治理现代化》，中国人民大学出版社 2022 年版，第 123 页。

② 习近平：《在北京大学师生座谈会上的讲话》，人民出版社 2018 年版，第 13 页。

应用价值。一种价值观要真正发挥作用，还是要在实际应用中借助具体载体平台让遵循价值观成为百姓自觉践行的行为习惯。

党的十八大以来，我们党提出培育和践行社会主义核心价值观，提倡“敢于斗争、敢于胜利”的奋斗精神，习近平总书记强调：“法律法规要树立鲜明道德导向，弘扬美德义行，立法、执法、司法都要体现社会主义道德要求，都要把社会主义核心价值观贯穿其中，使社会主义法治成为良法善治。”①基层治理既需要党建引领作用的发挥，也需要政府、社会组织、基层民众等多元主体广泛的参与，既要提高社会主义核心价值观由理念转化为行动的效果，又要注重协同发挥道德规范和法律约束的双重作用，使社会主义核心价值观贯穿人们生产生活，融入人们的思想行动之中。2015年中央宣传部、中央文明办印发《培育和践行社会主义核心价值观行动方案》，明确要广泛进行探索实践，“在贯穿结合融入上下功夫，在落细落小落实上下功夫……要紧密联系群众生产生活实际，结合各行各业特点，精心设计开展人们喜闻乐见的实践活动，把社会主义核心价值观的要求日常化、具体化、生活化，使社会主义核心价值观内化于心、外化于行，成为全社会的群体意识和共同行动”。因此，基层治理是培育和践行社会主义核心价值观的重要场域，是社会主义核心价值观融入社会治理的最后落脚点。提高社会主义核心价值观由理念转化为行动的效果，要立足于社区居民的主导性需求，有效解决老百姓急难愁盼的关键性问题，使社会主义核心价值观的宣传培育践行与居民具体生产生活方式相结合，进而对社区居民产生潜移默化的影响。

三、基层治理推进核心价值观建设的践行落实

社会主义核心价值观的基本实践形态是落细、落小、落实。一定意义上说，推动社会主义核心价值观的基层培育的过程，也是基层治理现代化在基层日益展开和不断深化的过程。基层治理着眼于规范基层社会人民群众的具体实践，通过推动基层治理可以带动社会主义核心价值观外化

① 中共中央宣传部、中央全面依法治国委员会办公室编：《习近平法治思想学习纲要》，人民出版社、学习出版社2021年版，第42页。

为人民群众的日常行为。

（一）价值观要真正发挥作用，必须融入社会生活

习近平总书记在参加中共中央政治局关于培育和弘扬社会主义核心价值观，弘扬中华传统美德的集体学习时指出：“一种价值观要真正发挥作用，必须融入社会生活，让人们在实践中感知它、领悟它。”[①]只有在个体真正亲自参与实践活动、亲自体验感悟之后，才能对社会主义核心价值观产生情感认同、心理认同，才能让社会主义核心价值观在基层落地生根，产生巨大的价值引导作用。将践行社会主义核心价值观融入基层社会治理中就是要遵循民主法治原则，坚持依法依规下放基层治权，运用科学方法增强基层政权的公共服务职能。比如，广东在民政领域推出一系列助力基层社会治理变革的具体措施，从基层党组织的政治领导、城乡社区治理、社区社会组织、社会工作者、基本民生保障和基本社会服务、民政领域基层社会治理基础、保障措施七个方面提出 19 条具体举措，加快推进民政领域基层社会治理体系和治理能力现代化。[②] 具体地，广东省各地市把基层管理迫切需要且能有效承接的管理权限依法依规下放，逐步实现乡镇（街道）的职能转变，优化基层审批服务便民机制。通过推进“减证便民”行动，全面推进证明事项告知承诺制。《广东经济社会形势分析与预测（2021）》蓝皮书统计数据表明，2020 年，广东已累计取消证明事项 1220 项，仅保留 36 项。广东省在粤东西北偏远乡镇和村居试点部署了政务服务一体机，同时政务服务已接入全省 1.3 万多台银行金融自助终端，居民可以通过政务服务一体机和银行自助终端实现政务事务的便捷办理。政府改进提升基层便民服务，城乡居民幸福感、获得感普遍增强，参与社区事务的积极性也随之得以提升。广东省社会科学院、广东省情调研网 2020 年的一项问卷调查结果显示，75.82％的居民参与了最近一次的村（居）委会的选举投票，42.15％的居民曾向政府或村（居）委会反映

---

① 《习近平在中共中央政治局第十三次集体学习时强调：把培育和弘扬社会主义核心价值观作为凝魂聚气强基固本的基础工程》，《人民日报》2014 年 2 月 26 日。

② 参见郭跃文、向晓梅主编：《广东经济社会形势分析与预测（2021）》，社会科学文献出版社 2021 年版，第 198 页。

问题或提出建议，92.50%的居民“偶尔”或“经常”参加村(居)委会举行的活动，82.77%的居民“偶尔”或“经常”参加捐款、无偿献血和志愿者活动，79.20%的居民对居住地居民协商解决问题情况的评价为“较好”或“很好”。在政府与社会的有效互动中，基层民众的政治参与意识、政治文明素养、政治协商能力都得以锻炼和提升。

依托新时代文明实践中心开展的各项富有地方特色的文明实践活动，是基层社会主义核心价值观培育和践行的重要载体和实践形式。从实践层面来讲，培育和践行社会主义核心价值观，也是一种体验式的教育形式。具体来讲，社会主义核心价值观融入新时代基层治理，要通过设置情景体验的方式，增强基层民众对社会主义核心价值观的心理认知和实践感受。由体验而领悟到的生命真谛会对人产生持久的影响，这种切身感受到的价值理念才能内化在人们的日常言行之中，才能够发挥实际效用。“将核心价值观的基本内容渗透进相关的载体，为广大社会成员创设体验的生活情景，使人们在情景中体验到人生的意义、生命的价值和信仰的力量，则会对大众的心理和行为产生持久的影响。”[①]

(二)坚持有序分类原则推动社会主义核心价值观在基层落地生根

推动社会主义核心价值观在基层落地生根，基层各个治理主体要广泛交流工作经验，相互学习成功经验做法，因地制宜、取长补短、有序分类进行培育和践行社会主义核心价值观。在基层治理中，不同领域在践行社会主义核心价值观方面的任务要求、重难点以及先后次序各不相同。农村与社区的宣传培育方式明显不同，企业与医院、学校也不尽相同，而机关单位的培育和践行又与以上各类单位有所不同。

对于农村和社区来讲，社会主义核心价值观的培育和践行要重点突出民主和谐主题，注重抓好核心价值观更好地融入村居治理、服务供给、业余文体生活等工作。农村和社区的工作重点显然也存在很大差异，在乡村振兴时代背景下，社会主义核心价值观在农村的培育践行，应在此阶

① 马建军、周玉:《社会主义核心价值观融入社会生活的路径选择》,《理论导刊》2014 年第 7 期。

段更加突出体现乡风文明、产业振兴、村民富裕等当下的时代主题，村干部期待的是发案率、上访率明显下降；而社区更加看重的是社区治理水平和服务能力的提升，关注的是社区自治参与及治理秩序；社区党员干部期盼的则是所在辖区能够治安好，服务供给好，睦邻活动多，居民生活健康文明。

对于企业来讲，社会主义核心价值观的培育和践行要突出诚信守法主题，注重抓好融入和谐劳动构建、诚信守法经营等工作。习近平总书记强调："要培育文明健康、向上向善的诚信文化，教育引导资本主体践行社会主义核心价值观，讲信用信义、重社会责任，走人间正道。"[①]培育社会主义核心价值观，重要的目标之一是增强人们的价值判断力和社会责任感。因此，基层治理的社会主义核心价值观的培育，要"旗帜鲜明地弘扬真善美、贬斥假恶丑，树立正确导向、澄清模糊认识、匡正失范行为，形成激浊扬清、抑恶扬善的思想道德舆论场，引导人们自觉做良好道德风尚的建设者、社会文明进步的推动者"[②]。

对于医院来讲，社会主义核心价值观的培育和践行要突出医患和谐主题，抓好融入医疗服务、医德建设、文明就医等工作。对于学校来讲，社会主义核心价值观的培育和践行要突出爱国友善主题，抓好融入学生课堂教育、校园文化、社会实践等工作。师生关注的是师德校风好，学生品学兼优，学生走向社会认可度高。

对于机关来讲，社会主义核心价值观的培育和践行要突出敬业诚信主题，注重抓好融入机关作风建设、政策制度制定和依法行政等工作，追求廉洁勤政高效，服务态度好，人民满意度高。各级党组织要认真扛起培育和践行核心价值观的责任，把培育和践行核心价值观作为推进社会主义先进文化发展的重要内容，以身示范、带头履职尽责，切实负起政治责任和领导责任。

---

① 中共中央党史和文献研究院编：《习近平关于社会主义精神文明建设论述摘编》，中央文献出版社 2022 年版，第 291～292 页。

② 人民日报评论员：《激浊扬清增强价值判断力：二论着力培育和践行社会主义核心价值观》，《人民日报》2014 年 2 月 25 日。

总之，推动社会主义核心价值观在基层的培育和践行的过程，也是实现基层治理现代化的题中之义和必然要求。要坚持融入社会生活和有序分类原则，以社会主义核心价值观为统领，深入挖掘中华优秀传统文化和具有本地区特色的地方文化资源，加强思想教育和道德教化的一体推进，进一步实施公民道德建设工程，完善社会、学校、家庭“三位一体”的德育网络，在基层社会凝聚起向上向善、团结奋发的精神力量。

第四章　机制创新是社会主义核心价值观融入基层治理的关键

当前，学界围绕社会主义核心价值观融入基层治理的研究，重点阐释了社会主义核心价值观融入基层治理的学理自洽性以及现实可能性，并对社会主义核心价值观融入基层治理的实质性障碍进行了初步分析，讨论了社会主义核心价值观在融入基层治理中所面临的诸如基层人员众多、职业分散、教育背景和社会经历复杂多样等现实困境。然而，“社会主义核心价值观融入基层治理还面临许多深层次机制性障碍，基层民意无法直接转化为对社会主义核心价值观的践行支持，党组织动员也无法快速转化为基层治理中的组织效能，这些障碍最终表现为核心价值观融入基层治理中的机制困境”①。

因此，要想深入探究社会主义核心价值观融入基层治理的实践理论，从根本上破解社会主义核心价值观融入基层治理的机制困境，亟须创新基层治理中社会主义核心价值观的融入机制。社会主义核心价值观的融入机制，是核心价值观融入具体场景时所涉及的方式、结构、功能及其相互联系，即核心价值观究竟通过哪些具体方式融入基层治理，融入的过程和环节如何实现协调衔接，如何实现和保障核心价值观在基层的长期有效融入。换言之，新时代社会主义核心价值观融入机制的创新，集中体现

① 刘蕊、方雷：《社会主义核心价值观融入基层社会治理的机制创新》，《学习与探索》2021 年第 8 期。

在结构性改善、制度性转化和文化性培育，凝聚为多方位融入、全过程融入与各环节融入。

推进群众基层自治有序发展，实现基层治理现代化，要站在以社会主义核心价值观为支撑推进基层治理现代化的战略高度，围绕基层治理中多方位融入、全过程融入和各环节融入，进行持久用力、深入发力，着力破解社会主义核心价值观在融入基层治理中的机制性障碍，推进基层治理中社会主义核心价值观的创新性融入，以实现社会主义核心价值观由内在信念向自觉行动的进阶转化。

一、核心价值观在基层治理中的多方位融入机制

党的二十大报告指出："增进民生福祉，提高人民生活品质。"①为民造福是立党为公、执政为民的本质要求。社会主义核心价值观在基层的培育和践行应涉及民众生活的多个侧面，让民众在践行社会主义核心价值观的过程中不断提升自身的生活水平和生活品质，让民众真正感受到社会主义核心价值观的道义力量和真理力量。

民生领域的治理难题是当前执政党必须要处理好的重大问题。民生问题关乎我们党在基层治理中的公信力和认同度。解决好老百姓最为关心、最为现实的住房问题、养老问题、就业问题等问题，我们党才能在人民心目中树立起执政为民的形象，才能赢得人民的拥护和支持。正如马克思强调："'思想'一旦离开'利益'，就一定会使自己出丑。"②新时代广大普通民众的福祉所盼就是教育、医疗条件的进一步改善和提质，在教育、医疗、养老等民生领域能够得到更多的公正。正如潘维在《信仰人民：中国共产党与中国政治传统》一书中所言："教育质量和教育资源的公平，医疗资源的公平是全社会进步发达的根本标志。"③社会主义核心价值观的实践形态应与民众日常生活建立紧密联系，这就要求核心价值观的基层

① 习近平：《高举中国特色社会主义伟大旗帜　为全面建设社会主义现代化国家而团结奋斗——在中国共产党第二十次全国代表大会上的报告》，人民出版社2022年版，第46页。

② 《马克思恩格斯文集》第1卷，人民出版社2009年版，第286页。

③ 潘维：《信仰人民：中国共产党与中国政治传统》，中国人民大学出版社2017年版，第68页。

培育和践行,“一定要密切关注民众日常生活利益需求,要能够通过理论原则和制度原则的具体实施,不断推进民生建设,逐步满足民众利益需求以及推动民众日常生活水平不断提高”①。在践行社会主义核心价值观基础上,以全面深化改革激发社会创新活力,不断以中国式现代化推进社会主义先进生产力的发展,在加快高质量发展中解决民生问题,满足人民日益增长的美好生活需要。“核心价值观的培育贵在知行统一,而知是前提、是基础,内心认同才能自觉践行,春风化雨才能润物无声。培育和践行核心价值观,一定要在增强认知认同上下功夫,使其家喻户晓、深入人心。”②

（一）创设承载核心价值观融入基层治理的有效载体

核心价值观融入基层治理应是具体的、有所依托的融入,而不是抽象的、空洞的融入,必须在融入基层治理中有相应的载体和抓手,确保社会主义核心价值观能从理念和文化价值观层面转化为相对具体的、实际的治理效能和效用。

首先,以党群服务中心为重要载体,发挥基层党组织政治引领、动员整合和统筹协同功能。针对基层有的社区、村镇当前存在的党组织资源分散、党建工作不实等现象,要充分发挥基层党组织统筹协调、动员整合功能,统一协同驻区单位党建资源,通过组织统筹建、平台统筹搭、资源统筹用、服务统筹抓,推动基层党建由碎片化向整体化转变。2021 年 4 月 28 日,《中共中央国务院关于加强基层治理体系和治理能力现代化建设的意见》,明确以增进人民福祉为出发点和落脚点,以加强基层党组织建设、增强基层党组织政治功能和组织力为关键,以加强基层政权建设和健全基层群众自治制度为重点,以改革创新和制度建设、能力建设为抓手,建立健全基层治理体制机制③。要“以街道社区党组织为纽带,以党群服

① 陶利江:《社会主义核心价值观融入日常生活的逻辑理路》,《中共浙江省委党校学报》2017 年第 5 期。

② 刘云山:《着力培育和践行社会主义核心价值观》,《求是》2014 年第 2 期。

③ 《中共中央国务院关于加强基层治理体系和治理能力现代化建设的意见》,人民出版社 2021 年版,第 2 页。

务中心统筹辖区内各领域党组织建设，统一调配党建工作资源。不仅要挖掘在职党员的能力资源，也要注重挖掘外来人口、流动党员、外部投资企业资源，鼓励各方有钱出钱、有人出人、有力出力，提高基层党组织的统筹能力，汇聚各方力量共同促进社区发展”①。社会主义核心价值观的培育和践行，关键要发挥基层党组织的政治引领和统筹协调作用，有了协同高效的统一指挥，基层治理中的各种红色文化资源和人文化历史资源就能更为有效地被开发、使用。

其次，利用现代信息技术和新媒体手段，深入推动新时代文明实践中心（所、站）开展文明实践活动。新时代文明实践中心是党中央加强基层思想政治工作和培育践行社会主义核心价值观的重要载体，旨在推动党的理论政策在基层落地生根，致力于培育和践行社会主义核心价值观，通过文化活动、志愿服务等形式，将社会主义思想融入基层群众生活，不断提升全社会的思想觉悟和道德水准。2018 年党中央下发《关于建设新时代文明实践中心试点工作的指导意见》，明确新时代文明实践中心是党中央加强基层思想政治工作和培育践行社会主义核心价值观的重要载体，旨在推动习近平新时代中国特色社会主义思想更加深入人心，推动党的理论政策在基层落地生根，打通宣传群众、教育群众、关心群众、服务群众的“最后一公里”。新时代文明实践中心致力于培育和践行社会主义核心价值观，通过文化活动、志愿服务等形式，将社会主义思想融入基层群众生活，为广大基层群众提供更加丰富的精神文化生活，不断提升基层社会的思想觉悟和道德水准。借助微信、微博、抖音等新媒体平台，发布文明实践活动的相关信息，吸引更多年轻人关注并参与。挖掘和吸引懂新媒体制作技能的年轻人，进行短视频创作、网络直播，加力宣传本地区特色文化，挖掘宣传红色文化、革命文化，为基层群众提供丰富有价值的精神文化生活。譬如，上海市黄浦区深入推进“党的诞生地发掘宣传工程”，全力做好红色遗址遗迹保护修缮，整合利用红色场馆丰富资源，持续推进红色文化精品创作，不断拓展红色故事多样载体，传承发扬好红色基因，并

① 姜晓萍、衡霞、田昭：《中国城市社会治理》，中国人民大学出版社 2021 年版，第 111 页。

以此为抓手，持续深入推进新时代文明实践工作。截至2020年底，上海市已建成16个区级新时代文明实践中心、221个多镇(街道)级新时代文明实践分中心、6257个村(居)级新时代文明实践站，着力打造阵地网络全域覆盖、线上线下双轮驱动、特色品牌交相辉映、新时代文明实践和学雷锋志愿服务双向融合提升的“上海模式”。通过各级新时代文明实践中心的建设和运营，有效地将文明实践融入群众的日常生活，让群众在参与中感受到文明的力量，从而进一步提升了市民的文明素养和城市整体的文明程度。

最后，设立村史博物馆、举办特色传统活动，把弘扬核心价值观作为进行基层治理顶层设计的重要内容。基层治理现代化离不开基层文化的繁荣发展。习近平总书记指出，要“保护好运用好传承好历史文化、革命文化、海洋文化、民俗文化资源，增强文化创新创造活力，发展壮大文化产业”①。在推进基层文化繁荣方面，各地宣传主管部门和文化组织要紧扣时代主题，大力弘扬社会主义核心价值观，以社区邻里为载体，鼓励邻里握手相识，举办居民走出家门共建共享和谐社区的多种社区公益活动，以此来凝聚民心，推进社会和谐。要深入挖掘和传承本土文化，让最具本地特色的本土文化在现代文明中彰显文化的多样性和独特性。比如有的地方通过设立村史博物馆、举办传统祭祀活动等，让人们感受本土文化的魅力，增进本地居民的情感联结。深圳市南山区打造深圳经验的南山样本，其中一条重要经验就是特别注重“加强社会主义核心价值观教育，倡导科学健康的生活方式，培养社区治理主体的社会责任意识、公益意识、互助意识、奉献意识和参与社会事务的意识，从而把社区建设成为一个弥合阶层分化、促进人人平等的生活空间”②。

(二)搭建核心价值观融入日常生活的便捷平台

思想是行为的先导，核心价值观在基层治理中落地生根，需要广大人民群众在思想意识层面真正认同社会主义核心价值观的理念，并且能够

① 《习近平在听取海南省委和省政府工作汇报时强调：紧紧围绕建设“三区一中心”的战略定位 奋力谱写中国式现代化海南篇章》，《人民日报》2024年12月18日。

② 房宁、唐奕：《治理南山：深圳经验的南山样本》，中国社会科学出版社2018年版，第133页。

在日常生活领域切身感到社会主义核心价值观就在身边，使人们的思想认识和外在行为达到高度一致。因此，采用契合日常生活的社会主义核心价值观表现形式，是社会主义核心价值观融入日常生活的关键举措，只有这样才能让人民群众切实感受到社会主义核心价值观的真实存在。采用契合日常生活的社会主义核心价值观表现形式，“要求社会主义核心价值观的理论形态、制度形态以及实践形态都要与日常生活建立直接联系。”①

其一，优化基层公共空间建设，用群众生活化的形式传递核心价值观的内在理念。从理论形态层面讲，社会主义核心价值观与日常生活建立联系，要求社会主义核心价值观的培育与传播应坚持价值性、政治性、生活性的统一，注重运用群众生活化的形式传递核心价值观的内在理念，在进行核心价值观的理论阐释时注重结合民众日常生活的具体场景，不断从日常生活中汲取丰富营养并能引领和阐释现实生活。公共空间建设有利于社会主义核心价值观的宣传培育。基层文化长廊、主题公园、宣传栏等是核心价值观呈现的有效平台，通过设置具有核心价值观内在精神内容的壁画、雕塑、互动装置等，将核心价值观以群众喜闻乐见的形式展现出来，让群众在日常生活中潜移默化地接受教育，能够不断增强民众的文明素养，提升基层社会的文明程度。实际上，只有真正能够融入民众日常生活的理论才能拥有强大的号召力和影响力。“我们说马克思主义是对的，决不是因为马克思这个人是什么‘先哲’，而是因为他的理论，在我们的实践中，在我们的斗争中，证明了是对的。”②只有被实践所验证正确的理论学说才是真正有价值的学说，正确的有价值的理论学说只有与民众的生产生活产生广泛联系，才能在人民群众中产生强大的号召力和影响力。社会主义核心价值观作为一种理念，只有在对现实有着合乎客观规律的、正确的、合理的解释时，才能更好地发挥价值引领和价值塑造作用。

其二，打造价值观文化意象空间，把践行社会主义核心价值观作为社

---

① 参见陶利江:《社会主义核心价值观融入日常生活的逻辑理路》,《中共浙江省委党校学报》2017 年第 5 期。

② 《毛泽东选集》第 1 卷，人民出版社 1991 年版，第 111 页。

会治理的重要内容，推动中华优秀传统文化创造性转化、创新性发展。应充分挖掘新时代先进模范人物的感人事迹，充分挖掘极具当地特色的传统文化人物典籍故事，将代表爱国、敬业、诚信、友善的人物故事，通过雕塑、标牌、铭牌、文化地标等形式进行展示呈现。“要坚持以社会主义核心价值观为引领，坚持创造性转化、创新性发展，找到传统文化和现代生活的连接点，不断满足人民日益增长的美好生活需要。”[①]着力挖掘和整理具有地方特色的本地区历史记忆与文化底蕴。对那些至今仍有借鉴价值的内涵和陈旧的表现形式加以改造，赋予其新的时代内涵和现代表达形式，通过凉亭、楹联、碑刻、遗址等方式，打造价值观文化意象空间，激活其文化生命力。从制度形态层面讲，社会主义核心价值观的制度形态要日常生活建立联系，应按照社会主义核心价值观的要求，逐步完善民众日常生活领域的各项制度，使与民众日常生活紧密联系的各项制度能够更好地体现社会主义核心价值观的精神实质，更具操作性、更有针对性，使社会主义核心价值观逐渐内化为人们的道德追求，最大限度增进社会和谐。

其三，构建以核心价值观为轴心的基层文化生态系统，打造基层文化综合服务平台。将核心价值观融入产业发展要素支撑体系以及产业政策构架中，让主动践行核心价值观的主体获得政策激励，体现出鲜明价值导向。通过培育和践行社会主义核心价值观，让向上向善的价值理念成为产业升级及创意产品创作生产的深层代码。社会主义核心价值观若要真正发挥价值引领作用，必须实际地融入民众的日常生产生活。因此，要注重以社区活动中心为依托，充分发挥党员活动室、道德讲堂、爱心超市等平台的积极作用，打造集理论宣讲、志愿服务、文化惠民、体育健康等多功能于一体的社区基层文化综合服务平台，运用宣传、激励、体验等多种方式，推动更多居民参与社区环境卫生管理、社区文明建设等公共事务，让民众在潜移默化中按照社会主义核心价值观的精神实质进行实践活动。社会主义核心价值观融入民众生产生活之中，不是空洞乏力抽象的说辞，而是生动活泼具体的实践。“社会主义核心价值观融入日常生活既要靠

① 《解放思想改革创新再接再厉谱写陕西高质量发展新篇章》，《人民日报》2021年9月16日。

宣传教育、利益激励、榜样引领，更需要实践体验、活动参与。只有通过不断的实践检验、创新发展，才能使社会主义核心价值观保持旺盛的生命力，内化于心，外化于行。”[①]

（三）增强核心价值观融入宣传思想文化工作的创新力

宣传思想文化工作是践行和落实社会主义核心价值观的重要载体，也是党的极端重要的工作。“事关旗帜道路，事关国家发展，事关民族复兴。”[②]

习近平总书记在主持十八届中央政治局第十三次集体学习时强调：“培育和弘扬核心价值观，有效整合社会意识，是社会系统得以正常运转、社会秩序得以有效维护的重要途径，也是国家治理体系和治理能力的重要方面。历史和现实都表明，构建具有强大感召力的核心价值观，关系社会和谐稳定，关系国家长治久安。”[③]当前的形势和任务，要求我们推动社会主义核心价值观融入基层治理，要注重增强社会主义核心价值观融入宣传思想文化工作的创新力。

其一，注重因地制宜、分类分级推进新时代文明实践站建设运行。新时代文明实践中心是核心价值观融入基层宣传文化工作的重要场域。要因地制宜建立稳定的经费保障机制，确保将新时代文明实践站建设所需经费列入镇村财政预算。同时，探索建立多元化的新时代文明实践站经费保障体系，比如设立市级“新时代文明实践基金”，鼓励企业、社会组织和个人参与文明实践站建设，形成“政府出资、社会捐赠、个人参与”的多元化资金保障机制，不断充实文明实践站的经费支持力度。优化差异化奖补政策，结合各地新时代文明实践站的星级评定结果，给予不同等级的文明实践站差异化资金补助。对社会影响大、群众反响好的先进实践站给予重点支持。各地新时代文明实践中心运营应遵循因地制宜、分级分

① 柳礼泉、陈方芳：《社会主义核心价值观融入日常生活的机制和着力点探析》，《社会主义核心价值观研究》2016 年第 5 期。

② 霍小光、张晓松等：《主旋律更响亮 正能量更强劲——党的十八大以来宣传思想文化工作综述》，《新华月报》2017 年第 20 期。

③ 《习近平在中共中央政治局第十三次集体学习时强调：把培育和弘扬社会主义核心价值观作为凝魂聚气强基固本的基础工程》，《人民日报》2014 年 2 月 26 日。

类原则，针对不同文化层次的人群，应该采用不同的宣传方法，“对于文化层次较高的群体，可以借助学理性较强的理论读本，通过系统性、完整性的理论增进他们对社会主义核心价值观的认知；对于文化水平较低的群体，可以借助通俗的读物进行宣传，通过形象化的介绍增进其对社会主义核心价值观的了解”[①]。在《论〈宣言书〉》一文中，列宁主张应根据俄国工人不同层次的政治觉悟水平，有针对性地采取不同方式进行宣传。他指出：“要鼓动员或宣传员善于做他们的工作，能够把这种思想告诉他们，在传达这种思想时，要善于用通俗易懂的语言，并且能够借助于日常生活中他们所知道的事实。”[②]

其二，有针对性地增强社会主义核心价值观对日常生活的解释力。譬如当前各地探索建立的农家书屋是基层治理中推进乡村文化振兴的重要载体。在调研中发现，依托新时代文明实践站建设运行社区（村居）的农家书屋，是基层社会主义核心价值观培育和践行的有效形式。有的农家书屋针对本地产业特色和发展优势，有针对性和选择性地选择符合农民意愿和文化需求的图书产品，并举办读书会、短期技能培训班、思想交流会等活动推动核心价值观培育的落地落实，充分发挥人民的主体作用，取得了很好的效果。宣传思想文化部门要统筹解决流动人口读书、看报、看电影、看演出及参加文化活动等基本文化权益保障问题，要将文化惠民惠及更多的群体，特别是要通过政策创新，鼓励和引导各级青妇组织、广电部门、企业和公益性文化单位为流动人口提供文化服务，逐步形成“政府主导、企业共建、社会参与”的流动人口文化工作格局。

其三，扩大社会主义核心价值观在民众日常生活领域的影响力。新媒体时代，许多新媒体平台拥有众多网络用户，其许多作品简明扼要，常常能够在网络上迅速传播。这些作品在弘扬和传播社会主义核心价值观方面具有不可比拟的优势，能够在短时间内影响众多受众。因此，增强核心价值观融入宣传思想文化工作的创新力，“日常生活传播应充分利用论

① 陶利江：《社会主义核心价值观融入日常生活的逻辑理路》，《中共浙江省委党校学报》2017 年第 5 期。

② 《列宁全集》第 4 卷，人民出版社 1984 年版，第 277 页。

坛、博客、微博、微信、微电影、短视频等新媒体形式进行宣传和教育，增加社会主义核心价值观在网络空间的传播力以及在日常生活的渗透力”[①]。同时，加强对新媒体的管理，对于传播低俗、色情、暴力等违反法律法规的短视频、网络主播，要敢于亮剑，坚决维护网络舆论生态健康。

二、核心价值观在基层治理中的全过程融入机制

“社会主义核心价值观作为思想、观念、道德、理想等意识形态发展的产物，本身就是一种文化形态，完全可以借助大众文化产品的方式去影响大众。”[②]社会主义核心价值观要真正融入基层治理的全过程，必须通过相应制度化的机制将社会主义核心价值观的内容内化为人民群众的行为规范，并在适应新发展理念的情景下融入行业行为准则和岗位规范中，进而成为人们日常工作生活的基本遵循。

（一）社会主义核心价值观要依托具体场景融入基层治理

任何一种价值观都需要借助若干制度化载体予以推行。社会主义核心价值观的基层培育和践行也必须依托具体的场景，通过制度化的方式进行加以实施。制度化的建设不仅有助于规范基层群众行为，还能增强基层群众的认同感和参与感，这也是核心价值观在基层治理中落地生根的有效途径。具体地，要从创新社会治理机制、提高基层组织领导基层治理能力、加强自治组织规范化建设等多个方面进行综合考虑和实施。

其一，创新社会治理机制将社会主义核心价值观融入基层治理。优化基层社会治理体系，构建和完善党委领导、政府负责、社会协同、公众参与、法治保障、科技支撑的社会治理体系，引导多元力量参与基层治理，系统推进社会主义核心价值观融入基层治理，从而更好地推动社会发展和进步。把社会主义核心价值观融入国民教育全过程是党和国家一直反复明确的一项要求。刘云山在培育和践行社会主义核心价值观工作经验交

① 陶利江：《社会主义核心价值观融入日常生活的逻辑理路》，《中共浙江省委党校学报》2017年第5期。

② 杨晓梅、李少斐：《试论社会主义核心价值观融入大众生活世界》，《理论与现代化》2013年第6期。

流会上强调："推进核心价值观建设，贵在增强自觉、重在落地生根、难在持久深入。要把核心价值观贯穿到国民教育、精神文明建设、党的建设之中，融入到经济社会发展实践之中，渗透到人们日常生产生活之中，打牢培育核心价值观的社会基础。"[①]要把社会主义核心价值观的宣传培育践行贯穿小学、中学、大学各个教育层次，融入课堂教学、校园文化、学校管理、社会实践、党团活动等教育立德树人的方方面面。同时，必须要着重指出的是，社会主义核心价值观"进教材"是核心价值观培育和践行的关键环节之一。体现当代中国马克思主义的最新理论成果以及社会主义核心价值观的要求是教材编写所要实现的重要目标。[②]

其二，基层党组织要根据创新社会治理对其提出的时代新要求，顺应基层社会变动需要，不断提升基层党组织的组织力、凝聚力和创新力，增强基层党组织的政治功能和组织功能。在基层重大事务民主决策中，基层党组织要与基层群众自治组织、集体经济组织等一道，积极组织群众参与民主决策。发展基层民主政治，推进基层更好实现良法善治，要大力弘扬社会主义核心价值观，积极推进全过程人民民主，在基层事务日常治理和民主监督中，基层党组织要组织党员和群众监督民主决策事项的实施情况，充分调动居民参与积极性，形成社区共同治理合力。不断创新基层党建引领基层治理的实现方式和有效载体，提高基层党组织领导协调基层政权组织、自治组织、群团组织、经济组织和社会组织的能力，积极探索运用互联网、大数据、人工智能等现代科技手段，大力开展群众性精神文明创建活动，丰富基层党组织组织群众、宣传群众、凝聚群众、服务群众的手段，发挥社会主义核心价值观在凝聚人心、汇聚民力方面的强大力量。

其三，加强基层社会组织规范化建设。坚持党的领导与社会组织依法自治相统一，确保社会组织在党的领导下开展工作，将党的建设和社会主义核心价值观纳入社会组织章程，推动社会组织主动开展诚信承诺，鼓

---

① 《培育和践行社会主义核心价值观工作经验交流会召开　刘云山出席并讲话》，《人民日报》2014 年 9 月 14 日。

② 参见沈壮海：《构筑社会治理创新的价值基础——当代中国的社会主义核心价值观建设》，《社会主义核心价值观研究》2016 年第 1 期。

励社会组织积极履行社会责任。在促进基层治理现代化过程中，不断推动各级社会组织特别是市级及以下社会组织广泛参与加强和创新基层治理，助力民生保障和民生服务，确保社会组织沿着中国特色社会主义正确方向健康发展。

（二）借助大众文化产品的再生产实现社会主义核心价值观的广泛传播

价值观念的多元化是社会进步的体现，当前，社会价值观念的多元化以文化多元化的形式更加鲜明地影响着社会思潮，各种价值观念相互碰撞、相互交流的趋势和支撑条件将长期存在。在这种时代背景下，社会主义核心价值观在基层的广泛培育和践行也必须主动利用各种大众文化产品来争取话语主导权。“要积极应对各种社会思潮对核心价值观的挑战，使社会主义核心价值观在与其他非核心价值观的交流、冲突与融合中进一步得到丰富和发展，让大众在对各种社会思潮的比较与鉴别中，提高对是非正误的价值判断力，自觉抵制各种错误和腐朽思想。”①

一切文化产品、文化服务和文化活动，都要弘扬社会主义核心价值观，传递积极的人生追求、高尚的思想境界和健康的生活旨趣，以大众文化产品和文化服务去影响大众的思想、观念和行为。要“加强对新型文化业态、文化样式的引导，让不同类型文化产品都成为弘扬社会主流价值的生动载体。加大对优秀文化产品的推广力度，开展优秀文化产品展演展映展播活动、经典作品阅读观看活动”②。大众文化产品的再生产着眼于满足人们的精神文化需求，运用各类文化形式和文艺作品生动具体地表现社会主义核心价值体系，让人民群众在美的享受中受到鼓舞、得到陶冶、获得启迪。

在当下中国社会思想多元化和思潮多样性的条件下，“要更加重视和善于运用反映社会主义核心价值理念和价值追求的文化艺术作品，切入大众精神文化生活，让大众在欣赏文化艺术品的同时，受到社会主义核心

① 杨晓梅、李少斐：《试论社会主义核心价值观融入大众生活世界》，《理论与现代化》2013 年第 6 期。

② 葛晨虹：《中国社会道德发展研究报告 2014》，中国人民大学出版社 2015 年版，第 21 页。

价值观的熏陶”[①]，努力以多样化的形式面对多样化的大众，以大众喜闻乐见的形式走进大众。

三、核心价值观在基层治理中的各环节融入机制

社会主义核心价值观是整个社会有机体的灵魂，能够为社会治理提供理论依据、思想基础和精神支柱。在当下的中国，社会主义核心价值观已经成为人们社会生活中的热词，社会主义核心价值观的弘扬与践行，已经成为社会发展进步、社会治理创新中的关键维度。[②]

社会主义核心价值观的培育和践行是实践主体对存在方式的主观表达和价值理想的认同，要达到这种内在认同就不能脱离基层治理的具体环境。“人们的意识状况是受制于人们的生活条件、社会关系的，是随着人们社会存在的改变而改变的。任何人都不能强制别人追求并非由他自己选择的价值目标，每个人总是按照自己的思维路径，在他们的生活经验范围里接受或选择某种思想观念。”[③]因此，社会主义核心价值观融入基层治理是一个动态的复杂系统工程，其融入的深度和广度最终取决于社会主义核心价值观引导下的当代中国基层治理的发展实践和现代化程度。

（一）社会主义核心价值观要融入民众生活

任何一种价值观都必须能够与人民的现实生活相关联，能够引领和指导人民的实践。只有拥有现实性指导意义的价值观，才能真正得以广泛传播。社会主义核心价值观要在基层治理中发挥作用，也必须与基层民众的现实生活相联系。“社会主义核心价值观基本理念只有与现实紧密结合，才能具有强大的生命力。”[④]在基层治理中，社会主义核心价值观

---

① 杨晓梅、李少斐：《试论社会主义核心价值观融入大众生活世界》，《理论与现代化》2013年第6期。

② 参见沈壮海：《构筑社会治理创新的价值基础——当代中国的社会主义核心价值观建设》，《社会主义核心价值观研究》2016年第1期。

③ 杨晓梅、李少斐：《试论社会主义核心价值观融入大众生活世界》，《理论与现代化》2013年第6期。

④ 吴潜涛：《社会主义核心价值观基本理念研究》，中国人民大学出版社2023年版，第67页。

发挥着举旗帜、聚民心、育新人、兴文化、展形象的重要功能。

其一，社会主义核心价值观融入民众生活，要从构建完备的公共物品供给体系着手。将核心价值观融入民众日常生活，就是要从群众最关心、最直接的利益问题入手，通过高标准的文化供给来满足人民群众的精神文化需求。比如当前在乡村振兴中正在兴起的农家书屋建设越来越受到人们的关注和重视。但是实际上目前有些地方的农家书屋并未真正发挥作用，反而成为常年“锁长”当家的摆设。调研发现，有的农家书屋经常大门紧闭、门锁锈迹斑斑，门口虽然张贴着开放时间标识牌，但是在本应开放的时间农家书屋依然大门紧闭。有的农家书屋被企业或其他机构占用，书库变成仓库。农家书屋为什么无法聚拢人气，为什么本该是知识汇集的书库却无意间成了堆放杂物的仓库？其中既有乡村领导干部对于乡村文化建设重视不够的主观原因，也有书库运营经费人员配备不足的客观原因。如何合理规划书屋的收藏门类，如何结合当地文化生态改造提升书屋文化氛围，这些问题都是当地文化部门领导需要进一步研究的。更深层次的原因还在于许多农村地区面临“空心化”困境。各地农村现有驻留人口大多为老人、儿童，老人相对文化素质较低，不少人缺乏阅读习惯，而少年儿童正值学龄，往往求学的学校离自己所在村庄有一定距离，多数学生也没有时间和精力到农家书屋去发展课外阅读的兴趣。归根结底，除了外部投入不够、保障机制缺失，问题关键在于乡村凝聚力不足，乡村文化不振。没有融入乡土世界生活习惯的公共文化生活，书屋也就没有了存在的意义，没有崇尚学习、敬畏知识的文明新乡风，村民不会情愿把维护农家书屋当作自己要操心的事情。因此，承载着乡村文化振兴重任的农家书屋，在定位上不能仅限于为农民提供读书看报的场所，更应发展成为满足农民文化需求的多元平台，成为丰富乡村文化生活的主要阵地。各级基层政府要从满足人民美好生活向往的目标导向出发，构建更为完备的公共物品供给体系，为人民群众提供更丰富、更高质量的社会服务。“只有这样，抽象的社会主义核心价值观才能转化为形象的生活事实，才能获得大众的普遍认同。”[①]

其二，社会主义核心价值观融入民众生活，要搭建群众广泛参与的社会主义核心价值观宣传教育平台。组织开展多种形式的群众性创建活动，举办市民文化节、农民文化节，建好社区活动室、农村文化小广场，扶持自学组织、志愿服务，地域不便、资源不足的地方，可以建立网络虚拟空间，让百姓真正成为社会主义核心价值观大众化宣传教育活动的主角。[②]

当前，全国各地有许多将优秀传统文化资源运用于弘扬与践行社会主义核心价值观的实践探索。譬如，山东省曲阜市提出建设以“大爱之城、诚信之城、孝德之城、仁德之城”为主要内容的“彬彬有礼道德城市”的目标。全市已建成675所“人人彬彬有礼”教育学校，并拟为每个村庄配备一名儒学讲师，以期形成“村村讲儒学，户户颂和风”的新气象。2011年，深圳举办大运会期间，深圳市在国内首创推出《论语》金句公益广告，以中英文方式制作发布《论语》金句公益广告，向国际友人和各国运动健儿弘扬中华文化的核心价值。选取与世界优秀文化的价值观相一致的《论语》金句，使中西文化能够交融，使各国人们的心拉得更近，连得更紧。还有其他一些地方也进行了有效探索实践。再比如，广东省中山市开展了“全民修身行动”，广东省惠州市在农村开设“流动道德讲堂”，向村民讲授孝悌忠信、礼义廉耻、仁爱和平。在借用优秀传统文化资源推进社会主义核心价值观建设方面，各地还极其注重对区域传统文化资源的开掘与弘扬，以求提升培育与弘扬社会主义核心价值观举措的亲近性与接受效果。

其三，社会主义核心价值观融入民众生活，要把社会主义核心价值观的要求融入各种精神文明创建活动之中。社会主义核心价值观在社会价值观中居于最高层次，对其他层次的价值理念具有统摄作用，是我国在意识形态领域占主导地位和引领地位的核心价值观念和重要行为规范。

---

① 杨晓梅、李少斐：《试论社会主义核心价值观融入大众生活世界》，《理论与现代化》2013年第6期。

② 参见刘立新：《运用大数据优化社会主义核心价值观大众化宣传教育》，《思想理论教育导刊》2017年第12期。

“要把社会主义核心价值观的要求融入各种精神文明创建活动之中，吸引群众广泛参与，推动人们在为家庭谋幸福、为他人送温暖、为社会作贡献的过程中提高精神境界、培育文明风尚。”[①]这样可以有效引导社会成员形成正确的价值判断、明确的价值选择以及高尚的道德指引，可以有效整合各种社会治理资源，从源头上、根本上解决社会治理中出现的矛盾和问题，整合社会思想文化和价值观念。

（二）社会主义核心价值观要融入国民教育

2013年中共中央印发的《关于培育和践行社会主义核心价值观的意见》指出：“把社会主义核心价值观纳入国民教育总体规划，贯穿于基础教育、高等教育、职业技术教育、成人教育各领域，落实到教育教学和管理服务各环节，覆盖到所有学校和受教育者，形成课堂教学、社会实践、校园文化多位一体的育人平台，不断完善中华优秀传统文化教育，形成爱学习、爱劳动、爱祖国活动的有效形式和长效机制，努力培养德智体美全面发展的社会主义建设者和接班人。”[②]把培育和践行社会主义核心价值观融入国民教育全过程，不仅要在宏观顶层设计上体现核心价值观的贯通性和引领性，而且更要注重把核心价值观的内容通过国民教育进课堂、进教材、进头脑。“完善学校、家庭、社会三方面相互融通的教育网络体系，引导广大家庭和社会各方面主动配合学校教育，以良好的家庭氛围和社会风气巩固学校教育成果，形成家庭、社会与学校携手育人的强大合力。”[③]

其一，发挥好学校教育主阵地的重要作用。将社会主义核心价值观融入国民教育全过程，要大力发挥学校教育主阵地的关键作用，要突出课堂这一重要载体。在学校、家庭、社会三方共同育人的教育网络体系中，三者并不是处于相同的生态位，学校教育是社会主义核心价值观融入国民教育全过程的主阵地，课堂是社会主义核心价值观融入国民教育全过程的主渠道，因此，在将社会主义核心价值观融入国民教育全过程中要抓

---

① 《习近平在中共中央政治局第十三次集体学习时强调：把培育和弘扬社会主义核心价值观作为凝魂聚气强基固本的基础工程》，《人民日报》2014年2月26日。

② 《关于培育和践行社会主义核心价值观的意见》，人民出版社2013年版，第6～7页。

③ 《关于培育和践行社会主义核心价值观的意见》，人民出版社2013年版，第7页。

好课堂这一重要载体。当前，社会主义核心价值观融入学校教育的现状总体是令人满意的，但是，一些学校在社会主义核心价值观融入学校管理服务方面还存在认知偏差，在涉及学校发展利益和学生个人成长方面，不同程度地存在重视眼前利益、局部利益，忽视长远利益和整体利益的现象。有学者就学校服务管理对社会主义核心价值观融入学校教育全过程状况的调查数据显示，有 48.7％的青少年学生认为学校做得比较好，33.5％的青少年学生认为学校做得不怎么好，6.4％的青少年学生认为学校做得不好，有 11.9％的青少年学生认为学校做得很好。[①] 近四成的受访者认为学校服务管理比较重视形式，并没有真正坚持以社会主义核心价值观为指导，没有将理论和实践相结合。因此，推动社会主义核心价值观融入国民教育全过程，要注重发挥好社会实践在学生核心价值观养成方面的重要作用，健全并完善大、中、小学实践教育教学体系，不断建优、建强各种类型的实践育人基地，让学生在真实的社会实践中潜移默化地感受核心价值观的精神力量。

其二，发挥好校园文化和先进模范的育人化人作用。在国民教育体系中，道德教育和思想政治教育一直占较大比重，是培育和践行社会主义核心价值观的重要途径，学校、教师和学生都投入了很多的时间和精力。先进模范是社会主义核心价值观的重要载体和榜样力量，先进模范人物的思想行为和事迹承载着社会主流道德的价值取向，体现着社会主流价值观、道德观和人生观。回顾中国共产党塑造榜样宣传模范的百年历史，我们可以发现，各个时期的榜样身上都承载着特定的价值观念。在当前基层治理中，培育和践行社会主义核心价值观需要注重发挥各个层面榜样的无形力量，广泛开展先进模范学习宣传活动，营造崇尚英雄、学习英雄、捍卫英雄、关爱英雄的浓厚氛围，提升人民的精神追求。倡导向先进模范学习就是在全社会树立向新向善、尊重人才、尊重创造和尊重劳动的价值导向。习近平总书记强调，要“大力弘扬劳模精神、劳动精神、工匠精神。工人阶级和广大劳动群众在长期奋斗中铸就的劳模精神、劳动精神、

① 参见袁银传等：《培育和践行社会主义核心价值观研究》，人民出版社 2019 年版，第 542 页。

工匠精神，是社会主义核心价值观的生动体现”[①]。发挥校园文化的熏陶作用，建设体现社会主义特点、时代特征、学校特色的校园文化，也是培育和践行社会主义核心价值观的有效途径。校园文化既包含可感可知的外在的花、草、树木、景观等，也包含校园文化设计者、建设者的精心巧妙的布置，让社会主义先进文化、革命文化、中华优秀传统文化融入校园，融入景观设计建设之中。要充分利用校园报刊、广播电视、网络等平台，营造良好的校园文化氛围。除了重视校园人文环境培育和周边环境整治之外，最重要的是培养良好的校风和班风，形成学校优良的精神传统，对高校来说则是要培养和传承大学精神。

其三，注重发挥社会实践的养成作用，完善实践教育教学体系。组织各类学校的学生参加生产劳动、公益活动、志愿服务等，以增强其社会责任感和实践能力，注重开发实践课程和活动课程，进一步提升各类学校在校学生的道德教育水平。立德树人是教育工作者的根本任务，培育和践行社会主义核心价值观，对于教师来讲就是要在传授知识和培养学生良好品格方面发挥关键作用，正如习近平总书记在湖南考察时强调，教师要“教育引导学生明德知耻，树牢社会主义核心价值观，立报国强国大志向”[②]。社会主义核心价值观的基层培育和践行，还要深入推进“社会公德、职业道德、家庭美德、个人品德”教育，在基层形成修身律已、崇德向善、礼让宽容的道德风尚。通过“健全各行各业规章制度，完善市民公约、乡规民约、学生守则等行为准则，使社会主义核心价值观成为人们日常工作生活的基本遵循”[③]。习近平总书记强调：“要发挥政策导向作用，使经济、政治、文化、社会等方方面面政策都有利于社会主义核心价值观的培育。”[④]通过对不履行职能和损害公共秩序的主体进行问责和处理，而对

---

① 习近平：《在庆祝中华全国总工会成立100周年暨全国劳动模范和先进工作者表彰大会上的讲话》，人民出版社2025年版，第7页。

② 《习近平在湖南考察时强调：坚持改革创新求真务实奋力谱写中国式现代化湖南篇章 蔡奇陪同考察》，《人民日报》2024年3月22日。

③ 《习近平在中共中央政治局第十三次集体学习时强调：把培育和弘扬社会主义核心价值观作为凝魂聚气强基固本的基础工程》，《人民日报》2014年2月26日。

④ 《习近平在中共中央政治局第十三次集体学习时强调：把培育和弘扬社会主义核心价值观作为凝魂聚气强基固本的基础工程》，《人民日报》2014年2月26日。

那些在构建和维护社会秩序中有着积极贡献的广大团体和个人给予激励，以负向问责和正向激励的方式，对人们的价值观塑造产生潜移默化的作用，形成广泛的价值共识，促使社会公共秩序渐次步入良性循环的轨道。

（三）社会主义核心价值观要融入法治建设

将社会主义核心价值观融入法治建设，是新时代推进依法治国和以德治国相结合的重要任务。这一过程需要从立法修订、普法宣传、公共法律服务等多个方面入手，通过立法修订将核心价值观转化为具体法律规定，在普法宣传中传播法治精神，在公共法律服务中践行公平正义，最终实现社会主义核心价值观与法治建设的深度融合，使社会主义核心价值观逐渐成为群众行为的内在要求。

其一，立法修订方面。将社会主义核心价值观的要求转化为具体的法律规定，使其成为法律规范的一部分，这是实现良法善治的重要举措。《中华人民共和国民法典》明确将社会主义核心价值观作为立法宗旨，将其转化为权利、义务、行为和责任等法律规范性要求。通过公开立法的法定形式来确保法律契合人民的道德意愿，成为人们共同遵守的行为准则。

其二，普法宣传方面。将社会主义核心价值观融入普法宣传，就是在普法宣传中弘扬社会主义核心价值观，通过新媒体平台、法治文化活动等形式，广泛传播社会主义核心价值观，增强公民法治意识和道德素养。普法宣传本身是推动社会主义核心价值观深入人心的重要途径。譬如，江苏省通过“百场法治讲坛”工程，组织国内法律界专业人士深入基层一线，结合群众的思想困惑和现实问题进行法治宣讲。法治讲坛活动的宣讲教师注重从实际问题出发，注重将法律精神与社会主义核心价值观相结合，实际通过讲解分析生活中的案例帮助群众解决生活中的道德困惑，大力弘扬社会主义核心价值观，取得了显著成效，有助于增强群众对社会主义核心价值观的认同感和践行力。

其三，公共法律服务方面。将社会主义核心价值观的要求融入公共法律服务，是践行社会主义核心价值观的重要环节。优化公共法律服务，就是要不断扩大公共法律服务队伍，推进律师、公证员、仲裁员等法律服务队伍的职业化、专业化建设，确保其在提供服务时坚持正确的政治方向和职业道德。同时，注重逐步健全覆盖城乡的公共法律服务体系，给群众提供更为便捷高效“一站式”的法律服务。比如，山东聊城东昌府区通过建设公共法律服务中心和工作站，推动法律服务向乡村、社区延伸，推动了本地公共法律服务的均等化和普惠化。

（四）社会主义核心价值观要融入中华优秀传统文化

培育和践行社会主义核心价值观，离不开中华优秀传统文化、社会主义先进文化以及伟大革命文化的精神滋养，这些文化内容也是社会主义核心价值观的文化源泉和精神支柱。习近平总书记在庆祝中国共产党成立 95 周年大会上的讲话中指出：“我们要弘扬社会主义核心价值观，弘扬以爱国主义为核心的民族精神和以改革创新为核心的时代精神，不断增强全党全国各族人民的精神力量。”[①]

中华优秀传统文化、伟大的革命文化和社会主义先进文化，是中华民族独特的精神标识。“党坚持以社会主义核心价值观引领文化建设，注重用社会主义先进文化、革命文化、中华优秀传统文化培根铸魂，广泛开展中国特色社会主义和中国梦宣传教育，推动理想信念教育常态化制度化。”[②]

中华优秀传统文化是涵养社会主义核心价值观的重要源泉。习近平总书记指出：“培育和弘扬社会主义核心价值观，必须立足中华优秀传统文化。”[③]中华优秀传统文化是中华民族的精神命脉，也是涵养社会主义核心价值观的重要源泉。立足中华优秀传统文化培育和弘扬社会主义核心价值观，才能使价值观的践行和弘扬具有更加持久的历史动力。

中华民族历经磨难而信念弥坚，饱尝艰辛而斗志不减。“中华文明成为人类历史上唯一一个绵延 5000 多年至今未曾中断的灿烂文明。”[④]支

① 习近平：《在庆祝中国共产党成立 95 周年大会上的讲话》，人民出版社 2016 年版，第 13 页。

② 《中共中央关于党的百年奋斗重大成就和历史经验的决议》，人民出版社 2021 年版，第45 页。

③ 《习近平在中共中央第十三次集体学习时强调：把培育和弘扬社会主义核心价值观作为凝魂聚气强基固本的基础工程》，《人民日报》2014 年 2 月 26 日。

④ 习近平：《在庆祝改革开放 40 周年大会上的讲话》，人民出版社 2018 年版，第 5 页。

撑中华文明绵延数千年的是渗透到我们骨髓和血液里、细胞中的家国情怀和民族精神，这也是中华民族生存与发展的力量源泉和文化根基之所在。“中华优秀传统文化蕴含的宝贵思想资源，为进一步丰富社会主义核心价值观的理论内涵提供了深厚的思想给养，也为凝聚更广泛的价值认同奠定了深厚的思想基础。”[①]在培育和践行社会主义核心价值观过程中，要注重充分挖掘和汲取中华优秀传统文化的精华，发扬中华优秀传统文化中的民本思想、仁政文化，继承和弘扬中华民族的爱国精神、忧患意识，丰富新时代中国人的精神世界，使中华优秀传统文化融入人们日常生活和社会活动的方方面面。只有把社会主义核心价值观的培育和践行与弘扬社会主义先进文化、革命文化、中华优秀传统文化结合起来，基层治理的有效性才能有更为广泛和更为坚实的文化积淀，基层治理才能向着推动社会进步和进而推动实现每个人自由全面发展的目标前进。

① 翟博：《中华优秀传统文化是涵养社会主义核心价值观的重要源泉》，《中国教育学刊》2022年第4期。

第二篇

基层治理中价值观融入的机制障碍

新时代基层治理中社会主义核心价值观融入的机制障碍，可以被分解为基于文化性联结的价值立场障碍、基于结构性要素的参与主体障碍和基于过程性运行的程序规则障碍等。本篇旨在观察与超越社会主义核心价值观融入基层治理的区域差异、地方差异和城乡差异的基础上，按照“现象—原因”的叙事方式和“文化—结构—过程”的逻辑序列，抽象归纳出新时代基层治理中社会主义核心价值观融入困境的一般表象，由此进入到对普遍现象背后所隐含的实质原因的深刻剖析，进而回归于社会主义核心价值观融入基层治理的机制障碍的主体视角，最后落脚于对机制障碍的结果表现进行具体分析。

第五章　社会主义核心价值观融入基层治理的文化阻因

当前社会主义核心价值观融入基层社会治理还存在一些薄弱环节，面临着诸多深层次障碍，比如核心价值观内化于心、外化于行的载体不足，培育宣传的形式单一、内容空洞，基层民众对于核心价值观的情感认同、价值认同和政治认同不高，社会主义核心价值观在基层的感染力、信服力、穿透力不强，有的地方社会主义核心价值观培育践行仍停留在“挂在墙上”的初始阶段，有的地方仍单纯依赖“大水漫灌”式宣教方式，有的地方社会主义核心价值观创新性融入基层治理仍处于“空白状态”，再加上文化发展非均衡性、价值观认同上知情意行割裂、激励相容机制不健全等问题，导致社会主义核心价值观融入基层社会治理的难度加大。

借助权力文化网络理论，对新时代基层治理中社会主义核心价值观融入时文化网络障碍的浅层表象与实质原因进行分析，以揭示阻碍新时代社会主义核心价值观融入机制生成的文化性联结。

“权力文化网络”是由美籍印裔学者杜赞奇(Prasenjit Duara)在其著作《文化、权力与国家：1900～1942 年的华北农村》中提出的重要概念。在书中他通过历史事件阐释权力文化网络在中国华北地区乡村社会中的作用以及它是如何影响国家政权向基层深入的。权力的文化网络是“由乡村社会的多种组织体系以及塑造权力运作的各种规范构成，包括宗族、信仰、自愿团体以及各种非正式的人际关系网络。这些组织相互渗透和交叉，编织成一个具有公共权威的社会文化网络，乡村社会的权力控制，正是通过这个网络而得以实施的"[①]。在权力文化网络中，"文化"一词是指各种关系和组织中的象征与规范，这些象征与规范包含着宗教信仰、相互情感、亲戚纽带以及参加组织的众人所承认并受其约束的是非标准。权力文化网络的形成并非一蹴而就的，也不是文化、血缘或地缘、经济基础等要素的简单相加，而是要素相互作用所产生的利益关系网络，是乡村社会的一种内生力量。"文化网络"中的符号象征，是指各种"象征性规范"中的"文化"嵌入并内化在乡村社会组织之中而被人们实际认同并遵守的象征性符号和规范，一般体现在宗教信仰、乡村规约、亲戚纽带、家族条规以及是非标准等内容中。这种象征性价值赋予文化网络一种受人尊敬的权威，它反过来又激发人们的这种责任感、荣誉感，它与物质利益既相区别又相联系，从而促使人们在文化网络中追求领导地位。[②]

在社会主义市场经济条件下，傅琼、练艺认为："要重视乡村社会的权力文化网络的合理性和积极性，运用其正面价值，找到适宜乡村社会的治理方式，同时也要警惕其负面功能，防止传统的权威与法治社会的冲突。"[③]许纪霖在研究1900～1937年上海城市的地方社会时提出问题："除了国家权力之外，在近代上海的地方社会之中，究竟谁在控制这个城市？谁在管理地方性公共事务？这种管理和控制借助于什么样的文化权威？他们通过什么样的文化象征符号获得了地方社会的控制权？"[④]他强调权力在文化和社会结构中的深层影响，认为文化传统是理解和分析当代社会和权力结构的重要基础，文化对传统权力结构的挑战和影响观察是现代社会变革的一个重要方面。可以说，权力文化网络是一个分析地方社会各种观念、思想、权力等诸多要素相互影响、相互渗透和相互作用的整

① [美]杜赞奇：《文化、权力与国家：1900～1942年的华北农村》，王福明译，江苏人民出版社1994年版，第13～14页。

② 参见[美]杜赞奇：《文化、权力与国家：1900～1942年的华北农村》，王福明译，江苏人民出版社1994年版，第20～23页。

③ 傅琼、练艺：《权力文化网络视域下乡村治理问题及对策》，《地方治理研究》2017年第1期。

④ 许纪霖：《城市知识精英与"权力的文化网络"：以北京为比较背景的近代上海地方社会（1900～1937）》，姜进主编：《上海：都市想象与日常生活的更张》，上海辞书出版社2020年版，第212页。

体性概念，能够更为深刻地分析基层社会中多元而复杂的社会文化网络。

一、基层治理中核心价值观融入的社会共识式微现象

新时代基层社会呈现的高度复杂性与不确定性，特别是思想认识领域的复杂性与多样性使得任何治理主体都无法单独应对。这种思想认识的多样性、复杂性必然呼唤治理主体的多元化。因此，新时代基层治理在实现有效的社会治理的过程中，“必然也需要一种能够对多元主体的思想观念、价值取向等进行统合，以促进形成一致行动的统合力量”①。但这种统合力量在深层次的思想文化领域却无法一蹴而就、快速统合。文化领域的统合和变迁是漫长的缓缓渐变的过程，涉及多种因素共同发力、相互影响，基层原有传统价值观的力量、民众对价值观的认同情况、文化发展的均衡和非均衡性，以及核心价值观基层传播的环境和氛围情况都会影响基层治理中的社会主义核心价值观的融入。

（一）现代社会转型变迁造成基层原有传统价值观的消解

调查发现，在剧烈的社会转型中，大多数普通民众被快速变化的社会事实冲击消解了自身原有的传统价值观，“那些曾经世代传承的价值观念，以前一直被认为有意义的乡村文化，开始受到商业盈利原则的冲击，逐步消解并向利益倾斜，当前农村社会网络的各类关系的调节开始遵从利益杠杆”②。原有价值观念和道德传统在乡村社会现有文化认同中共识难度加大。原本曾经被基层民众接受和认可的那些传统观念，在利益原则下被怀疑、被鄙视。基层民众在现实社会中认知和处理人与自然、人与社会的关系时也变得越发混乱，这使得“原本在城乡二元体制壁垒下沦为政治上、经济上的边缘群体，由于意识形态的弱化和社会主导价值观的缺位，更加重了乡村社会基层民众文化价值上的边缘化处境，最终必然导致乡村社会文化认同难度加大”③。

---

① 宋劲松、周晶：《社会主义核心价值观：推进社会治理创新的精神力量》，《南华大学学报》（社会科学版）2018 年第 6 期。

② 张春芳：《论社会主义核心价值观乡土化及其构建途径》，《东南学术》2011 年第 2 期。

③ 张春芳：《论社会主义核心价值观乡土化及其构建途径》，《东南学术》2011 年第 2 期。

因此，这种社会共识式微现象在多层次多领域的基层治理中，就非常需要具有明确“方向标”、强劲“精气神”的社会主义核心价值观来进行统合。因为社会主义核心价值观在整个社会价值观系统中居于主导和统摄地位，具有强大的思想整合功能，能够有效促使社会成员接受主流价值观，引导社会成员形成思想共识、达成一致行动，形成团结奋进的强大精神力量，为社会治理提供价值引领。[①] 社会主义核心价值观也为乡村文化建设提供了价值导向。为此，推动中国特色社会主义主流价值观念和主流意识形态在乡村地区落地生根，要推进农耕文化传承保护工程，加强重要农业文化遗产、农村非物质文化遗产挖掘整理和保护利用，引导农民群众树立团结统一、爱好和平、勤劳勇敢、自强不息的价值追求。

(二)基层民众在核心价值观的价值认同方面存在偏差

事实上，基层民众对国家的价值目标、社会的价值取向与公民的价值准则，还存在信息认知、价值认同与情感共鸣等方面的偏差甚至冲突，这在一定程度上抵消了基层治理中党和国家对于人民群众的价值引领和观念塑造，进而也抵消了人民群众内部正确的价值示范效应。究其原因，这种现象源于基层社会文化网络中的符号象征与规范竞争，在以道德为符号的礼序传统回潮、以个体为符号的现代权利观念冲击和以集体为符号的传统社会主义文化继承之间展开的竞争，不仅未能完整保全下来任何一种文化脉络，反而使三者同时失去了原本从内容上涵括的、能够促进个体自律的规范性一面，由此走向彼此冲突的对立面。

2021 年中国社会科学院发布《2021 年社会蓝皮书》，该蓝皮书中的《中国社会主义核心价值观公众认可度调研报告》显示，“爱国”“和谐”等体现国家认同和社会秩序、社会团结的价值理念逐步得到公众较高认可，公众在“法治”“诚信”方面认可度也有提升，同时呈现出受教育程度和职业地位上的“增幅差异”[②]。这种增幅差异主要体现为，民众受教育程度

---

① 参见宋劲松、周晶：《社会主义核心价值观：推进社会治理创新的精神力量》，《南华大学学报》(社会科学版)2018 年第 6 期。

② 李培林、陈光金、王春光：《2021 年中国社会形势分析与预测(社会蓝皮书)》，社会科学文献出版社 2020 年版，第 143～147 页。

越高、职业地位越高，其对核心价值观认可度提升的幅度越高。不同民众对于价值观认可存在增幅的差异，使得精英群体和底层公众价值认同的差距扩大。鉴于价值观认可的“增幅差异”，对政策制定者和执行者来讲，要考虑到社会主义核心价值观宣传教育对象的群体差异。除此之外，不同群体在对核心价值观的关注程度方面也存在差异，比如以农民工为主的蓝领职业群体更注重“平等”和“公正”的价值观。因此，“要充分发挥社会主义核心价值观的感召力和影响力，将其贯穿于基层治理体系的设计、实施、保障等全过程，贯彻落实到基层社会建设各领域的体制机制、法律法规和制度安排之中，使整个基层治理拥有坚实的思想基础，促进基层治理各方面的联动和集成，形成紧密相连、相互协调的社会治理体系，发挥其总体效应、增强其总体效果，加强系统治理。”[①]也就是说，基层治理不仅需要制度和规范等硬性手段，而且更需要价值观的引领，核心价值观的引领是基层治理的灵魂，而基层社会则是社会主义核心价值观落地生根的基础场域。

（三）文化发展非均衡性使得基层塑造统一价值观的难度增大

随着社会文化环境日益复杂多元，文化发展非均衡性更多地展现在基层治理中，深层的文化革新常常滞后于表层的器物与制度变革，这样一来，不可避免地会引发社会转型的步调散乱和多方扭拽，使得及时整合基层社会复杂多样思想认识现状的统一价值观难以形成，出现基层治理中社会主义核心价值观的社会共识式微现象。

在现代化“时空压缩”大背景下，不同地区、城乡、行业和社会阶层在文化发展方面存在明显的非均衡现象。文化发展的非均衡性源于人力、物力、财力等资源分布的非均衡性，这种资源配置的偏差在经济发展、教育状况、基础设施等方面加剧了社会的离心力，造成社会结构的紧张感和不稳定性。文化发展的非均衡性主要表现在：

其一，城乡文化的非均衡性发展直接或间接导致了乡村文化的空心

---

① 宋劲松、周晶：《社会主义核心价值观：推进社会治理创新的精神力量》，《南华大学学报》（社会科学版）2018 年第 6 期。

化和乡村精神的边缘化。城乡文化发展的非均衡性，具体来讲指的是城市与乡村在教育资源、文化设施、信息获取、公共文化服务资源的配置等方面存在显著差异。城市因为占据地理和交通优势，往往拥有更多的文化资源和更先进的文化设施，而乡村地区则可能因为资源有限、基础设施不足而难以享受到同等水平的文化发展成果。城乡文化发展的非均衡性不仅加剧了社会的离心力，还造成了社会结构的紧张感和不稳定性，进而引发了一系列社会问题和不稳定现象。美国社会学家、犯罪学家罗伯特·默顿提出“结构紧张”理论，用以解释社会结构在什么样的情况下会引发或造成社会问题。他认为结构紧张是指这样一种社会状态，即社会文化所塑造的人们渴望成功的期望值，与社会结构所能提供的获得成功的手段之间产生了一种严重失衡的状态。换言之，由于社会结构的不协调，而使得社会群体之间的关系处在一种对立的、矛盾的或冲突的状态下，或者说，社会关系处于一种很强的张力之中。在这样一种状态之下，社会矛盾比较容易激化，社会问题和社会危机比较容易发生。比如，某一社会，占统治地位的意识形态过于强调金钱、致富的重要性，而与此同时社会所能够提供给人们的挣钱手段又不多，这时候，社会就处于一种结构紧张的状态，这时社会矛盾、犯罪、冲突就会激增。在社会变革过程中，城市居民更容易接受现代文化和外来文化，而农村居民则更多地受到传统农耕文化的影响，这种文化认同的差异也加剧了城乡文化发展的非均衡性，导致社会成员在适应新的社会环境时感到困惑和不适应。

其二，乡村传统文化传承面临着代际冲突的挑战，使得基层社会塑造统一的价值观的难度增大。乡村传统文化传承面临着代际冲突的挑战，随着互联网技术的深入发展，乡村中那些思想活跃、富于探求新知的年轻人能够比较自然和自主地学习和使用新技术，也有更好条件和更多机会接触多元文化。而乡村中的年纪较长、观念相对保守的群体对数字时代的新技术、新媒体的认可和接纳的程度不高，对于如何更加主动有效传承和发展乡村文明等问题存在着不少的观点分歧和认知的差异，这种现象导致了乡村传统文化传承的代际冲突，新老两代人在对待传统文化的理念和观念上的分歧和冲突，使得基层社会塑造统一的价值观的难度增大，也不利于社会主义现代化乡村的和谐稳定和有序发展。

(四)社会主义核心价值观的基层传播环境尚待优化

整体上来看，社会主义核心价值观的基层传播环境不容乐观。当前基层广大农村地区不同程度存在青壮年人群常年外出务工带来的农村“空心化”问题，有些农村的主要居住人群是60岁以上的老人和妇女儿童，“一老一小”的人口结构成为农村“空心化”的主要表现。有些交通条件闭塞、经济发展落后的村庄，“空心化”问题不仅仅表现在“人口空心化”，而且也出现了“住宅空心化”和“耕地空心化”等问题。在村庄人口减少、人才外流、村容衰弱的情景下，外出务工的人更加不愿意返回乡村，这也进一步加剧了农村“空心化”现象。对离乡离土的外流人口而言，农村不再是他们的主要生活和生产场所，而村民间经济交往和精神交流逐渐减少的趋势则进一步削弱了维系乡村社会关系的情感纽带。一些地方出现的村庄衰弱现象客观上也制约了社会主义核心价值观的基层传播和培育践行。因为，社会主义核心价值观的培育和践行，既需要有良好的传播主体，又要有广泛的、具有主体性的传播受众。一些地方的村庄衰弱必然带来核心价值观传播受众的缺乏，同时也带来了传播主体的缺失。

从价值观传播的认同基础来分析，部分基层民众对核心价值观内容还不是很熟悉，尚未养成自觉践行社会主义核心价值观的习惯，基层治理工作中文化惠民 活动相对欠缺，现实中存在社会主义核心价值观培育践行参与主体覆盖面不够全面的问题。社会主义核心价值观的培育和践行面临的传播受众自主意识缺乏、积极性不高等问题，仍未得到根本解决，社会主义核心价值观在基层的培育和践行相对来说缺乏广泛参与度。一些常年在外务工的人员逐渐习惯了城市中的现代化生活方式和规范秩序，再回到村庄后因对传统的村规民约缺乏认同基础，以致出现一些青年游离于乡村秩序之外的情景，导致基层社会主义核心价值观传播缺乏相应的情感共鸣和价值认同，社会主义核心价值观的基层培育氛围仍不容乐观。

从价值观传播的普遍性与特殊性规律来分析，培育和践行社会主义核心价值观不可避免地带有较强的自上而下的特点，党和政府工作人员在价值观传播中发挥着领导和主导作用。社会主义核心价值观的基层培育和践行，虽然在工作方式上不同于以往的社会动员方式，但其思维方式和工作方法还是带有较强的行政思维色彩和传统管理惯性。因此，培育和践行社会主义核心价值观工作中的一些现象和做法既具有与开展一般常规工作相似的普遍性问题，也有大量因未能深刻理解和把握社会主义核心价值观建设自身规律而出现的特殊性问题。普遍与特殊交织的复杂情景，往往会造成弱化社会主义核心价值观理论权威、淡化社会主义核心价值观的吸引力和凝聚力等问题。

二、基层治理中核心价值观融入的民众价值立场虚置

新时代基层治理中社会主义核心价值观融入面临着现实的多重融入障碍，这突出表现为基层民众价值判断标准的紊乱，基层文化性联结的价值立场障碍，进而造成基层民众价值立场虚置。

（一）文化网络的裂解造成价值判断标准的紊乱

虽然基层社会尽力为民众改善生活境遇提供便利，但是，实际上基层又将社会批判加诸对既有状态的审视之上，这不可避免会造成一种现象：凡是能为个体生活提供便利的价值信仰都可能成为基层民众虔诚迷信的对象，但每一价值信仰所包含的规范性内容又不会被个体真正内化，进而转化衍生为民众价值立场虚置。

在基层治理的现实实践中，无论是村委会干部的选举，还是村集体重大事件的决策以及公益事业建设，都很少有农民及其附属的道德、资金等多重资源的参与。[①] 裂解的文化网络随之丧失了纵向联结基层内生秩序与国家权威秩序、横向联结所有社会成员的效用，社会的每一部分都不能从文化网络中汲取被普遍接受的价值符号与话语体系进行有效对话。这种既虔诚又精明的价值判断标准使基层社会陷入了看似无所不包、实则似是而非的价值空洞和立场未置的状态，这必然阻碍着基层治理中社会

① 参见田雄：《虚置与重构：村民自治的主体缺失与制度干预——以苏北黄江县为例》，《南京农业大学学报》（社会科学版）2015年第3期。

主义核心价值观融入机制的文化性联结的形成。

另外，需要进一步指出的是，这里所说的民众价值立场虚置也要追溯我国传统社会遗留的治理障碍，“由于国家理性的早熟，我国在一个权力技术和基础设施极不发达的时代就成为一个超大规模国家，国家治理能力的不足为基层社会预留了大量的自主空间，借助各种非正式的社会力量实现有效的国家治理成为帝制时代我国基层治理实践的重要传统”[①]。

（二）治理主体多元化和组织基础利益化造成文化性联结的价值立场障碍

当前社会文化网络中存在的观念冲突，导致基层治理中民众的价值立场处于信仰缺失与利害计算渗融的虚置状态。

其一，基层社会正经历从传统的“差序格局—伦理本位”到当下的“圈层格局—核心家庭本位”、从熟人社会到半熟人社会等的转变。[②] 由此，基层治理结构也呈现新的特征，即治理主体多元化和组织基础利益网络化。“在乡村社会中，农民、农村家庭、农民组织、农村宗族以及经济组织等都是非体制化组织，村委会、乡政府都是体制化组织。这两类治理主体在利益网络中的构型是具有差异性的。其中，非体制化组织具有不规则性，组织化程度较低，而体制化组织具有规则性，其组织化程度较高”[③]。这种治理主体的多元化和治理主体的差异化，造成了文化性联结的价值立场障碍。

其二，基层社会正经历从权力的文化网络向权力的利益网络的转型。与乡村治理结构正在发生深刻变化伴随而生的是，乡村社会正经历从权力的文化网络向权力的利益网络的转型。“现代性冲击及其促发的传统文化衰弱使乡村共同体面临着价值歧殊、权威流失、行动游离和认同衰减

---

①　唐皇凤、王豪：《可控的韧性治理：新时代基层治理现代化的模式选择》，《探索与争鸣》2019 年第 12 期。

②　参见郑永君、张大维：《社会转型中的乡村治理：从权力的文化网络到权力的利益网络》，《学习与实践》2015 年第 2 期。

③　郑永君、张大维：《社会转型中的乡村治理：从权力的文化网络到权力的利益网络》，《学习与实践》2015 年第 2 期。

的解构风险。”[①]

习近平总书记指出，“人民有信仰，民族有希望，国家有力量”[②]。人们的信仰建构与价值观认同紧密相关，而且信仰状况会深刻影响社会治理。信仰对一个国家、一个民族来说是国家和民族的元气，而对于个人来讲，则是一个人的元气。信仰能通过凝聚力量、提供精神支持、指引行动来激发人们采取共同一致的行动。共同的信仰能够激励人们为国家的繁荣和进步作出巨大贡献。正是在这个层面上，我们说现代文化价值体系和文化软实力建设是一个国家赢得现代化强国竞争优势的重要维度。如果社会成员缺乏共同的信仰、共同的价值追求，就会削弱社会的凝聚力。人们的很多行为和决策选择，事实上是受思想和观念支撑的，是受信仰、道德、价值观等文化层面的因素所约束和影响的。当人们信奉以利益为导向的行为模式而忽略精神信仰时，就会使得人们在面对选择的时候往往优先考虑个人或集体的利益，从而忽视相应的道德和价值观层面的遵循。

(三)基层公共文化服务水平和服务效能未能充分契合民众文化需求

我国基层公共文化服务水平与民众的文化需求之间依然存在较大的差距，公共文化资源配置不合理、基层文化设施不齐全、文化服务效能不够高等问题在一些地区还比较突出。当前，一些地方在“撤村并居”与“村转居”后，原有熟人社会的行动逻辑处于不同程度的嬗变之中，村民原有的公共文化生活空间不同程度被压缩，新的公共文化活动场域、活动方式、活动类型与新居住地的民众又处于磨合期与适应期，这导致传统村落共同体的文化治理机制和再生产逻辑面临新的严峻挑战。因此，培养农民集中居住区的社区认同感、归属感和责任感，提升基层社区文化治理能力并助力乡村文化振兴，就成为新时期乡村振兴战略进程中农民集中居住区建设的重要议题。[③] 2018 年中共中央、国务院印发《乡村振兴战略规

---

① 任贵州、曹海林：《乡村文化治理：能动空间与实践路向》，《云南民族大学学报》(哲学社会科学版)2021 年第 5 期。

② 《习近平谈治国理政》第 2 卷，外文出版社 2017 年版，第 323 页。

③ 田鹏：《文化转型视角下农村社区文化治理体系重建的实践逻辑》，《暨南学报》(哲学社会科学版)2021 年第 11 期。

划(2018～2022年)》,指出“繁荣发展乡村文化,坚持以社会主义核心价值观为引领,以传承发展中华优秀传统文化为核心,以乡村公共文化服务体系建设为载体,培育文明乡风、良好家风、淳朴民风,推动乡村文化振兴,建设邻里守望、诚信重礼、勤俭节约的文明乡村”①。基层社区公共文化服务体系和服务效能的不均衡性,主要原因在于“实践中基层社区文化建设承载了诸多非文化功能,致使在村庄集聚提升进程中公共文化服务体系建设和文化基础秩序重构困难重重、收效甚微,无论学界抑或政界均未给予基层社区文化治理体系和文化引领能力应有的重视”②。因此,基层公共文化服务中心和公共文化服务体系建设,就成为破解基层民众价值立场虚置和文化认同缺失的必然选择。正如有学者指出:“城乡融合的社区公共文化服务体系和基层综合文化服务中心,是培育和践行社会主义核心价值观、增强基层社区文化认同以及营造社区归属感的有效路径。”③

在基层治理中,要因地制宜推进新时代文化实践站、社区文化综合服务中心、党群服务中心等阵地建设,顺应时代特征和社会变迁的基本态势,采用更易被民众理解和接受的核心价值观话语体系,把社会主义核心价值观与村规民约、非物质文化遗产等具有基层社会文化特色的元素结合起来,更好引导基层民众自觉树立正确的世界观、人生观、价值观和伦理观。要充分注重发挥公共文化的价值塑造作用,因为,公共文化在基层治理中发挥着尤为重要的价值导向和价值塑造作用,它通过凝聚价值共识、规范大众行为、化解社会矛盾、构建精神家园等“软治理”功能,促进公共交往、重塑公共规则、拓展公共空间以适应基层社会的新变化和需求。

---

① 《乡村振兴战略规划(2018～2022年)》,人民出版社2018年版,第60页。

② 孙琦、田鹏:《基层社区文化治理体系转型及重建的实践逻辑——基于苏北新型农村社区的实地调查》,《南京农业大学学报》(社会科学版)2022年第1期。

③ 吴理财等:《文化治理视域中的公共文化服务体系建设》,高等教育出版社2016年版,第122页。

第六章 社会主义核心价值观融入基层治理的结构失能

当前推动社会主义核心价值观融入基层社会治理的薄弱环节仍然在于如何增强核心价值观的基层认同。一些地方基层组织基于技术主义、制度理性、程序主义等思维理念，弘扬践行社会主义核心价值观时思路陈旧、办法简单、措施不力，往往出现党组织作用发挥不了、发挥不好的现象，造成社会主义核心价值观融入基层社会治理的结构失衡和功能失效。借助"结构—功能"理论，对基层治理中社会主义核心价值观融入时结构要素障碍的浅层表象与实质原因进行分析，进而解释阻碍社会主义核心价值观融入机制生成的结构性要素。

"结构—功能"主义主要是从系统论的角度考察和分析社会。在"结构—功能"主义者看来，社会被看作由相互关联的部分(如经济制度、政治结构、教育和宗教等)组成。对这些相关部分的分析，集中在它们怎样维持系统的常态性和均衡性上。冲突被认为对社会的整合和均衡有负功能，应当加以避免。因此，作为一种社会研究的理论和方法，顾名思义，"结构—功能"主义把重点放在对社会结构和功能的分析和研究上。

"结构—功能"主义的代表人物是帕森斯(Talcott Parsons)和默顿(Robert Merton)。美国社会学家帕森斯可以说是功能主义理论的集大成者，他将功能主义发展成为现代社会学中的"结构—功能"主义。作为帕森斯的学生、继承者及批判者，美国社会学家默顿则进一步发展了"结构—功能”主义，形成了可直接付诸操作的功能分析理路。在“结构—功能”主义理论中，“结构是指社会（系统）和各个要素（子系统）之间相互关系的总和，功能是指社会和各个部分为了达到保持其生存和发展下去这一目的而采取的行动”①。

“结构—功能”主义最基本的研究对象是作为整体的社会系统。“结构—功能”主义分析范式将研究对象视为具有一定结构组织化形式的系统，各组成部分间相互作用，最终决定了系统功能。系统的功能发挥或受阻，其内在原因在于系统的要素结构不匹配。因此，“结构—功能”主义的基本任务主要有两个方向，一方面是揭示社会生活的必要条件（功能），另一方面是寻求能够把社会各要素协调起来并使之一体化的途径和方法（结构）。换言之，研究社会生活保持稳定的条件和方法。“社会生活能否保持稳定性，取决于社会能否找到借以实现其要求（功能）的一定手段（结构）。功能是社会生活系统的前提，也是目的，结构是实现这些前提和目的的手段。”②

一、基层治理中核心价值观融入时的结构要素障碍

（一）基层治理中社会主义核心价值观的情感认同相对薄弱

社会主义核心价值观的接受认同与一般的信息接收一样，也具有一定的有限性，这种有限性内隐为主体接受效果、接受程度的差异，外显于主体的行为表现。在当代中国，社会主义核心价值观的培育和践行涉及党员干部、青年、公众人物、社会中介组织等许多社会群体。培育和践行社会主义核心价值观比较薄弱的环节仍然在于如何增强基层核心价值观的认同。特别是要解决农民的思想认识问题和政治立场问题，用社会主义核心价值观武装他们的头脑，克服落后保守的小农意识，增强认识世界和改造世界的能力，使他们成为有理想、有道德、有文化、有纪律的“四有”

① 杜任之：《现代西方著名哲学家述评》，生活·读书·新知三联书店1983年版，第623页。

② 罗超：《文化结构与中国文化本体》，《殷都学刊》2004年第2期。

新人，从而在中国特色社会主义事业中充分发挥主体作用。[①] 全面建设社会主义现代化国家，最艰巨的任务仍然在农村。党的十八大以来，我们党围绕全面建成小康社会的战略目标，坚定不移实施脱贫攻坚，带动9800多万农村贫困人口全部脱贫，中国特色社会主义建设不断开创新境界。但是，当前农村农业的发展仍然存在一些突出短板，包括农业劳动生产率较低、农民的文化素质跟不上现代化发展的需要、农村公共服务不健全、农村环境治理仍显滞后等问题，社会主义核心价值观在农民中的认同基础仍然很薄弱。

在基层治理中，当前个体对社会主义核心价值观的情感态度还存在认知偏差，对社会主义核心价值观的情感认同基础仍相对薄弱。有些地方的干部对于社会主义核心价值观建设还存在认识不到和重视程度不足的问题，不少地方在培育和践行社会主义核心价值观方面仍然存在形式单调、内容乏味、经费薄弱、效果不好等突出问题，如何使社会主义核心价值观的宣传更加贴近群众、更加深入人心仍是亟待解决的问题。情感认同是指在对一事物有了深刻和全面了解的基础上，从情感上对其产生肯定、喜爱、赞同、追求和采取积极的对待态度。个体对社会主义核心价值观的情感认同可以说是基层治理中社会主义核心价值观的培育和践行的首要前提。个体只有从情感上对社会主义核心价值观产生了肯定、信任、热情、追求等积极情感因素，才能将对社会主义核心价值观的情感认同进一步转化为践行社会主义核心价值观的自觉行动。

（二）基层治理中社会主义核心价值观内化于心、外化于行的载体不足

实践表明，“社会主义核心价值观要获得人民群众真心认同和真正践行，必须在融入工作上下功夫”[②]。社会主义核心价值观的培育和践行难以一蹴而就，只能通过长久的活动推动，“通过开展更加贴合人民群众日

---

① 参见田海舰：《培育和践行社会主义核心价值观多维研究》，人民出版社2015年版，第148页。

② 王学俭、李东坡：《培育和践行核心价值观的原则、路径和机制研究》，《中国特色社会主义研究》2014年第3期。

常生活的实践活动，整合核心价值观培育和践行的融入平台，让人们在实践中不断感知、领悟、接受核心价值观”[①]。然而，基层治理中社会主义核心价值观的培育宣传，在不同程度上存在脱离实践、脱离生活、形式单一等现象，大多数地方在进行社会主义核心价值观宣传时，习惯于直接照抄照搬照转上级部门的指示要求，在发掘本地特色文化、融合本地实践特色进行核心价值观宣传方面存在一些短板，因而在社会主义核心价值观宣传的覆盖面和有效性上就会打折扣。一些地方对社会主义核心价值观的教育，在具体方式上还未真正贴近基层民众的认知偏好与生活实践，从而无法在认知、情感与态度方面与民众产生共鸣。

志愿服务活动是社会成员奉献爱心的重要渠道，也是社会主义核心价值观“外化于行，内化于心”的重要载体。但不可否认的是，当前数量庞大的志愿者群体在参与志愿活动的积极性、有效性方面仍面临一些问题。譬如有的志愿服务活动往往缺乏对社区实际需求的调研和了解，导致志愿者提供的服务活动与社区需求无法匹配，缺乏针对性，从而影响服务效果。有的社区志愿者参与志愿服务的积极性不高，参与志愿服务的动机不纯，再加上有的志愿者缺乏相应的培训和指导，导致志愿服务效果不佳。

机关、企业、社区、学校等基层单位联合开展、定期开展社会主义核心价值观的培育宣传工作，仍需进一步完善相应制度机制，特别是缺乏具有普及性、操作性和保障性的平台载体，无法统筹发挥新媒体和传统传媒的渠道作用，最终使得社会主义核心价值观培育和践行的实效性无法真正满足群众的需要和期待，基层单位在培育和践行社会主义核心价值观上同向同行、有效参与的效果仍不理想。

（三）基层治理中社会主义核心价值观认同存在知情意行割裂

从当前掌握的调研数据来看，我国基层治理中社会主义核心价值观认同还存在着不同程度的知情意行割裂和知行脱节现象。具体来讲，对

---

① 王学俭、李东坡：《培育和践行核心价值观的原则、路径和机制研究》，《中国特色社会主义研究》2014 年第 3 期。

社会主义核心价值观认同存在的知情意行割裂表现在以下两个方面。一方面，同一价值主体对社会主义核心价值观缺乏从认知到情感和意图的一致性与连贯性。譬如一些党员干部虽然从各种形式的政治学习中获得了对民主的认知，但能够从情感上认同这种价值观，并进一步演变为行动意图的比例并不高。有的党员干部虽然情感上认同，也能转变为现实的行动，但是，当涉及自身利益时，社会主义核心价值观并未真正发挥引领作用，不能成为党员干部一以贯之的行为准则。另一方面，不同价值主体对不同社会主义核心价值观的认同处于知情意的不同阶段。如大学生群体由于课堂上的反复灌输和年轻人的热血，对“爱国”这一价值观的认同进程一般快于其他群体，不仅有相应认知，也有强烈的爱国热情和动机。然而，对于那些社会主义核心价值观传播和教育未及的人群而言，社会主义核心价值观认同还处于认知阶段。同时，这种进程的不一致，还表现为同一价值主体对不同价值观的认同差异，譬如公民对国家层面的价值观认同进程快于社会层面和个体层面。以上两方面表明，基层治理中社会主义核心价值观的培育和践行仍需在融入机制上进行大力创新。

基层社会的各类组织与个体在社会主义核心价值观融入基层治理过程中承载了不同的功能，基层党组织是推动社会主义核心价值观融入基层治理的领导核心。党的十八大以来，中央特别强调要抓好基层党建工作，强调强化基层党组织建设，要在扩大覆盖面的基础上，突出政治领导功能，充分发挥党组织推动基层发展、服务基层群众、凝聚基层人心、促进基层和谐的作用。但是，一些地方基层组织基于技术主义、制度理性、程序主义等思维理念，在一定程度上存在有意无意虚化、弱化、边缘化党的领导的倾向和现象。有的基层党组织工作思路陈旧、办法简单、措施不力，往往出现弘扬践行社会主义核心价值观组织作用发挥不了、发挥不好的现象，特别是部分基层党组织党务工作者理论水平不高，党员先锋模范作用发挥不够。街道、社区党组织权责利不一致，难以适应社区治理和服务的新时代要求。[①] 这进一步阻碍了基层社会相关结构要素的功能发

① 参见曹海军：《党建引领下的社区治理和服务创新》，《政治学研究》2018 年第 1 期。

挥，造成了基层治理中弘扬社会主义核心价值观的组织软弱现象。

二、基层治理中核心价值观融入时的结构要素阻因

党的二十大报告指出："完善社会治理体系。健全共建共治共享的社会治理制度，提升社会治理效能。"[①]提高社会治理的法治化、智能化、制度化水平，健全和完善基层社会治理体制，是当前基层治理中社会主义核心价值观融入需重点关注的内容。但当前社会主义核心价值观融入基层治理还存在着融入的结构要素阻因，具体表现在多元主体共建共治共享的格局尚未形成、基层公共事务复杂性的挑战日益增多、不同层级组织间的激励相容机制尚不健全。

（一）基层治理中多元主体共建共治共享的格局尚未形成

在相当一部分地区，基层多元主体协同治理模式尚处于"松散碎片""各行其是"的状态，基层治理依然处于"政府包揽"模式占主导的状况，政府"独唱"或"独角戏"状态在基层还是比较普遍，治理体系中政府"领唱"角色发挥还不够，政府、社会组织、公民在党的领导下的"合唱"模式仍不多见，"重政府包揽、轻多方互动"的"弱参与"现象还普遍存在，多元主体互动共建共治共享的格局尚未形成。[②]

调研发现，基层社会中各治理主体之间的关系尚不够清晰，党的基层组织、基层政府、居民自治组织、社会组织等多元主体之间的关系还尚未厘清，特别是国家与社会关系在基层更多的还是体现为国家与社会的一体化，社会嵌入国家之中。

基层构建共建共治共享的社会治理格局，面临着如何恰当处理不同主体间的利益关系，如何通过有效的沟通和协商机制来协调和平衡不同利益诉求，特别是如何在基层治理资源有限的情况下充分调动基层各个治理主体的参与治理积极性等问题，仍需要通过进一步深化改革和加强

---

① 习近平：《高举中国特色社会主义伟大旗帜　为全面建设社会主义现代化国家而团结奋斗——在中国共产党第二十次全国代表大会上的报告》，人民出版社 2022 年版，第 54 页。

② 参见高立伟：《党建引领下的基层治理智能化精细化研究》，《人民论坛·学术前沿》2019 年第 21 期。

创新来解决。基层治理实践中依然存在基层群众权利意识不足、基层民主流于形式等问题，基层社会中的精英分子在发展社区公共服务、村改居、城镇化等过程中时常出现通过左右选举、与市场化主体合谋等方式侵害群众利益以及垄断、占据和挥霍基层群众所有的公共资源的现象，造成基层社会矛盾丛生。[①] 一些乡村地方科层体制与当地资本垄断的利益渗透，实质上是权力与资本在基层社会的非法共谋，这种非法共谋表象为资本向权力精英的竞相靠拢，可以使资本精英从权力垄断的非对称性中提取到超常规利润。与此同时，与资本精英的非法接触，也可以使权力精英将公共性的权力变现为私属性的获益，从而形成以权力与资本的非法共谋为生利机会的私人间互惠关系。这一互惠关系又将周边成员不断卷入其中，排斥任何抗拒被卷入的正当努力，最终在外部干预迟滞时演变为腐蚀正式制度、阻碍制度化的自上而下的权威贯彻与自下而上的政治参与的庇护结构，以致造成制度运行的梗阻。同时，基层社会场域中"微腐败""小官大贪"等官员廉政建设因裙带关系、家族势力、乡土风俗、传统习惯等因素而变得错综复杂、盘根错节。党风政风问题进而又影响民风社风状况，使得社会主义核心价值观融入基层治理的环境载体亟待系统净化。

（二）基层治理面临应对公共事务复杂性的挑战日益增多

随着后工业化时代的到来，传统以分工为基础的官僚制难以适应日趋复杂与日趋多元的公共事务的挑战。基层作为社会治理的第一线，在国家治理体系中处于基础性地位，担负着贯彻落实中央和省市各项部署的重要任务。在当代中国广泛而深刻的变革中，基层干部所面对的工作任务挑战日益增多，局面日趋复杂，治理"结构之变"带来的"角色挑战"尤为严峻。[②]

基层政府和干部如何尽快适应这种多样化角色的挑战，成为基层治理主体必须面对的现实问题。面对繁重复杂的各种治理任务，部分干部

① 参见江治强：《基层社会治理机制的构建设想和路径》，《中国民政》2013 年第 9 期。

② 参见人民日报评论部：《现代中国多维观察：人民日报评论部文章选粹》，人民出版社2016 年版，第 109 页。

出现承担任务不认真、不积极，不作为等现象，有的干部一心想着如何尽快进行个人职务晋升，把更多精力都集中在见效快、低成本、高收益的项目上，而对于环境保护、教育发展、社会公益等基层群众急难愁盼等问题，则不愿下功夫想方设法解决治理难题，导致一些群众关心的重要工作成效甚微。究其原因，“一方面，少数干部为私利所困，完全囿于自身利益本位看问题办事情，于己有利的事就去管去做，于己不利或者吃力不讨好的事就尽量不管不问”[①]。另一方面，重经济数据轻民生指标、重项目建设轻环保评估、重显绩轻潜绩等倾向的考核，也会在无形中树立不良发展导向，误导一些地方把经济发展当作刚性任务，而把公共服务视为弹性需求。

因此，基层治理现代化的实现，需要兼顾上下内外不同维度。“上”即顶层设计方面，能够形成适应基层治理现代化的宏观管理格局。“下”即服务意识方面，能够形成适应基层治理现代化的全方位服务型的管理格局。“内”即内部合作方面，能够形成适应基层治理现代化的组织结构内部的合作管理。“外”即跨界合作方面，能够形成适应基层治理现代化的组织跨界的打通式管理。上下内外式整体性的通盘考察，打破了以往“金字塔型”的权力关系，有效地整合当前的管理资源并能妥善地应对当前的公共问题困境，不再是简单地以分工为基础的合作与管制，而是以责任、信任、合作、效率等为衡量体系的通盘式考察，提升民主的科学性。

（三）基层治理不同层级组织间的激励相容机制尚不健全

20 世纪 70 年代，美国经济学家里奥尼德·赫维茨（Leonid Hurwicz）提出了激励相容的概念，他认为对于给定的任何一个目标，在满足一定的个体理性的前提下，能够通过一定的机制达到集体理性，从而实现资源配置的最优化，那么这个机制就是激励相容的。这个概念在经济学和社会学中都有很强的适用性。政策和制度设计者应掌握一个基本原则，就是

① 人民日报评论部：《现代中国多维观察：人民日报评论部文章选粹》，人民出版社 2016 年版，第 110 页。

所制定的机制能够给每个参与者一个激励，使参与者在最大化个人利益的同时也达到了所制定的目标，这就是机制设计理论中最为重要的激励相容问题。[①] 机制的设计是整个过程的核心，在这一过程中要考虑激励相容和实施的可行性，这将直接决定机制性能的优劣。

当前，社会主义核心价值观融入基层治理时还存在不同程度的激励不相容问题。中央政府和地方政府虽然在培育和践行社会主义核心价值观的目标设定方面完全一致，但是，在目标达成的成效方面和重视态度上并不完全一致。这就带来一系列问题，比如基层治理中核心价值观融入时遭遇结构要素障碍，权威贯彻与民主参与的制度中还存在梗阻。不仅上级党组织向基层党组织与基层社会的权威贯彻得不到真正实现，而且城乡的社区自治与基层民主也难以真正落实，基层民意无法转化为对党组织所倡导的社会主义核心价值观的支持，党组织的动员也无法转化为基层群众对参与社会主义核心价值观融入基层治理的热情，这是基层党组织、地方政府、社会组织和公众在社会主义核心价值观融入基层治理中的功能性缺失，阻碍基层治理中社会主义核心价值观融入机制的结构性要素的形成。基层政府机构和党组织在整合基层社会利益方面，要更好地发挥价值引导和利益整合作用，让各类社区社会组织真正成为反映群众诉求、规范自身行为的有效载体。不同治理主体基于不同的价值、目标和行动在参与、处理基层公共事务的动态互动过程中达成彼此协作。[②]

因此，破解社会主义核心价值观融入基层治理的难题，必须考虑如何畅通基层党组织之间、基层党组织与基层社会自治之间的信息收集反馈渠道，着力破解基层自治中民众的参与困境，扩大群众实质性自愿参与，增强群众参与基层自治的获得感、满足感和幸福感，使基层公共事务的管理与基层群众利益之间建立内在根本联系，调动群众参与基层治理的真正主动性和积极性。良好的治理模式需要不同治理主体之间达成协作机

① 参见张冬梅:《中央支持民族地区政策体系的科学基础探寻》,《西北民族大学学报》(哲学社会科学版)2014 年第 6 期。

② 参见江治强:《基层社会治理机制的构建设想和路径》,《中国民政》2013 年第 9 期。

制。协同治理的理想化模式是政府以追求社会稳定为直接目标，运用其他主体所不具备的资源，在社区层面实施基本行政管理和提供基本公共服务，行政管理事务由相应行政管理机构承担，并通过职能整合的综合性行政机构在提供服务中实施管理。[①]

① 参见江治强：《基层社会治理机制的构建设想和路径》，《中国民政》2013 年第 9 期。

第七章　社会主义核心价值观融入基层治理的程序偏离

只有深入探究当前社会主义核心价值观融入基层治理的体制性障碍，才能准确找到核心价值观融入基层治理的有效路径。本章在实地调研基础上，运用内卷化理论，对基层治理中社会主义核心价值观融入时运行过程障碍的浅层表象与实质原因进行分析，进而揭示阻碍社会主义核心价值观融入机制生成的程序偏离。

一、基层治理中核心价值观融入时的运行过程障碍

基层治理中社会主义核心价值观融入的过程性表达，就是一套完整的以社会主义核心价值观为内核、以法治程序为显现的规则体系的建立及运行，但在基层治理的现实情境中却出现了践行社会主义核心价值观的过程内卷现象。

（一）内卷化概念的流变及内涵

“内卷化”一词最早出现在美国人类学家格尔茨（Clifford Geertz）的《农业的内卷化：印度尼西亚生态变迁的过程》一文中。在这篇文章中，格尔茨用内卷化的概念来表达农业生产中的有增长无发展现象。在印度尼西亚农业种植中，在土地使用面积有限的情况下，由于资本的缺乏和行政性的障碍，不仅没有能力剥离增长的劳动力，而且劳动力还不断地进入农业生产的过程，这样就形成了一种劳动力填充型的农业发展模式。这样

一来，农业无法实现由“已经普遍存在的集约化农业”向“外向型的农业”转变。[①] 格尔茨使这一概念在人类学界与社会学界广为知晓，它成为描述社会文化发展迟缓现象的专用概念。美国学者杜赞奇（Prasenjit Duara）后来又用“内卷化”来指称国家政权的一种发展状态，即不成功的或背离现代国家政权建设目标的失效现象。美国人类学家戈登威泽（Goldenweiser）用这个概念来描述一类文化模式，即当达到了某种最终的形态以后，既没有办法稳定下来，也没有办法使自己转变到新的形态，取而代之的是不断地使内部变得更加复杂。概括起来看，“内卷化”一般指的是系统在外部扩张条件受到严格约束的条件下，内部出现的不断精细化和复杂化的过程。

内卷化概念经格尔茨系统化后又经国内学者黄宗智进行改造使用，其概念本身已超越了社会学单一使用范畴，并拓展到公共管理学、政治学等领域，形成了内卷化理论，这一理论对解释、反思诸多中国社会现象提供了理论工具。因此，内卷化理论是一个开放的理论系统，无论在哪一种意义上使用“内卷化”概念，其所描述的实际上都是“一种非理想型的变革形态，也即没有实际发展（或效益提高）的变革和增长”[②]。

（二）基层治理中践行社会主义核心价值观的过程内卷现象

基层治理中践行社会主义核心价值观的过程内卷的特定含义是指，新的规则体系在基层社会的扩展实质上仍然是对旧的规则体系的复制，基层治理的规则生成被严格锁定在既有路径上，未能突破旧的框架与方式，特定基层空间内出现了规则分布密度的上升和治理边际效力的递减。究其原因，基层社会的内生性组织在市场化和乡村制度变迁的巨大冲击下，遭遇生存空间被挤压和社区公共性衰落等困境。社会主义核心价值观在基层社会的宣传践行，不同程度地出现在旧有价值观念、传统习俗等规则体系框架内重复打转的现象。这就会产生一些难以预料的后果。虽然在国家层面，社会主义核心价值观顶层设计完备，宣传力度和相关工作

---

① 转引自计亚萍：《“内卷化”理论研究综述》，《长春工业大学学报》（社会科学版）2010 年第 3 期。

② 计亚萍：《“内卷化”理论研究综述》，《长春工业大学学报》（社会科学版）2010 年第 3 期。

开展力度逐年增强，对基层人力、物力、财力的投入也在逐年递增，但现实情况却不尽如人意。基层社会的治理未能达到更高水平的效果，社会主义核心价值观的融入也未出现比较理想的局面。

二、基层治理中核心价值观融入时的运行过程阻因

（一）基层治理的社会环境与治理条件变化巨大

相较于传统乡村社会，当代中国基层社会的治理环境与治理条件发生了巨大变化，合村并点过程使得原有村庄布局发生结构性变迁。传统熟人社会特质的蜕变、民间权威的逐渐丧失，再加上基层文化价值观的多元化、社区认同的衰微以及乡村精英的集体式出走[①]，这些状况造成了社会主义核心价值观融入基层治理的程序规则偏离，进而限制了社会主义核心价值观引领作用的发挥。

进一步深入分析可知，这一现象的出现很大程度上不在于新的正式规则本身的不合理，而在于潜藏于基层社会的复杂的非正式规则对正式规则的隐性溶解。这些非正式规则将基层群众包裹在基于利益、人情与习俗的网络中，侵蚀了正式规则融入基层社会的根基。核心价值观的抽象表达只有在基层转化为面向乡村的生动、活泼、具体的实践，才能深入人心，进而外化成自觉的活动。由于正式程序规则对责任的控制和对权利的保障，基层社会的治理容易陷入无所凭依的境地。对公共权力进行责任约束的疲软和对个体权利进行制度保障的滞涩出现于同一过程中，这些都会成为程序规则偏离的共同反应。

正如李凤兰指出："在文化建设和意识形态的建构中，社会主义核心价值观只有深入群众的日常生活场域，成为人们日常生活中的思想根基、行动准则，才可能真正走出理论与现实相悖的困境，真正实现其文化引领的效用。"[②]在乡村调研时，我们发现，由于社会主义核心价值观融入基层

---

① 参见党晓虹：《虚置与重构：乡规民约的当代困境及未来走向析论》，《理论导刊》2016 年第 8 期。

② 李凤兰：《社会主义核心价值观引领乡村文化振兴——基于日常生活理论视角》，《贵州社会科学》2018 年第 7 期。

社会时缺乏与农民实际和农村现实的深度融合，社会主义核心价值观难以真正全部内化到农民的意识中去。现代社会发展进程中形成的物化思维造成个体情感难以获得有效归寄，乡村民众对枯燥抽象方式的理论宣讲有时会产生厌烦和抵触的情绪。

对中国广阔的乡土社会而言，传统型的乡村公共文化空间才是乡村居民最熟悉、最具有亲切感的文化空间。中国乡土社会中一些源于过往历史的物质性和精神性的文化遗存，是在乡村社会长期的历史发展过程中形成的，代表着乡村独具特色的生产生活样态，具有朴素性、原生性特点。譬如传统戏台、庙会集会、祠堂寺庙、社火表演、祭祀活动等，这种传统型乡村公共文化空间契合农民的精神期盼，应该成为基层治理中社会主义核心价值观培育和践行的重要载体。基于此开展乡村公共文化活动，才最能体现乡村传统文化风貌，契合村民内心的真实需求。

（二）基层治理的公共文化服务供给相对不足

公共文化既是基层社会建设的重要内容，也是推进基层社会治理的基本手段。但是，公共文化服务的一些环节仍存在亟待解决的难题，比如基层公共文化服务在城乡之间存在不均衡，农村地区尤其缺乏足够的文化服务供给。譬如农村公共文化服务的物理空间严重不足，公共文化产品供给与农民需求的匹配度不高，现有文化产品不能满足农民对公共文化服务的需求。农村公共文化服务还存在后续建设资金投入不足问题，农村文化建设从业服务人员队伍力量不强，文化创意、中华优秀传统文化的创造性转化和创新性发展能力存在不少短板。

在硬件建设领域，一些地方基层公共文化设施的利用效率有待提升，基层公共文化服务社会参与度不高等。必须看到，由于当前一些地方乡村文化建设的滞后，农村公共文化产品供给不足，在一部分农村地区，“一些思想庸俗的不健康娱乐方式风靡，拜金主义的人际交往与人情消费行为大行其道，落后愚昧的封建迷信行为有所抬头，非法的宗教活动沉渣泛起”[①]。

基层公共文化设施重建设、轻使用现象依然存在，虽然各地基层公共文化设施质量得到不断提升，但大多数公共文化设施利用率偏低，部分设施和资源闲置，使得优质的公共文化服务无法递送到群众手中。2021年全国抽样调查发现，城镇居民对街道附近公共图书馆知晓率普遍偏低，公共图书馆为30.3%，报刊栏为26.5%；其中，社区阅览室、社区书屋、城市书屋的知晓率是最低的，只有25.3%。

因此，推进基层治理中的社会主义核心价值观培育和践行，要“充分考虑地区差异、城乡差异、群体多样等情况和特点，只有有的放矢、因地制宜设计符合当地实际的融入策略，通过鼓励区域探索、融入行业规范、抓住重点群体等战略性举措”[②]。

① 李凤兰：《社会主义核心价值观引领乡村文化振兴——基于日常生活理论视角》，《贵州社会科学》2018年第7期。

② 双传学主编：《社会主义核心价值观研究丛书·实践篇》，江苏人民出版社2015年版，第85页。

第三篇

基层治理中价值观融入的机制创新

新时代基层社会呈现出高度复杂性与不确定性，基层多元治理主体在思想观念、价值取向精神追求等领域日益活跃、纷繁多样，亟须党和政府将更多力量置放在对基层深层次思想文化领域的统合引领上，亟须党和政府创新核心价值观融入基层治理的载体形式、融入机制，把社会主义核心价值观切实转化为人们的情感认同和行为习惯，促进基层社会形成以社会主义核心价值观为指引的一致行动。因此，本篇研究重心落脚于创新社会主义核心价值观融入基层治理的体制机制与策略体系。融入机制创新与推动社会主义核心价值观建设之间具有立意一致性、制度相容性、实践共通性等深度联系，推进社会主义核心价值观融入基层治理可以从价值理念建构、权威结构塑造、融入过程协同、长效制度转化、责任体系控制与社会风尚教化等层次构建融入机制，以期实现社会主义核心价值观在基层治理层面的多方位融入、全过程融入与各环节融入。

第八章　价值引导机制：基层治理中社会主义核心价值观的理念性融入

党的二十大报告指出："社会主义核心价值观是凝聚人心、汇聚民力的强大力量。"[①]要创新载体形式和融入机制，把社会主义核心价值观切实转化为人们的情感认同和行为习惯。创新性建构基层治理中社会主义核心价值观融入机制，要站在以社会主义核心价值观为支撑推进国家治理现代化的战略高度，切实把握全面贯彻习近平新时代中国特色社会主义思想和坚持党的领导的本质向度，通过公共政策的价值激励、舆论表达的价值引导、荣典制度的价值示范和法律服务的价值支持等有机组成的机制完成，进而发挥社会主义核心价值观的价值引导功能，弥合基层社会中文化网络的内部裂隙，实现基层治理中价值共识的整合。

一、在基层治理中制定公共政策要承载核心价值观的激励作用

社会主义核心价值观融入基层治理，在实施过程中，要注意以利益的权威性配置为本质的基层公共政策。基层公共政策是带有明显价值倾向的政治产品，不能脱离价值判断的衡量。基层政府在执行公共政策时可能会产生执行偏差，执行人员在执行政策时就可能利用其拥有的适当自由裁量权，利用政策的弹性和抽象性变通执行上级政策，从而使得政策执

---

① 习近平：《高举中国特色社会主义伟大旗帜　为全面建设社会主义现代化国家而团结奋斗——在中国共产党第二十次全国代表大会上的报告》，人民出版社2022年版，第44页。

行与原来的政策内容相左或相去甚远[①]，导致基层社会产生政策畸变，在地方上则造成“上有政策，下有对策”的困境冲突。

（一）注重政策目标和价值导向的有机统一

在公共政策制定的过程中，相关政策制定者会受到各种因素的影响，坚持何种价值导向成为一个关键因素。考虑长远利益还是近期利益，是注重整体利益还是优先照顾局部利益？社会主义核心价值观则为决策者提供了基本价值尺度，成为推进经济社会发展应该始终遵循的价值准则。当一项新的公共政策出台之后，政策执行人员往往处于观望状态，新政策的实施存在一定的风险性，于是政策执行人员在执行政策时可能会敷衍塞责、延宕推脱，实际上并未采取可操作性的具体措施来执行上级政府的政策。[②] 因此，在基层治理过程中制定公共政策要注意承载核心价值观的激励作用，推出旨在保护基层社会公共利益的政策，特别是要注重把握政策出台前、实施中、推出后各个环节，要始终贯彻和体现社会主义核心价值观的价值指引，让公共政策的制定和实行都能体现出价值指引和正向激励功能。

2016 年，中共中央办公厅、国务院办公厅发布《关于进一步把社会主义核心价值观融入法治建设的指导意见》（以下简称《意见》）。《意见》强调：“强化公共政策的价值目标。制定经济社会政策和重大改革措施，出台与人们生产生活和现实利益密切相关的具体政策措施，要充分体现公平正义和社会责任，注重政策目标和价值导向有机统一，注重经济效益和社会效益有机统一，形成有利于培育和弘扬社会主义核心价值观的良好政策导向和利益引导机制。完善政策评估和纠偏机制，防止具体政策措施与社会主义核心价值观相背离，实现公共政策和道德建设良性互动。”[③]比如陕西省人社厅推广“秦云就业”小程序时，因过度追求注册人

① 参见丁煌、周丽婷：《地方政府公共政策执行力的提升：基于多中心治理视角的思考》，《江苏行政学院学报》2013 年第 3 期。

② 参见刘晓慧：《基层治理中公共政策执行问题研究》，《中国经贸导刊》2019 年第 23 期。

③ 《中办国办印发〈关于进一步把社会主义核心价值观融入法治建设的指导意见〉》，《人民日报》2016 年 12 月 26 日。

数，向基层层层加派任务并与考核和资金分配相挂钩，导致基层负担加重，事发后省人社厅及时采取整改措施，相关责任人受到批评教育和诫勉谈话。通过公共政策的预期设定、规范实施、效益评估、信息反馈和修正纠偏等环节，细化和优化社会主义核心价值观融入基层社会治理的运作方式，确保社会主义核心价值观融入基层社会治理更加高效顺畅。这里充分体现出政策制定的指导原则，就是要与人们的生产生活特别是与人们的现实利益密切相关，把握好社会主义核心价值观融入基层治理时的政策目标与价值导向的有机统一和相互关联，以发挥公共政策的导向和约束作用。正如党的二十大报告指出："坚持依法治国和以德治国相结合，把社会主义核心价值观融入法治建设、融入社会发展、融入日常生活。"①

（二）建立相对完善的政策评估和政策反馈机制

在基层公共政策制定过程中，还需注意政策反馈和考核监督中价值立场方面的内容。正如丁煌、周丽婷分析指出，由于上级政府对下级政府的考核集中于某一类指标，如果目标没有达到就可能会出现一票否决的情况。在这种强大的压力体制下，基层政府官员出于对自身利益最大化的考虑，就会优先选择那些上级政府着重关注的和与自身仕途有关的公共政策。因此在公共政策执行过程中执行人员附加了一些不恰当的内容，盲目扩大政策外延，从而导致政策变形，影响了公共政策的执行效力。最为突出的表现便是"搭便车"，执行人员往往打着贯彻上级政策的旗号，推行实现自身利益的"土政策"。② 这些"土政策"与原政策捆绑在一起执行后，不仅扩大了原政策的调控力度和范围，出现政策"浮夸"，还可能从质和量两个方面造成原政策的公信力骤降。因此，发挥社会主义核心价值观在政策制定和执行过程中的激励作用，要建立相对完善的政策评估和政策反馈机制。换言之，在设计和实施政策时，各级官员不仅要考虑实

① 习近平：《高举中国特色社会主义伟大旗帜　为全面建设社会主义现代化国家而团结奋斗——在中国共产党第二十次全国代表大会上的报告》，人民出版社2022年版，第44页。

② 参见丁煌、周丽婷：《地方政府公共政策执行力的提升：基于多中心治理视角的思考》，《江苏行政学院学报》2013年第3期。

际效益，还要确保这些政策措施符合公平正义和社会责任的价值取向，必须通过对公共政策执行偏差的表现以及政策运行各环节的分析，进一步探究出产生政策执行偏差的诱因，从而采取针对性的矫正措施，推动形成有效传导社会主义核心价值观的政策体系。比如，通过外在的制度模式来约束各个利益主体之间的博弈行为，完善政策执行监督机制，加强政策执行中的信息沟通，拓宽基层民众的利益表达渠道来避免公共政策的无效执行，才能更好地落实公共政策，实现公共政策目标。[①]

因此，必须通过公共政策的目标预期、规范实施、效益评估、信息反馈、修正纠偏和清理清退的过程合法化设置，重点加强对基层政府工作人员特别是基层领导干部的法治理念、法律知识的培训，在社会主义核心价值观融入基层治理的具体运作方式上，应摆脱单一化、行政化的治理方式，使之能够运用法治思维、法治方式把宣传践行社会主义核心价值观融入基层治理。

社会主义核心价值观是激励和鼓舞人们为之奋斗的理想目标和价值追求。“我国现代化是物质文明和精神文明相协调的现代化。我国现代化坚持社会主义核心价值观，加强理想信念教育，弘扬中华优秀传统文化，增强人民精神力量，促进物的全面丰富和人的全面发展。”[②]全面建设社会主义现代化国家，以中国式现代化全面推进中华民族伟大复兴，必然离不开社会主义核心价值观的引领和激励作用。只有通过引导各类市场主体在经济社会发展中做到承担社会责任、尊重公平竞争和诚信守约，才能不断塑造有利于弘扬社会主义核心价值观的良好政策导向、利益机制和社会环境。

二、在基层治理中拓宽舆论表达渠道要发挥核心价值观的引导作用

推动社会主义核心价值观有效引领社会舆论，这是对基层社会意识形态领域状况的有力回应的现实需要。实现有效引领基层社会舆论，不

① 参见刘晓慧：《基层治理中公共政策执行问题研究》，《中国经贸导刊》2019年第23期。

② 习近平：《新发展阶段贯彻新发展理念必然要求构建新发展格局》，《求是》2022年第17期。

仅要依托主流媒体的官方舆论在促进社会主义核心价值观建设中的作用，而且要增强主流话语在有网络新媒体参与的民间舆论的供给，提升主流语言表达方式和主流理论解释力度，加强基层政府的网络舆情监控与回应能力建设，依法追究民间社会不当网络表达的责任。

（一）增强党报党刊在新时代网络新媒体参与的民间舆论场的话语供给

党报党刊在加强舆论引导的同时，要特别重视发挥主流话语在新时代包括诸多网络新媒体参与的民间舆论场的话语供给。从某种程度上来讲，正面宣传不是为了宣传而宣传，舆论监督也不是为了监督而监督，其核心在于有效增强党报党刊与党委政府、市民之间的联系，成为各级各部门领会上级精神、明确工作思路的重要抓手，成为关照社会现实、反映民生民情的有效载体。① 实际上，还有部分基层党报党刊出于财政原因过于强调经济效益，报刊发行内容和价值引导不符合社会主义核心价值观的主体精神，导致部分党报党刊社会责任意识缺失，对民间舆论引导力度不够，最后难免会造成基层舆论场中权威信息缺失的后果。因此，在基层治理过程中要拓宽遵循核心价值观的舆论表达渠道。基层党报党刊既要客观、严谨、精准、全面、及时地报道事实，又要从全局着眼，服务当地经济社会发展大局，服务当地精神文明建设各项事业。比如枣庄市薛城区聚焦做活“融媒＋”文章，整体推动区融媒体中心、新时代文明实践中心和学习强国采编平台的一体融合建设，构建起网上网下一体、“两中心一平台”联动的主流宣传格局，实现了物理平台共建、线上空间共享、线下活动共容，更好推动了基层宣传文化工作高质量发展。除此之外，还要注重增强基层媒体舆论宣传吸引力、感染力、传播力，不断增强基层媒体的价值引导力、影响力和公信力，进而在基层治理过程中不断拓宽遵循核心价值观的舆论表达渠道。

（二）提升基层社会主流语言表达方式和主流理论解释力与说服力

基层治理是党中央治国理政和公众参与国家治理的重要方式。从某

① 参见梁修明：《用好舆论监督　创新社会治理》，《中国报业》2019 年第 19 期。

种意义上讲,"基层舆论监督能力的提升对社会治理的整体效果、国家宏观政策的实现、国家整体治理水平的提升都有着重要影响"[①]。基层舆论监督要区分不同思想舆论场域,采取相应措施扩大主流声音,广泛凝聚社会共识,推动基层思想舆论健康发展。

习近平总书记指出:"思想舆论领域大致有红色、黑色、灰色'三个地带'。红色地带是我们的主阵地,一定要守住;黑色地带主要是负面的东西,要敢于亮剑,大大压缩其地盘;灰色地带要大张旗鼓争取,使其转化为红色地带。"[②]因此,用好舆论监督利剑、创新基层治理,是实现国家治理体系和治理能力现代化的必然要求,也是加强和改进新闻舆论工作、优化基层行政体系运行的重要方式。构建舆论引导新格局的实质和核心目标就是不断扩大红色思想舆论地带的领地,最大限度压缩黑色思想舆论地带的地盘,积极将灰色思想舆论地带转变为红色,持续增强主流思想舆论的传播力、引导力、影响力、公信力,让主流思想舆论始终占据主导。[③] 基层治理作为社会治理的关键环节,在客观上要求基层党委政府不断提升主流语言表达方式,创新基层思想舆论领域治理方式,发挥好基层舆论监督作用,不断提升基层治理中主流理论的解释力和说服力,推动基层治理体系和治理能力现代化。

信息技术的推广应用为主流意识形态的传播提供了时代红利,社会主义核心价值观大众化获得了基于数据传递的运行空间和便捷途径。在基层治理中要"运用大数据技术,从更深层次上把握社会主义核心价值观培育和践行的现状、效果,动态优化宣传方式手段,同时要更加关注网络社区这个虚拟社会的建构性传播力量,打造党委政府主导、百姓参与的资源聚合、实践体验、社交分享的融媒体平台,创新线上线下互动的混合式传播方式"[④]。善于挖掘和回应基层百姓的兴趣爱好与阅读习惯,多作通

---

① 梁修明:《用好舆论监督　创新社会治理》,《中国报业》2019年第19期。

② 习近平:《在全国党校工作会议上的讲话》,人民出版社2016年版,第20页。

③ 参见董大伟:《舆论引导新格局的基本内涵及构建策略》,《中国党政干部论坛》2020年第6期。

④ 刘立新:《运用大数据优化社会主义核心价值观大众化宣传教育》,《思想理论教育导刊》2017年第12期。

俗易懂的、有实用价值的、百姓喜闻乐见的入脑入心式宣传，用大数据技术精确分析捕捉受众需求，让理论宣讲、舆论宣传、文化滋养、典型引领等传统方式和“两微一端”等网络媒体协同发力，形成覆盖全领域全过程的宣传矩阵。同时，注重社会主义核心价值观宣传教育的权威性和趣味性结合。既要准确宣讲党中央的精神和政策决策，又要采取灵活多样的方式，使用百姓语言传播党的声音。因此，提升基层主流语言表达方式，创新基层思想舆论领域治理方式，要善于挖掘乡土文化和民间文艺资源，用百姓听得懂的语言和跟得上的腔调唱响社会主义核心价值观大众化宣传教育的主旋律。

(三)加强基层政府的网络舆情监控与回应能力建设

相较于中央、省级政府，基层政府网络舆情监控能力和回应能力相对较弱，舆论监察力度小、舆情监控的技术力量不足，也缺乏开展舆情突发处置与回应的丰富经验。因此，新形势下基层政府要坚持正确舆论导向，坚持正确政治方向，肩负职责使命，强化内容建设，以严谨的精神、务实的态度做好舆论监督工作，构建起基层网络舆情监控体系，着力配齐建强基层网络舆情处置工作队伍。

一方面，基层要继续加大网络舆情处置业务能力培训，不断赢得党委政府的信任和人民群众的信赖，不断提升基层党委政府舆论引导力、影响力、公信力，为创新基层治理提供舆论保障。推动基层治理过程中基层舆论表达渠道的拓展和提升，要大力推动媒体融合发展，持续深入推进党管媒体落实到思想舆论领域各个环节和全过程。真正实现哪里有舆论，党的阵地就要延伸到哪里，哪里有舆论阵地，党管媒体的原则就要落实在哪里。

另一方面，基层要逐级逐步实现党管媒体全覆盖、网上网下舆论一体发展。从传统主流媒体转型目标来看，“媒体融合转型升级的最终目标是打造全程媒体、全息媒体、全员媒体、全效媒体的‘四全’媒体。‘四全’媒体的打造过程，就是实现党管媒体全覆盖、网上网下舆论一体发展的过程"[①]。要适应媒体融合产品形式亲近性尤其是可视化的传播规律，通过以视频尤其是短视频为代表的可视化产品推进社会主义核心价值观宣传，制作更多具有更强的视觉冲击力、表现力和亲和力的可视化作品，不断提升基层舆论引导力。

三、在基层治理中创设荣典制度要彰显核心价值观的示范作用

社会主义核心价值观在基层治理中的理念性融入，不单单是一个利益激励或舆论塑造的间接促进过程，更是一个榜样示范与群众效仿的自主学习过程。因此，应当围绕在基层治理中践行社会主义核心价值观的先进集体与个人，建立起集中统一分级分类、科学设置考核项目、合理权衡评价指标、公正公开评价过程、有效改革宣传过程的荣典制度。所谓"荣典制度"，即国家荣誉制度，在宪法学上国家荣誉一般被称为"荣典"。荣典权一般被界定为宪法规定的代表国家颁赐荣典、荣誉以及对有重大贡献或特别优秀者授予勋章、荣誉职衔、荣誉称号等的权力，通常属于国家元首的职权。

我国现行宪法对荣典权也有相应规定，《中华人民共和国宪法》第67条规定，全国人民代表大会常务委员会有权"规定和决定授予国家的勋章和荣誉称号"。《中华人民共和国宪法》第80条规定："中华人民共和国主席根据全国人民代表大会的决定和全国人民代表大会常务委员会的决定，公布法律，任免国务院总理、副总理、国务委员、各部部长、各委员会主任、审计长、秘书长，授予国家的勋章和荣誉称号，发布特赦令，宣布进入紧急状态，宣布战争状态，发布动员令。"从世界范围来看，不少国家都建立了国家荣誉制度，并且建立起了一套完备的国家荣典仪式和制度。比如，俄罗斯有"联邦勋章"，英国有"嘉德勋章"，法国有"荣誉军团勋章"，美国有"总统自由勋章"，获得这些勋章和荣誉的人，都受到国家或地区的认可，代表着完美的道德和杰出的贡献，受人敬仰。换言之，国家荣誉制度是代表了国家最高等级、最具权威性的荣誉制度，由国家建立的荣誉制

① 董大伟:《舆论引导新格局的基本内涵及构建策略》,《中国党政干部论坛》2020年第6期。

度，不仅可以引导某种价值观念和文化，而且可以倡导某种社会风气，引领某种社会风尚。国家对有杰出贡献的仁人志士予以褒奖，也是尊重劳动、尊重知识、尊重人才、尊重创造的体现，有利于调动全社会的积极性、主动性、创造性。

（一）在全社会大力倡导和弘扬德才兼备、以德为先的人才观

建立健全党和国家功勋荣誉表彰制度，对培育和弘扬社会主义核心价值观具有重要意义。功勋荣誉获得者不仅是社会楷模，而且也是道义典范，他们身上最重要的共同品质就是忠于党、国家和人民，同时还要有高尚的思想境界、道德情操和行为准则。作为真正的时代标杆，功勋荣誉获得者能够彰显社会主流价值观，从根本上加强人民对国家荣誉的认同，对弘扬民族精神和时代精神，激发广大人民群众建设富强、民主、文明、和谐、美丽的社会主义国家的积极性、创造性、责任感、道德感有重要意义。因此，党中央启动实施的新的功勋荣誉表彰制度有助于在全社会形成新的社会正向激励机制，为激发各界人民群众干事创业提供新的动力源。

（二）通过立法的方式对荣典制度管理的具体事项进行保障

在推动国家荣典制度，促进宣传践行社会主义核心价值观的道德示范作用方面，通过制定或修改相关法律法规，统一规范国家荣典制度，统一规范荣誉勋章制度，将民族精神、国家荣誉以最严肃的立法方式予以确立，通过法律形式对荣典制度管理的具体事项进行保障，使国家荣典更具权威性和法定性。2015 年 12 月 14 日，中央政治局召开会议，审议通过了《关于建立健全党和国家功勋荣誉表彰制度的意见》，12 月 17 日，第十二届全国人大常委会第十八次会议表决通过了《中华人民共和国国家勋章和国家荣誉称号法》，对国家勋章和国家荣誉称号的种类名称、授予对象、人选提名、授予时间和程序、奖励形式等作出规定，这是我国功勋荣誉表彰领域法治建设的重大成果，是国家荣典制度的重要发展，为功勋荣誉表彰工作实践提供了法律遵循。[①]

① 参见《建立国家功勋荣誉表彰制度　弘扬社会主义核心价值观》，《人民日报》2022 年 10 月 2 日。

《中华人民共和国国家勋章和国家荣誉称号法》规定，国家设立“共和国勋章”“友谊勋章”，并在经济、社会、国防、外交、教育、科技、文化、卫生、体育等领域设立国家荣誉称号。同时，设立国家功勋簿，记载功勋荣誉获得者及其功绩。

（三）通过荣典制度的价值示范作用，更好地发挥社会主义核心价值观的价值引导功能

创设彰显核心价值观的荣典示范制度，要在基层治理中探索促进社会主义核心价值观宣传和践行的有效创新路径，推动社会主义核心价值观在基层社会成为人们内化的自觉遵从。由国家建立的荣典制度不仅能够引导主流价值观念，而且可以有力地促进人们道德修养的提升。这对于发挥社会主义核心价值观的价值引导功能提供了有效载体，对于淳化社会风气、增强国家的文化认同和民族认同都大有裨益。

2020年9月8日，在全国抗击新冠肺炎疫情表彰大会上，习近平向国家勋章和国家荣誉称号获得者颁授勋章奖章，以此表彰他们在抗击新冠肺炎疫情斗争中作出的杰出贡献，弘扬他们忠诚、担当、奉献的崇高品质。这充分彰显了我们国家荣典制度的价值示范作用，能够更好地发挥核心价值观的价值引导功能，对于实现基层治理中价值共识的有效整合无疑也发挥了巨大的引领作用。

四、在基层治理中补齐法律服务短板要体现核心价值观的支持作用

当前，基层社会矛盾呈现复杂性、多发性等趋势，不仅有家庭矛盾、邻里纠纷等个人矛盾，还涉及征地拆迁补偿、医疗纠纷、民间借贷等群体纠纷。“而当前基层公共法律服务却面临供给主体不足、供给内容单一和供给可持续性无保障等困境，难以满足人民群众日益增长的法律需求。”[①]党的二十大报告指出：“建设覆盖城乡的现代公共法律服务体系，深入开展法治宣传教育，增强全民法治观念。推进多层次多领域依法治理，提升

① 胡志平、余珊：《多维度补齐基层公共法律服务短板》，《学习时报》2020年5月13日。

社会治理法治化水平。”[①]为有效化解基层社会矛盾，要健全和完善基层矛盾化解的公共法律服务机制，从公共法律服务的供给主体、供给内容、供给动力等方面着手，建构起基层社会矛盾化解的公共法律服务体系，引导基层民众在社会主义核心价值观的引导下，运用法治方式和法律手段，弥合基层社会中文化网络的内部裂隙，实现基层治理中价值共识的整合。

习近平总书记指出：“要加强和创新基层社会治理，坚持和完善新时代‘枫桥经验’，加强城乡社区建设，强化网格化管理和服务，完善社会矛盾纠纷多元预防调处化解综合机制，切实把矛盾化解在基层，维护好社会稳定。”[②]在基层治理法治化背景下，社会化人民调解组织和村（居）法律顾问等公共法律服务则成为化解基层社会矛盾的重要机制，为此要鼓励和支持多元社会主体参与到人民调解和法律顾问的工作中来。

（一）改进和优化人民调解员的队伍结构

改进和优化基层人民调解员的队伍结构，要因地制宜，根据需要调解的矛盾纠纷性质特点，分门别类地成立若干专业化人民调解委员会，同时吸纳法律专业人员进入调解员队伍，加大对现有基层人民调解员的业务培训和技能提升的训练。注重培育公共法律服务承接主体，“依法设立具有社团法人资质的社会化人民调解组织，壮大以法学教师、在校研究生、退休司法干部等为主的法律顾问候选队伍。充分发挥行业协会组织在调解特定类型纠纷中的作用，不断加大政府向社会组织购买法律服务的力度，积极引导社会组织发展成为承接人民调解和村（居）法律顾问等公共法律服务的重要力量”[③]，尽快在基层治理过程中补齐传承社会主义核心价值观的法律服务短板。人民调解是解决民间纠纷的重要方式，主要是由专业的人民调解员通过疏导、说理等方式促使纠纷双方当事人自愿达成谅解协议。“人民调解员应当由公道正派、热心人民调解工作，并具有一定文化水平、政策水平和法律知识的成年公民担任。县级人民政府司

---

① 习近平：《高举中国特色社会主义伟大旗帜　为全面建设社会主义现代化国家而团结奋斗——在中国共产党第二十次全国代表大会上的报告》，人民出版社 2022 年版，第 42 页。

② 习近平：《在基层代表座谈会上的讲话》，人民出版社 2020 年版，第7～8 页。

③ 胡志平、余珊：《多维度补齐基层公共法律服务短板》，《学习时报》2020 年 5 月 13 日。

法行政部门应当定期对人民调解员进行业务培训。”[①]

调研发现，山东潍坊昌乐县在基层治理探索中提出以建好“一站式”矛盾纠纷调解中心为抓手，通过做优平台、建强团队、完善机制，实现重心下移、力量下沉、资源下投，推动矛盾纠纷及时就地化解，绘就了基层治理新“枫”景。要积极吸纳律师、司法鉴定人、公证员等担任人民调解员培训讲师，不断提高培训内容针对性和实用性水平。基层人民法院要结合审判工作实际和人民调解员队伍状况，积极吸纳人民调解委员会进入人民法院特邀调解组织名册，通过委派调解、委托调解，选任符合条件的人民调解员担任人民陪审员，加强司法确认工作等灵活多样的形式。《中共中央关于全面推进依法治国若干重大问题的决定》指出，要“强化法律在维护群众权益、化解社会矛盾中的权威地位，引导和支持人们理性表达诉求、依法维护权益，解决好群众最关心最直接最现实的利益问题”[②]。对于婚姻家庭、物业纠纷、相邻关系、机动车交通事故等民间纠纷的调解事务，由社会化、非专业化人民调解组织负责，最大限度发挥律师在特定类型案件调解中的专业优势。[③]

（二）建立和健全保障公共法律服务体系运行的长效机制

推进基层公共法律服务体系长效运行，要进一步明确公共法律服务体系的组织领导和机构设置，确保公共法律服务体系权责明确、高效运行。正如《关于进一步把社会主义核心价值观融入法治建设的指导意见》指出，要“建设完备的法律服务体系。加强司法救助、法律援助，统筹城乡、区域法律服务资源，加快推动法律服务向欠发达地区、基层村（社区）延伸”[④]。

公共法律服务从服务性质和类别上来讲，可以划分为公共法律服务

---

① 中国法制出版社编：《中华人民共和国司法行政法律法规全书（含全部规章及法律解释2022年版）》，中国法制出版社2021年版，第603页

② 《中共中央关于全面推进依法治国若干重大问题的决定》，人民出版社2014年版，第29页。

③ 参见胡志平、余珊：《多维度补齐基层公共法律服务短板》，《学习时报》2020年5月13日。

④ 《中办国办印发〈关于进一步把社会主义核心价值观融入法治建设的指导意见〉》，《人民日报》2016年12月26日。

平台、公共法律服务机构和公共法律服务产品等三类。公共法律服务平台一般来说共有三种平台，即“实体平台、热线平台和网络平台”。司法部统计数据表明，“截至 2022 年底，全国共建成村级公共法律服务实体平台 54.9 万个，依托司法所建立乡镇公共法律服务工作站 3.8 万个，60 多万个村（社区）配备法律顾问，形成了较为完善的公共法律服务网络”①。公共法律服务机构主要包括律师事务所、公证处、法律援助机构、司法鉴定机构、仲裁机构、人民调解委员会、基层法律服务所等，这些机构在公共法律服务体系中扮演着重要角色。江苏宿迁市连续 5 年将公共法律服务广覆盖工程纳入市委、市政府为民办实事项目，聚焦人民群众法治新需求，持续推进“公共法律服务广覆盖行动”和“公共法律服务能力提升工程”，在全市建成覆盖城乡的“半小时公共法律服务圈”，创新法治宣传载体，打造“非遗＋法治”宣传品牌，开展“法治文化村村行”“村（居）法律顾问万场讲法”等活动，优化提升了公共法律服务的供给质量。公共法律服务产品主要分为有形产品和无形产品两类，各种法律文书范本、法律服务工具等属于有形产品，无形产品则是丰富的与法律相关的各种法律知识和法律信息。因此，健全基层公共法律服务体系，要促进公共法律服务多元化、专业化，创新公共法律服务管理体制和工作机制，建立统筹协调机制，推进公共法律服务平台建设，加强欠发达地区公共法律服务建设，保障特殊群体的基本公共法律服务权益。通过强化对基层公共法律服务的过程监管，实行规范化的法律服务考核机制，建立健全评价机制，进而进一步优化和提高基本公共法律服务的供给质量。

（三）均衡配置城乡基本公共法律服务资源

统筹做好城乡公共法律服务的资源配置，要把这一重要内容放到城乡一体化融合发展的整体战略中进行部署，进一步以法律形式明确将公共法律服务体系建设纳入地方政府整体规划。不可否认，当前我国城乡公共法律服务还面临着供给主体不足、供给内容单一、供给可持续性无保障、资源配置不均衡、技术和智能化应用不足等问题。推动城乡基本公共

---

① 张璁：《乡村公共法律服务网络实现全面覆盖》，《人民日报》2023 年 11 月 17 日。

法律服务的资源均衡配置，要“构建以政府财政投入为主，以社会各界公益性捐赠、资助为辅的多渠道经费筹措机制，提高单项法律服务人均补贴力度，保障公共法律服务的持续精准供给”[①]。《中共中央国务院关于加强基层治理体系和治理能力现代化建设的意见》指出“加大物力支持以进一步降低法律援助门槛，扩大法律援助范围，加强公共法律服务实体平台、热线平台、网络平台等基础设施建设。完善基层公共法律服务体系，加强和规范村（居）法律顾问工作。”[②]当前城乡公共法律服务的地域间差异、群体间差异依然存在，城乡公共法律服务建设不平衡问题已成为基层治理中必须要解决好的基础性问题。

2019年，中共中央办公厅、国务院办公厅印发《关于加快推进公共法律服务体系建设的意见》，明确“到2035年，基本形成与法治国家、法治政府、法治社会基本建成目标相适应的公共法律服务体系。公共法律服务网络全面覆盖、服务机制更加健全、服务供给优质高效、服务保障坚实有力，基本公共法律服务均衡发展基本实现，法律服务的群众满意度和社会公信力显著提升，人民群众共享公共法律服务成果基本实现”[③]。这些愿景目标的实现，需要我们扎实推进基层公共法律服务体系建设，建设覆盖市、镇、村三级的公共法律服务网，利用多种渠道提供法律咨询、法律案例宣传，建立网上法律公共服务指挥调度平台，为群众提供全方位、全天候、全流程“一站式”服务。

---

① 胡志平、余珊：《多维度补齐基层公共法律服务短板》，《学习时报》2020年5月13日。

② 参见《中共中央国务院关于加强基层治理体系和治理能力现代化建设的意见》，人民出版社2021年版，第10页。

③ 《关于加快推进公共法律服务体系建设的意见》，人民出版社2019年版，第3页。

第九章 领导贯彻机制:基层治理中社会主义核心价值观的权威性融入

通过贯彻基层党组织的领导权威、巩固基层群众的主体权威和尊重基层社会的法治权威,增强职能部门的贯彻效能,建立起基层党组织与基层群众的互动机制,从而发挥社会主义核心价值观的凝聚功能,突破和改善基层社会中结构要素的联结屏障,实现权威结构的整合。

一、完善党组织工作机制,加强党在核心价值观融入基层治理中的领导地位

不同于其他国家或地区社会治理的基本逻辑,党领导基层治理是党的社会革命历史使命决定的。中国共产党领导基层治理顺应了“健全党组织领导的自治、法治、德治相结合的城乡基层治理体系”必然要求,党领导基层社会治理也成为当代中国基层治理的显著特征。[①]

从本质上讲,基层党组织是社会主义核心价值观融入基层社会治理的领导机关与战斗堡垒,改善基层党组织领导体制和工作机制,就是要创新基层领导机制,通过贯彻基层党组织的领导权威、巩固基层群众的主体权威和尊重基层社会的法治权威,来增强职能部门的贯彻效能,建立起基层党组织与基层群众的互动机制,从而发挥社会主义核心价值观的凝聚

---

① 参见刘蕊、方雷:《社会主义核心价值观融入基层社会治理的机制创新》,《学习与探索》2021年第8期。

功能，突破和改善基层社会中结构要素的联结屏障，实现权威结构的整合。党领导基层社会治理就是把党的领导落实到基层治理中，使基层党组织建设与基层治理有机衔接，良性互动，以党的建设贯穿基层治理、保障基层治理、引领基层治理。《中共中央关于坚持和完善中国特色社会主义制度推进国家治理体系和治理能力现代化若干重大问题的决定》明确指出："构建基层社会治理新格局。完善群众参与基层社会治理的制度化渠道。健全党组织领导的自治、法治、德治相结合的城乡基层治理体系，健全社区管理和服务机制，推行网格化管理和服务，发挥群团组织、社会组织作用，发挥行业协会商会自律功能，实现政府治理和社会调节、居民自治良性互动，夯实基层社会治理基础。"①新修订的党章把党领导基层治理作为制度化的规定再次进行确认，成为党的章程的重要内容之一。《中国共产党章程》第 33 条规定："街道、乡、镇党的基层委员会和村、社区党组织，统一领导本地区基层各类组织和各项工作，加强基层社会治理，支持和保证行政组织、经济组织和群众性自治组织充分行使职权。"②

党的十八大以来，党中央从党和国家事业发展全局的高度多次强调，推进国家治理体系和治理能力现代化的基础性工作在基层，抓基层治理必须坚持党的全面领导，强调"要把加强基层党的建设、巩固党的执政基础作为贯穿社会治理和基层建设的一条红线"③。党中央先后印发《中国共产党工作支部条例（试行）》《中国共产党农村基层组织工作条例》《关于加强和改进城市基层党建工作的意见》《中国共产党农村工作条例》等文件，进一步完善党领导基层治理的顶层设计和实施路径，党建引领成为新时代基层治理的基本遵循。

"基层党组织是社会主义核心价值观融入基层治理的领导核心，本质上讲，改善基层党组织自身领导体制和工作机制其实就是创新党在社会

---

① 《中共中央关于坚持和完善中国特色社会主义制度　推进国家治理体系和治理能力现代化若干重大问题的决定（2019 年 10 月 31 日中国共产党第十九届中央委员会第四次全体会议通过）》，《人民日报》2019 年 11 月 6 日。

② 《中国共产党章程》，人民出版社 2022 年版，第 25 页。

③ 姜晓萍、衡霞、田昭：《中国城市社会治理》，中国人民大学出版社 2021 年版，第 96 页。

主义核心价值观融入基层治理中的领导方式。”[①]中共中央、国务院制定出台《关于深化党和国家机构改革的决定》，从顶层设计上着力优化上级机关对基层的领导方式，整合构建简约精干的基层组织架构，推动资源服务管理下沉，调整基层责、权、利关系，为基层赋权赋能。构建系统完备、科学规范、运行有效的制度体系，提高基层党组织的系统治理、依法治理、综合治理、源头治理能力，把各方面制度优势更好转化为国家治理效能，凸显了制度建设的重要性，也是应对个体化社会发展趋势及其挑战的必然选择。

加强党在核心价值观融入基层治理中的领导地位，具体应做好以下五个方面的工作。

第一，确立党委在多元协同治理主体中的领导核心地位。归根到底，党领导基层治理的主要机制是“党建引领”。中国特色社会主义制度的最大优势是中国共产党领导，中国特色社会主义最本质的特征也是中国共产党领导。作为马克思主义执政党，中国共产党坚持把立党为公、执政为民的执政理念贯彻于党领导基层治理的全过程。作为党的组织载体，“党委领导是城乡社会治理多元主体间实现有效协同运行的最根本的前提和保证，其执政宗旨、执政理念、执政方式和执政行为具有很强的公共性”[②]。各级党组织在城乡社会协同治理中有着其他社会治理主体无法比拟的政治统领优势、利益聚合优势、资源整合优势、社会动员优势和组织保障优势，在城乡治理中发挥着领导核心作用。进一步优化和完善党委领导下含括多元主体在内的基层社会治理体制，抓住新时代文明实践中心建设这一良好契机，统筹协调动员多方力量参与文明实践中心建设。比如德州齐河通过科普教育车、流动图书车、舞台车、直播车等载体，设计“新时代文明实践号”专车，打造开放式新时代文明实践会客厅，将文明实践延伸到群众家门口，实现群众在哪里，新时代文明实践活动就延伸到哪

① 刘蕊、方雷：《社会主义核心价值观融入基层社会治理的机制创新》，《学习与探索》2021年第8期。

② 刘卫平：《城乡社会治理主体协同机制：实现形态与优化策略》，《邵阳学院学报》（社会科学版）2016年第2期。

里，更好助力提升基层民众的道德水准、文明素养和生活品位。因此，“在多元主体参与的城乡社会协同治理主体运行机制中，确立党委在多元协同治理主体中的领导核心地位，是必须始终坚持的根本原则和政治方向”[①]。加强党在核心价值观融入基层治理中的领导地位，各级党组织要强化统筹城乡社会发展中的政策导向、政治引领和组织领导，加强部门协调和上下协同，发挥各级党委领导核心和方针政策供给作用。

第二，以提升基层党组织的组织力为重点，推进社会治理和服务重心下移。基层治理是一项系统性非常强的工作，不是依靠单个部门单向度的资源投入就可以实现的。只有充分发挥党的组织优势，勇于打破行政区划壁垒，敢于拆除相互封闭的藩篱，建立高效运转工作机制，构建高效完整的三级资源调度体系，使各方资源上下衔接、左右配合，最大限度凝聚合力，促进机关、部门、行业等治理资源下沉，紧贴群众需求，准确设置需求清单、资源清单、项目清单，合理安排服务“项目包”和服务岗位，瞄准下沉资源特点，有序推动供需精准对接，推进社会治理和服务重心下移，把更多治理力量和服务资源下沉基层，为基层治理奠定坚实基础。

第三，把基层党组织建设成为领导基层治理的坚强战斗堡垒，以系统化思维形成“大党建”助推“大治理”的新格局。基层党的组织力是指基层干部动员社会公众和整合优化治理资源的能力。组织力的强弱直接影响社会动员的效果。比如山东日照东港区统筹领导制定社会主义核心价值观“三个融入”实施方案，成立“三个融入”工作专班，在全省率先探索编制工作指导手册，汇编特色品牌活动、效果评价成果册，创新实行“两评一品一机制”效果评价模式，组织开展“七色光 · 润万家”东港区社会主义核心价值观“三个融入”集中活动月系列活动，开展“影前一刻”理论微宣讲、“海曲新声”理论宣讲基层行和百姓巡回宣讲，成立“囍事管家”“花岩里大嫂”等志愿服务队，打造“东港 · 七色光”工作品牌，推动社会主义核心价值观更好地融入法治建设、融入社会发展、融入日常生活，2024 年东港区入选山东省首批社会主义核心价值观“三个融入”工作试点区县。因此，

① 刘卫平：《城乡社会治理主体协同机制：实现形态与优化策略》，《邵阳学院学报》（社会科学版）2016 年第 2 期。

及时研究核心价值观融入基层社会治理遇到的相关问题，成立工作专班，是加强党在核心价值观融入基层治理中的领导作用的重要途径。提升组织力的关键在于做好骨干居民的政治动员与政治吸纳，动员广大社区居民参与其中，广泛发挥作用，通过社区基层党组织整合社区治理资源的模式，实现基层治理和服务的精细化、个性化。要健全在基层治理中坚持和加强党的领导的有关制度，基层治理重要事项、重大问题都要由党组织研究讨论后按程序决定。用党的资源带动社会资源，用体制内组织带动体制外组织，充分调动各类主体共同参与，以系统化思维形成“大党建”助推“大治理”的新格局，使党建引领基层治理的作用得到强化和巩固。

第四，健全党建引领基层社会治理的体制机制。以党建引领基层治理，要在厘清基层党组织的权力边界和“一把手”的职责权限的基础上，构建基层重大决策论证制度和定期报告制度相结合、信息通报制度和分管配合制度相配合、社情民意反映制度和专家咨询制度相复合的基层党组织领导基层治理的工作制度。在党建引领城乡社区治理上，“通过健全基层社会组织党建工作机制，明确各级党委组织部门和社会组织作为党建工作机构管理主体，负责统筹协调，定期召开有关部门参加的社会组织党建工作会议，及时研究有关重要问题”①。注重精准对接需求，及时与社会组织负责人沟通对接党建需求，选派业务素质优、组织能力强的党建指导员帮助社会组织指导开展党建工作。要不断强化农村基层党组织服务群众、凝聚人心、协调各方、组织保障的作用。在党的全面领导下，积极引导各类利益相关主体有效参与其中，最大限度地调动和整合社会资源。

第五，统筹各方力量、协调各方职能，合力营造社会主义核心价值观融入基层治理的良好外部环境。地方党委要在多元主体协同治理中发挥主导作用，统筹协调各类社会组织、市场主体等其他治理主体对基层治理进行有效参与。地方党委要加强对基层治理工作的指导，统筹各方力量、协调各方职能，形成齐抓共管的工作合力，为社会主义核心价值观融入基层治理创造良好外部环境。政府在基层治理中的主要职责是“在党委领

---

① 裴泽庆等:《党的领导体制和工作机制创新研究》,《中国领导科学》2019 年第 1 期。

导和人大授权并监督下，拥有企业、社会组织等其他治理主体所无法拥有的行使国家公共权力、分配社会资源的能力，理应对组织安排多元主体的协同合作负主要责任”[①]。进一步明确地方党委对群团工作的领导责任，健全组织制度和完善工作机制，从上到下形成强有力的组织领导体系。群团组织中的党组应充分发挥领导核心作用，明确群团组织“实行分级管理、以同级党委领导为主的体制，工会、共青团、妇联受同级党委和各自的上级组织双重领导”[②]。地方党委有关工作会议在涉及相关工作时应邀请工会、共青团、妇联等群团组织主要负责人参加或列席，并把群团建设纳入地方党建工作总体部署。

二、强化社区自治机制，提升民众在核心价值观融入基层治理中的参与能力

社会主义核心价值观融入基层治理的关键在于让群众自主参与，进一步巩固基层群众在核心价值观融入基层治理中的主体权威。为此，需要采取有效措施保障和强化城乡社区的自治体制与运作机制，“不断完善社区直接民主选举制度，进一步规范完善基层民主选举程序，确保选举的合法性、民主性和有效性，着力健全基层民主科学决策制度，拓宽群众在核心价值观融入基层治理中的参与渠道，规范基层民众在核心价值观融入基层治理中的民主议事决策的范围、程序和方法，推进基层协商制度化，加强民主监督，全面推行党务公开、政务公开、事务公开”[③]。

（一）建构多元主体参与的基层治理体系

在基层治理中，居委会、村委会起着极其重要的作用。但是，“有一些地方居委会、村委会承载着地方政府的大量行政管理职能，地方居委会、村委会被严重‘行政化’，进而导致了一些居委会、村委会丧失了自身的自

① 刘卫平：《城乡社会治理主体协同机制：实现形态与优化策略》，《邵阳学院学报》（社会科学版）2016 年第 2 期。

② 裴泽庆等：《党的领导体制和工作机制创新研究》，《中国领导科学》2019 年第 1 期。

③ 刘蕊、方雷：《社会主义核心价值观融入基层社会治理的机制创新》，《学习与探索》2021 年第 8 期。

治功能，这在一定程度上也扭曲了政府与社区(村)的关系”①。实际上，在当前的实践中乡镇政府与村民委员会之间的关系经常被倒置，村委会应有的自治色彩被淡化，村委会不但难以充分体现农民意愿，反而更多地作为乡镇政府一些行政职能的延伸，在更大程度上成为乡镇政府意志的执行者。这样一来村民自治制度在保障村民自主管理、自主决策方面的效力大打折扣。另外，基层人口在全国范围内的大规模流动，不仅会造成村庄中的精英外流导致村干部素质的低下，无能办好村庄事务，而且使得人口的流动降低了人们的文化关联，从而使村庄的内聚力下降，农民日益原子化，难以共同做事。当前城乡社区不同程度上存在社区空壳化现象，边缘人口居留在社区内，核心人群长期游离在外，使得通过城乡社区选举建立起的自治权威既缺乏威权，又缺乏效力。② 为此，坚持党对基层治理工作的全面领导，在贯彻落实中央精神的同时注重把握各地区优势资源，推动做好基层治理的系统设计、顶层设计和制度设计，构建权力机制、市场机制、社会自我调节机制与居民自治机制交叉组合形成的治理机制，形成多元治理主体良性互动、城乡协调发展的新格局。青岛莱西市通过积分制推动社会主义核心价值观融入基层治理，构建起“德益联盟”和“德助联盟”，探索建立居民道德积分评价体系，将居民的道德行为进行积分化，形成“行为表现—道德评议—采集赋分—排行公示—兑现奖励—行为调整”的闭环机制，通过物质奖励和志愿服务激励机制，完善道德评价、激励、教育等德治体系，创建社会主义核心价值观示范点，推广“道德银行”等有益探索，进一步深化拓展了新时代莱西经验。目前，莱西已有657个自然村利用积分管理制模式推动促进乡村人居环境改善和乡村全面振兴，扭转了过去那种“干部干、群众看、还捣乱”的局面，有力推动了莱西走向基层善治。

因此，建构多元主体参与的基层治理体系，政府要调整权威角色、性

---

① 刘卫平：《城乡社会治理主体协同机制：实现形态与优化策略》，《邵阳学院学报》(社会科学版)2016年第2期。

② 参见戴长征：《当代中国基层政治治理的新变化和新挑战：基于城乡自治体制的思考》，《江苏行政学院学报》2012年第1期。

质及其与被治理者的关系。基层治理需要来自其他系统如社会、经济和文化等层面的支持，在这里，社会自治是基层公共治理结构的基础部分。要明确和限定政府的职能，以此来不断调整政府与社会组织和团体的关系。同时，社会自治组织和团体要受法律、法规以及社会规范体系的限制和约束，自己要管理好自己。基层社会自治是社会成员通过社群的集合体共同行使自治权利即“自己统治自己”的社会治理形式。社会自治体现了公共领域的重要意义。[①]

（二）拓宽群众在核心价值观融入基层治理中的参与渠道

进一步引导和促进居民参与，获得居民对社区的认同，努力提高居民参与社区事务的积极性，扩大居民参与范围，提升居民参与效能。具体来讲，就是通过在社区与居民之间建立利益联结点，强化居民对社区公共事务关注的动力，加强社区与居民之间的利益关联，形成社区利益共同体。在涉及社区规划、社区公共服务项目等重大问题上，进一步强化还权、赋能、参与的理念，推进实施居民全程参与式的社区服务项目化管理，推动居民参与体系的健全和完善，让民主、自由、平等、公正、法治的理念在日常生活和工作中得以充分的贯彻和体现。要结合城乡社区不同群体、不同年龄阶段居民的关注点，积极开展形式多样的文艺、健身、养老、培训活动以及其他各类志愿服务、公益服务活动等，引导居民更多更广泛地关注并参与社区事务。对于在长期的基层社会治理实践中形成的“居民议事园”“院落民情议事会”等基层治理单位，推进居民广泛参与的经验，要深入总结并进行推广，提升居民参与的广度和深度。

（三）规范群众参与民主议事的程序方法

推进新时代基层治理要按地域相近、规模适度、有利于整合公共资源的原则，积极推进镇、村体制向街道、社区体制转变，建立健全以城乡社区为主要载体的新型社区管理体制，建立和完善村民自治机制以及城乡联动、结对挂钩、共驻共享和社会化运作等机制，促进城乡社区一体化建设，

① 参见周庆智：《政社互嵌结构与基层社会治理变革》，《南京大学学报》（哲学·人文科学·社会科学）2018年第3期。

为推进城乡社会协同治理服务。[①] 要推动党组织领导与居民自治的良性互动，构建政府治理、市场运行、社会调节、居民自治良性互动的协调发展新格局。比如济南乐山小区社区从大处着眼，从小处着手，利用新时代文明实践广场，开展图书漂流、阅读分享会等活动，把美德健康新生活的种子播种到居民心里，建立"吐槽大会""乐山说事"等多项议事机制，搭建"商量"工作室平台，汇聚人大、政协、企业、教育机构等多方力量，用心编织多元共治"新图景"，推动了党组织领导与居民自治的良性互动。健全"恳谈会""听证会""议事厅"等协商制度，进一步健全基层群众的利益表达机制，搭建基层群众诉求反映载体，不断改进政府包揽式管理模式，积极吸纳社会组织和人民群众参与社会治理，通过基层社会组织等平台吸纳社情民意、进行利益综合。要发掘培育自组织的领头人，带动激发社区居民建立不同类型、不同功能的自组织，形成互助习惯，引导自组织转化为提供社区公共产品的公益组织，提升组织能力、协商能力和行动能力。湖北省恩施州利川市曾经是国家扶贫开发重点县(市)，在激发村民内生动力和提升乡村治理能力方面，利川市积极探索发挥基层党组织的组织动员和引领作用，通过"小院说事"听民声、问民需、议民题、办民事、问民效，引导群众从观众变为主角。真正发挥农民群众在社会治理中的主体作用，激发了农民群众参与乡村治理的积极性，充分彰显出农民群众在乡村治理中的主体地位，既为各地党建引领乡村治理指明了创新方向，也为乡村治理走向规范、迈向现代化提供了新探索新经验。

(四)发扬协商民主的独特优势进行理性科学决策

在基层决策方面，要发扬协商民主的独特优势，遵循有事好商量、众人的事情由众人商量的基本原则，寻求全社会意愿和要求的最大公约数，把人民群众的利益诉求转化为具体措施，维护好不同阶层、不同群体各方面、各层次的合法权益。广泛有效搜集民意，问计于民、问需于民，在充分调查研究基础上进行理性科学决策，"社会主义核心价值观主题公园、主题广场设在哪里宣传效果最好，植入哪些元素可以让文艺演出、文学作品

---

① 参见刘卫平：《论统筹城乡发展中社会管理的协同治理》，《江西社会科学》2013 年第 7 期。

更易于被百姓接受”[①]，农家书屋里什么样的书最受欢迎等，这些问题的解决和决策都需要在进行广泛调研的基础上进行充分的信息搜集，然后借助大数据技术作全面分析，在广泛有效搜集基层民意基础上进行理性科学决策，以最大限度实现资源配置效益最大化。

三、建立资源整合机制，增强职能部门在核心价值观融入基层治理中的贯彻效能

基层职能部门是贯彻社会主义核心价值观、推进基层治理的建制力量，掌握着基层社会的众多资源，应当实现职能部门的服务型转化，将职能部门支配的资源整合起来，使职能部门成为为基层党的领导和群众自治提供社会管理与公共服务的组织。

（一）理顺职能部门内在关系，优化以资源整合为重要内核的协同治理机制

在加快城乡统筹发展的时代背景下，应进一步理顺各职能部门之间的内在关系，“借鉴扁平化理念和深化改革策略，改良和优化基层职能部门层次结构，使分割在城乡间、地域间、群体间的碎片化宣传贯彻制度整合在一起，实现城乡核心价值观融入基层治理高效化、制度化”[②]。基层党组织要承担起“宣传党的主张、贯彻党的决定、领导基层治理、团结动员群众、推动改革发展”[③]的重要职能。通过统筹党工委、党建联席会、党建互动共治平台多层面进行资源整合，建立资源共用、党建共抓、工作共推的一体化整合体系，完善以资源整合为重要内核的协同治理机制，实现核心价值观融入基层治理的高效化。

青岛莱西市通过建立“首接负责联动赋能”制度，创新优化“12345”政务服务便民热线、网格化服务管理系统等七大平台，搭建诉求解决一体化

① 刘立新：《运用大数据优化社会主义核心价值观大众化宣传教育》，《思想理论教育导刊》2017 年第 12 期。

② 刘卫平：《论统筹城乡发展中社会管理的协同治理》，《江西社会科学》2013 年第 7 期。

③ 中共中央党史和文献研究院编：《习近平关于依规治党论述摘编》，中央文献出版社 2022 年版，第 104 页。

平台，运用技术手段把群众诉求进行集中汇总、精准分类，在全市广泛开展“下沉一线办实事”“星期一找书记”等活动，各级干部常态化下沉基层一线听民意、解民忧，确保群众的事有人管、有人办、能办好。通过改良和优化基层职能部门的层次结构，使分割在城乡间、地域间、群体间的碎片化宣传贯彻制度实现一体化整合，进而推动城乡核心价值观融入基层治理高效化、制度化，才能确保社会主义核心价值观的价值指引功能在实践中真正得以落地。

一方面，要加强政府及相关职能部门资源的统筹协同，具体到基层社会治理层面，就是要统筹政府及相关职能部门的资源进入基层社区的入口，避免基层出现大量重复工作和资源浪费。另一方面，要建立健全资源较为丰富的企事业单位、社会机构服务基层社区的激励机制，通过征信积分、财税优惠等举措，激励基层企事业单位、社会机构面向基层社区提供开放性共享资源，促进基层社会的共建共享发展。

浙江省舟山市普陀区通过转变政府职能，延伸拓展“最多跑一次”改革，构建“党委领导、多方参与、调解优先、司法终局”的新时代矛盾多元化解模式，实现基层矛盾纠纷化解“最多跑一地”，具体来讲，舟山市普陀区在职能部门结构调整上，打造“区—乡镇(街道)—社区(村)”三级善治指挥链，“依托社区社会治理综合服务中心，成建制入驻诉讼服务中心、公共法律服务中心、劳动仲裁院等矛盾纠纷化解最多的 15 个部门力量，成立调解专家库和律师调解工作室，由社区社会治理综合服务中心进行日常考核、工作督察和评先评优，把中心打造成‘诊治社会疑难杂症的综合性医院’”①。

(二)增强职能部门在核心价值观融入基层治理中的贯彻效能

加强基层党组织自身建设，提升基层党组织的政治功能和组织功能，确保党组织在基层治理中发挥领导核心作用，通过党组织的领导和监督，确保培育和践行社会主义核心价值观在基层治理中得到贯彻和实施。党委宣传部门、精神文明建设办公室以及教育、文化、民政、司法等政府部

① 张立军:《以制度创新激发基层社会治理》,《红旗文稿》2019 年第 22 期。

门，要在党委统一领导下，加强跨部门的密切沟通、紧密配合，形成共同推进社会主义核心价值观培育和践行的良好局面。要注重利用现代信息技术丰富社会主义核心价值观教育的文化载体，充分利用各种文化产品和文化活动，将社会主义核心价值观内容寓于各种基层文化事业发展之中，以促进人们对社会主义核心价值观的认同和内化。基层宣传战线的党员干部，要充分利用新闻媒体、公益广告等多种途径进行宣传引导，使社会主义核心价值观深入人心，将社会主义核心价值观融入企业文化、机关文化、校园文化、社区文化等领域中，充分利用好各领域中的物质文化和精神文化，使社会主义核心价值观潜移默化地对人们产生积极的影响。各级党委要多方面支持工青妇组织开展形式多样的专题讲座、辅导报告和培训研讨，把服务群众同教育引导群众结合起来，要进一步围绕富强、民主、文明、和谐的价值目标进行宣传教育，以增强职工、青年和妇女的文明意识和道德素养。

（三）探索以技术创新为重要助力的“互联网＋”治理机制

当前，互联网已成为助力基层协同治理的重要载体。在国内一线城市的基层社会治理中，互联网的发展和应用优势更加突显，是未来基层社会治理创新的重要方向。在推进基层民主自治和资源协同整合的进程中，必须重视和推进“互联网＋”的应用。加快和推进智慧社区建设，通过搭建完善网络平台、整合网络数据信息资源、拓展网络参与渠道等多种方式，全面建构上下联动、整体配合、高效服务的“互联网＋社会治理”的大治理平台，进一步推进基层网络办公、畅通网络问政，依托互联网推进基层民主参与、民主监督和协同治理，逐步实现大数据在基层社区治理中的普及性应用。上海黄浦区在党建引领下不断推动社区治理创新，大力推进社区治理数据库开发应用，以黄浦区人口信息库、网格管理平台、“12345”市民服务热线等业务平台提供的数据为依托，以手机应用、小区视频监控、动态地图等采集的动态数据为补充，推动信息技术和城区发展全面深入融合，实现了对作为社区治理先锋力量的各类党组织、党员数据的有效掌握，也使社区治理服务举措更加精准、管理手段更加智能，切实提升了社区治理的效能。[①] 抓住国家信息化战略发展机遇，加快推动建立覆盖城乡、动态监控、信息共享、快速高效的城乡信息管理系统，加快建设联结城乡的社会信息联动平台和综合治理服务平台，推动实现城乡践行社会主义核心价值观的一体化信息共享平台有效运行。譬如，青岛胶州市把基层党建、政法、信访、应急等纳入社会综合治理"一张网"，推进市、镇两级综治中心实行部门入驻、集中办公、集成服务，构建起多网合一、共建共享的"全要素网格"治理和服务体系，增进了社会管理协同主体之间的信息共享与工作协同，让公平正义理念真正在基层深入人心。聊城东阿姜楼镇依托数字技术打造智慧村务，通过"云章管理平台 App＋云服务体系＋村级公章"的管理模式构建"云公章"系统，方便 3 万老百姓用章申请不出村，办理业务不排队。打造智慧安防，整合"雪亮工程""高空瞭望"系统以及镇村视频交互系统等，搭建起姜楼镇全域可视化数字管理平台，形成乡村治安防控预警机制，提高了乡村应对突发事件的技术支撑。绘制"数字乡村一张图"，对重点关注人群、事件以颜色等级进行划分，分类管理，责任到人，建立网格服务档案，473 户网格员通过手机即可实现工作远程处理，信息有效传达。

（四）推动城乡公共资源配置的均等化

加快推动城乡公共资源配置的均等化使社会主义核心价值观的价值指引功能在实践中真正得以落地、真正得以精确体现。"在逐步完善农村社会保障制度的基础上，建立城乡社会保障互相衔接和转移机制，最终实现不同区域、不同职业的人群在城乡之间、地区之间社会保障制度的统一。"[②]要尽快"把法治教育与道德教育结合起来，深化社会主义核心价值观学习教育实践，深入开展社会公德、职业道德、家庭美德、个人品德教育，大力弘扬爱国主义、集体主义、社会主义思想，以道德滋养法治精神。强化规则意识，倡导契约精神，弘扬公序良俗，引导人们自觉履行法定义

---

① 《上海黄浦区：树立"大数据"理念实现党建引领下的社区治理创新》，2017 年 8 月 19 日，http://dangjian.people.com.cn/n1/2017/0809/c412043－29460620.html。

② 刘卫平：《城乡社会治理主体协同机制：实现形态与优化策略》，《邵阳学院学报》（社会科学版）2016 年第 2 期。

务、社会责任、家庭责任，努力形成中华儿女互有责任的良好风尚”[①]。“通过建设城乡社会管理信息联动平台、综合信息服务平台、公共危机应急联动信息管理平台和社会公众诉求信息管理平台，建立覆盖城乡、动态监控、信息共享、快速高效的城乡社会管理综合信息系统”[②]，打破城乡之间、各类协同治理主体之间的信息屏障和沟通障碍，促进城乡之间社会管理信息的资源整合与信息共享，让公正理念真正深入人心，让平等精神贯彻落实在基层治理的方方面面。

总之，党领导基层治理是推进实现基层治理现代化的重要保障和制度基石，推进基层治理中社会主义核心价值观的权威性融入，要进一步加强党对基层治理的全面领导，提高基层党组织领导基层治理能力，将基层各职能部门支配的资源整合起来，增强职能部门在核心价值观融入基层治理中的贯彻效能，不断巩固基层群众的主体权威，把加强基层党的建设、巩固党的执政基础作为核心价值观融入基层治理的目标导向，使职能部门成为为基层党的领导和群众自治提供社会管理与公共服务的组织。

---

① 《中办国办印发〈关于进一步把社会主义核心价值观融入法治建设的指导意见〉》，《人民日报》2016年12月26日。

② 刘卫平：《城乡社会治理主体协同机制：实现形态与优化策略》，《邵阳学院学报》（社会科学版）2016年第2期。

第十章　多重共治机制:基层治理中社会主义核心价值观的协同性融入

社会主义核心价值观融入基层治理的重要前提在于主体间的协同性。只有坚持实施“主体协同”策略,解决社会治理主体之间的合作问题,促进不同治理主体彼此协作、同向同行,才能有效发挥社会主义核心价值观引领基层治理功能。只有通过促进社会组织的组织协同、城乡之间的空间协同和多种治理方式手段的运用协同,构建起不同层次的多重共治机制,进而才能贯通社会主义核心价值观融入基层治理的全过程。通过平等协商机制对核心价值观融入基层治理进行社会协同、城乡协同和手段协同,综合运用法律、经济、行政等手段引导和支持人们合理合法表达利益诉求,妥善化解各类社会矛盾,并对协同治理的效果进行及时反馈,才能促进社会主义核心价值观更好融入基层治理,提升社会协同治理绩效。

一、促进社会协同,激发核心价值观融入基层治理新活力

基层治理是一个涉及领域广泛和涵盖部门众多的系统治理工程,基层治理政策同样是一个宏大而复杂的政策体系,涉及的领域也相对广泛,这就需要进一步明晰其涵盖的核心内容,加强不同行为体的组织协同,使基层治理政策体系更为具象化。协同的实质是激发活力,激活基层社会组织的组织力、创新力和协同力。

2019年，党的十九届四中全会通过的《中共中央关于坚持和完善中国特色社会主义制度　推进国家治理体系和治理能力现代化若干重大问题的决定》明确："社会治理是国家治理的重要方面。必须加强和创新社会治理，完善党委领导、政府负责、民主协商、社会协同、公众参与、法治保障、科技支撑的社会治理体系，建设人人有责、人人尽责、人人享有的社会治理共同体，确保人民安居乐业、社会安定有序，建设更高水平的平安中国。"[①]社会协同的实质是激活基层社会组织，坚持培育与监管并重，"要培育发展农民合作社、互助组、行业协会等经济合作组织和社区服务类、公益慈善类社会组织，提高群众的组织化程度"[②]，又要完善社会组织登记审查制度、等级评估制度、管理约束制度和公共参与制度。因此，基层社会协同治理的理想化模式是"政府以追求社会稳定为直接目标，运用其他主体所不具备的资源，在社区层面实施基本行政管理和提供基本公共服务，行政管理事务由相应行政管理机构承担，并通过职能整合的综合性行政机构在提供服务中实施管理"[③]。不同治理主体的协作共治机制就在不同治理主体寻求角色和功能实现的过程中，通过权力互动和资源交换的方式动态形成，切实激发社会主义核心价值观融入基层治理的生机与活力。

只有深入实施"主体协同"策略，解决社会治理主体之间的合作问题，促进不同治理主体彼此协作、同向同行，才能有效发挥社会主义核心价值观社会治理功能，推进社会治理创新。[④] 这里所说的"主体协同"是指在社会治理过程中，各种治理主体在推进社会主义核心价值观践行落实这一共同目标指引下，相互合作、相互补充、相互支撑，有效聚合各种要素和资源，共同承担社会治理责任、共同解决社会问题的一套模式。"它是推

---

① 《中共中央关于坚持和完善中国特色社会主义制度　推进国家治理体系和治理能力现代化若干重大问题的决定》，人民出版社2019年版，第28页。

② 李占宾：《基层治理的现实困境及法治化路径》，《河南师范大学学报》（哲学社会科学版）2016年第1期。

③ 江治强：《基层社会治理机制的构建设想和路径》，《中国民政》2013年第9期。

④ 参见王永友、宁友金：《社会主义核心价值观融入社会治理的策略选择》，《思想政治教育研究》2020年第2期。

动社会主义核心价值观融入基层治理，发挥社会主义核心价值观社会治理功能的重要保障措施。”[①]社会治理主体的社会组织、行业协会、商会组织、基金会组织等，因面临的社会问题具有多样性，利益诉求不一样，就需要一种共同的价值观来凝聚共识，需要一种共同的、普遍的治理理念来指导社会治理主体行为，从而实现治理效能的最大化。社会主义核心价值观中的法治意识、公平意识、民主意识、平等意识、和谐意识等为社会治理提供了先进的治理理念，通过各种渠道和方式进行宣传教育，将这些治理理念系统化、具体化、精细化以可理解的方式使其入脑，从而从根本上保障社会治理的科学、规范运行。[②]“党委领导、政府负责”不是指党委和政府的主体性独立或凌驾于社会、公众之上，而是指党委和政府其实来自人民，他们本来就是人民中的一员，其性质和职能都具有人民性。“社会协同、公众参与”也不是被动式的协同与参与，而是一种积极主动的自觉行为。同时，各主体均要在“法治”的框架内分工合作、协同运行。

因此，主体协同治理机制应以党委领导、政府负责、民主协商、社会协同、公众参与、法治保障、科技支撑为基本形态，以一主多元机制、权责对等机制、利益协调机制、平等合作机制、有序竞争机制为主要维度，从协同治权结构、协同行为规范、协同资源整合、协同环境优化等方面进行构建，以发挥多元主体在城乡社会治理中的协同优势，提升多元主体协同共治的整体效能。

（一）激发核心价值观融入基层治理新活力，要推进多重协同机制的建构

要注重搭建多元主体协商互动机制。社会治理多元主体之间要实现有效的协同治理，首先要在党组织领导下确立多元治理主体的协同关系，在党的领导下，通过加强政府、社会、市场等各方的合作和协调，促进各方减少冲突和摩擦，增强社会的包容性和民主性，确保各方的利益得到平衡和保护，以实现基层治理问题的有效解决和社会资源的高效利用。不同

---

① 王永友、宁友金：《社会主义核心价值观融入社会治理的策略选择》，《思想政治教育研究》2020 年第 2 期。

② 参见常静：《社会主义核心价值观融入社会治理机制探析》，《理论观察》2018 年第 12 期。

社会治理主体，要注重通过平等协商机制进行协同协调，关注多元主体在公共政策的设计与制定环节中的合作，注意增进潜在利益相关者的互惠合作，对协同治理的效果进行及时反馈，提升社会协同治理绩效。

基层社区服务体系建设要注重发挥社会协同作用，城镇居民与乡村在服务需求方面，因生活习惯和地域区别而不尽相同，“城镇居民的服务需求依次是家政、就业、养老、青少年教育、低收入家庭服务，而农村依次是养老、文体生活、青少年教育、低收入家庭和残疾人服务。为此，基层政府需要根据各地实际，具体制定符合本地实际的政策”①。积极培育和支持本土社会组织，并引入外来专业社会组织，使其成为社区建设的重要力量，成为政府职能转移以及服务型政府建设的重要抓手。例如，有的街道推动成立了楼栋长联谊会、社会组织联合会，在社区层面鼓励各类社区社会组织的发展，并通过申请承担民生微实事项目，成为动员更多社区居民参与社区建设的重要组织化载体。②

（二）激发核心价值观融入基层治理新活力，要注重搭建多元主体有序竞争机制

所谓有序竞争机制，主要指基层治理中不同治理主体之间参与治理活动的制度规范要以保持协同治理主体的活力，激发治理主体积极性为目标，而不能出现诸多治理主体各自为政、相互掣肘的现象。在这一机制中，需要维持两类竞争关系，“一类是以合作为前提，各类主体之间在协同治理过程中围绕方案的选择、职权与资源的分配、各自利益等展开的有序竞争；另一类是以合作为目的，各协同治理主体内部系统成员之间为争取协同参与而展开的有序竞争”③。这两类竞争最终都有利于各主体更好发挥各自优势，提高协同治理的绩效。

在某些公共服务和社会事务管理领域中，并不是所有参与主体都能

---

① 丁元竹：《让居民拥有获得感必须打通最后一公里——新时期社区治理创新的实践路径》，《国家治理》2016年第2期。

② 参见徐选国、徐永祥：《基层社会治理中的“三社联动”：内涵、机制及其实践逻辑——基于深圳市H社区的探索》，《社会科学》2016年第7期。

③ 刘卫平：《城乡社会治理主体协同机制：实现形态与优化策略》，《邵阳学院学报》（社会科学版）2016年第2期。

得到相关资源的支持，不同主体之间自然会形成有序竞争与合作的关系，从而能为城乡社会提供更高质量的公共服务和社会服务。“政府应通过各种形式把竞争机制引入公共服务和社会管理之中，在内部形成有序竞争，并通过市场机制激发社会活力，实现政府职能向社会转移转接，在转变政府职能中改善公共服务质量和社会服务水平。”[①]

（三）激发核心价值观融入基层治理新活力，要注意建立多元主体利益协调机制

从长期目标看，社会治理所要达至的目标和社会主义核心价值观倡导的目标是一致的。社会治理的目标是建立并维持一个良好的社会秩序，社会主义核心价值观反映着人们对良好社会秩序的价值追求。从这个层面讲，社会主义核心价值观也可以作为社会治理的衡量标准。社会主义核心价值观的培育、践行，将有力保障和促进社会治理目标的实现。[②]

政府应通过各种形式把竞争机制引入公共服务和社会管理之中，建立多元主体利益协调机制，加大培育和践行社会主义核心价值观的力度，引导公众依法、理性、有序地参与社会管理，依托各类社会组织增强基层群众的组织化程度，不断规范公众在城乡社会协同治理中与其他治理主体之间的协同行为，培塑推动社会主义核心价值观融入基层的合力。譬如，潍坊市创建了社会组织“四级联动”培育发展模式，聚焦社会组织在培育孵化、引领示范、资源链接和融合发展方面的四大功能，打造以“一面旗帜、两支主力、三个服务领域”为主要内容的“党辉益路123”社会组织党建品牌，构建市、县（市、区）、街道（镇）、社区“四级联动”培育体系，提升社会组织发展水平，成立团委、工会和妇女联合会，率先在市培育中心形成完整的党群共建机制，使社会组织群团工作与党的中心工作同频共振、同向发力，潍坊市各级社会组织服务平台达137处，实现县级和街道服务平

① 刘卫平：《城乡社会治理主体协同机制：实现形态与优化策略》，《邵阳学院学报》（社会科学版）2016年第2期。

② 参见骆郁廷、唐丽敏：《核心价值观的社会治理作用及其实现机制》，《思想政治教育研究》2017年第2期。

台全覆盖。在推进基层社会治理现代化过程中，不可避免将会遇到多元治理主体利益诉求的差异性和冲突性，这就需要借助党组织发挥利益协调功能，整合不同利益诉求，通过广泛听取意见和建议，接受批评和监督，形成发现和改正失误和错误的机制，避免出现对立情绪，健全激励更多人民群众参与各层次管理和治理的机制，保证各类主体的利益均衡和公平正义。

二、加强城乡协同，共享核心价值观融入基层治理新成果

城乡协同的关键是构建和提升基层治理体系和治理能力现代化水平，促进社会主义核心价值观向城乡基层的同步融入。基层治理是推进国家治理体系和治理能力现代化的重要内容。衣食住行、医疗养老、教育就业等方面与百姓生活息息相关，体现了落到实处的治理水平和服务质量。为此，加强城乡协同要做好以下重点工作：

（一）要形成城乡经济社会发展互助机制，促进城乡经济社会发展相互支持

长期以来，我国经济社会发展都受制于城乡二元结构的结构性压力，这可谓中国最大的结构性问题。为加快形成城乡一体化新格局，必须拓展城乡发展一体化的视角，从释放国民经济增长潜力的视角来推动城乡发展一体化。“城乡应树立协同理念，采取经济社会协同发展措施，促进城乡共同发展。”[①]在城乡一体化推进过程中，各地党政领导应树立城乡协同发展理念，城市在实现自身发展的同时要发挥辐射带动作用，以城市自身资源优势反哺农村经济社会的发展。农村在实现基层治理现代化过程中，同样可以发挥自身资源优势，为城乡共同发展提供资源支持。基层各级政府应积极推进乡村振兴，大力培育适合当地条件和发展水平的产业形态，形成一定的规模效应，充分发挥县域经济作为城乡要素资源对流和对接平台的作用。总之，实现城乡协同发展，既要充分抓住历史机遇加以扎实推进，又要正视其中的难点和梗阻点，通过强有力的宏观调控来逐

① 刘文浩、张毅：《基于城乡协同的乡村治理路径》，《山西财经大学学报》2017 第 S2 期。

步健全城乡公共服务体制，不断缩小城乡公共服务的差距，不能急于求成，更不能一刀切，而要以发展的眼光，在发展中解决问题，靠市场手段和时间的力量，以人为中心，围绕产业和就业做好统筹安排。

（二）要形成城乡基层组织整合机制，促进城乡基层组织之间的相互合作

基层组织共建是实现资源共享和发展成果共享的有效前提。城乡一体化协同发展的实现建立在组织间的整合与协同上，“建立一种能够容纳更多组织参与的基层治理体制，为城乡基层组织的资源整合提供制度保证”①。可以考虑按照大部门体制的思想，通过构建城乡公共服务与管理一体化的组织平台或综合协调机构，进一步优化政府组织结构，打破部门碎片化倾向，建立部门间的协调通道，推动城市与乡村公共服务对接。要加强和健全党建引领基层治理，完善基层议事协调机制，推进上级领导部门定期研究基层治理工作制度化，以便整体上统筹谋划城乡社区治理，让城乡社区共同分享社会主义核心价值观融入基层治理的发展成果。加快推进城乡公共服务平台建设，公共服务平台可以为公共服务的建设与有序供给提供优质的基础设施，为基层提供更加透明和公开的公共服务。

（三）要形成城乡制度互融机制，促进城乡制度相互融合

新时代推进基层治理现代化，要逐步消除城乡分离的状态，让人口、资源、资金、信息等要素在城乡之间交流互动，促进城乡在实现基层治理现代化过程中成为不可分割的有机整体。扎实推进户籍制度改革，为那些有能力在城镇稳定就业和生活的农业转移人口，制定更加人性化的措施，简化落户流程，提高农业转移人口市民化质量，促进城乡养老制度逐步实现一体化，推进养老保险全国统筹信息系统建设，保障农民工子女接受义务教育的基本权利。统筹规划市政公用设施向城郊乡村和中心镇延伸。支持城郊承接城市专业市场和物流基地疏解，在县、乡、村合理布局冷链物流设施、配送投递设施和农贸市场网络，畅通农产品进城和工业品入乡通道。以城乡统一规划为抓手，将城市群地区作为城乡融合发展的

① 刘文浩、张毅：《基于城乡协同的乡村治理路径》，《山西财经大学学报》2017 第 S2 期。

主战场。

（四）要形成城乡文化“互哺”机制，实现城乡文化相互促进

城乡文化融合发展是基层治理的重要精神基础。强化城市与乡村之间的文化优势互补，避免出现城市文化或乡村文化决定论问题，城市文化应利用自身的积极成分影响和抑制乡村文化中的负面成分，破除乡村中封闭落后的文化观念，而乡村文化也要增强自信，在与城市文化交融的过程中保持乡土气息、乡村韵味，突出乡村文化个性，在继承中发展壮大。要统筹安排城乡公共文化的设施布局、服务提供、队伍建设，推动文化资源重点向农村倾斜，扩大和提高服务的覆盖面和适用性。“健全乡村便民服务体系，提升乡村公共服务数字化、智能化水平，支持完善村级综合服务设施和综合信息平台，培育服务机构和服务类社会组织，完善服务运行机制，促进公共服务与自我服务有效衔接，增强生产生活服务功能”①。

信息技术时代构建城乡文化的“互哺”机制，“要把社会主义核心价值观的宣传重点聚焦在大众的实际需求上。通过大数据挖掘呈现出大众不同生活需求，不同利益攸关和关注焦点”②，进而针对性选取适合城乡特点的宣传教育载体。比如，农村居民对于致富信息、农业科技、留守儿童、政策咨询的关注度较高，这些可以成为社会主义核心价值观的重点宣传领域；而城镇居民则更多关注健康知识、医疗信息以及空巢老人、退休人员的情感慰藉和文化生活，这些方面应该成为城镇核心价值观培育践行和宣传教育的重点领域。通过大数据信息采集和反馈系统，能够让基层服务人员学会换位思考，针对差异性需求选择不同宣传策略来满足受众需求，就可以增强核心价值观宣传教育的吸引力和认可度。

三、增强手段协同，创新核心价值观融入基层治理新形态

增强社会主义核心价值观融入基层治理的手段协同，指的是在基层

① 孙若风、宋晓龙、王冰主编：《中国乡村振兴发展报告（2021）》，社会科学文献出版社 2022 年版，第 234 页。

② 刘立新：《运用大数据优化社会主义核心价值观大众化宣传教育》，《思想理论教育导刊》2017 年第 12 期。

治理中要综合运用法律、经济、行政、技术等手段引导和支持人们合理合法表达利益诉求，妥善化解各类社会矛盾，以促进社会主义核心价值观更好地融入基层治理。

(一)积极利用社会主义核心价值观内在"软约束"作用

当前社会主义核心价值观融入百姓日常生活仍面临不少急需解决的关键环节，比如农村干部和村民在社会主义核心价值观认同践行方面还存在偏差。就目前而言，主要表现是对社会主义核心价值观在农村的宣传教育和践行不够重视。农村基层干部对社会主义核心价值观的不重视，自然会导致社会主义核心价值观在农村的宣传教育弱化乃至缺位。多数农村地区的农民在日常生活中的精神文化活动是稀少而落后的。再加上农村的青壮年劳动力大部分都进城务工，留在农村的主要是妇女、小孩和老人，而他们主动读书看报的情况很少。至于社会主义核心价值观是什么、究竟为了什么、怎么去落实，多数农民的关注度不高，热情度不够，这就构成了社会主义核心价值观融入农民日常生活的认识困境。

提高农民和农村基层干部对社会主义核心价值观的认知与认同程度，要注重发挥核心价值观对农民的道德教化作用和对农村社会秩序的保障作用。通过有效整合农村各类社会群体、不同利益主体，使社会各个阶层形成共识，增强人民群众的认同感，凝聚人民群众的意志和力量，让人民群众自觉追求道德高度，提升社会道德水平，并将价值要求和精神力量转化为具体的道德实践①，使整个社会形成有利于社会治理的风气，为社会治理现代化增强软实力。譬如，河北省平泉市在核心价值观培育践行方面探索出"草根"宣讲团方式，组建了"草根"宣讲团，结成了政策法规宣传服务队、文明礼仪宣传服务队、文艺演出宣传服务队、特色产业宣传服务队等20多支队伍，就文明礼仪、新农村建设等内容开展宣讲培训，为广大干部群众认同核心价值观提供了生动的教材，并在实践中诠释了社会主义核心价值观的丰富内涵。

---

① 参见宁德鹏:《用社会主义核心价值观引领社会治理理念创新》,《中国行政管理》2019年第4期。

(二)在制度规范中体现和彰显社会主义核心价值观

2022 年全国“两会”期间,习近平总书记在政协农业界、社会福利和社会保障界委员联组会上,深刻阐明我国发展仍具有的“五个战略性有利条件”的重大论断。习近平总书记指出我国发展“有中国共产党的坚强领导”“有中国特色社会主义制度的显著优势”“有持续快速发展积累的坚实基础”“有长期稳定的社会环境”“有自信自强的精神力量”。[①] 我们要对社会建设方面的成就有充分自信,看到社会治理水平不断提升,意识到我们已经创造的社会长期稳定的奇迹,同时,要创新基层社会治理方式,采取多种手段增强社会主义核心价值观融入基层治理的手段协同,创新核心价值观融入基层治理新形态。“以建设社会诚信体系为核心,将社会主义核心价值观转化为具体的道德规范和制度规范,使人们的意识不断增强,从而规范和指导人们的生活方式和行为方式,强化规章制度实施力度。”[②]

(三)依托现代信息技术搭建百姓事务需求反馈信息平台

基层治理者只有真正地参与到民众的日常生活中来,才能发现问题,如脱贫成效的巩固情况、老旧小区的改造情况、留守儿童的干预情况、流动人口的融入情况、政务服务的满意情况等。搭建百姓事务需求反馈信息平台,可以倾听到民众所关、所想的不同观点以及民众对治理者所提观点的不同意见,这种不同观点碰撞与交流的过程中,不仅可以使双方深入了解对方在想什么,也有利于理解对方为什么会这么想,进而形成评价共情。如可以在乡镇(街道)原有的议事会、座谈会、听证会等相关会议的基础上进一步扩大民众参与的规模、丰富民众参与的形式、拓展民众参与的主题等。运用新技术开发公共服务线上平台,创建便于操作、功能完备的在线服务界面,使居民能够在家在线申请政务服务,实现线上和线下业务的联动。譬如,青岛胶州市打造“胶心办”平台,围绕以信息化提升党建引领基层治理水平,聚焦“一个口进、一个口出”,整合 15 条群众诉求渠道,

---

① 习近平:《论“三农”工作》,中央文献出版社 2022 年版,第 329～330 页。

② 宁德鹏:《用社会主义核心价值观引领社会治理理念创新》,《中国行政管理》2019 年第 4 期。

升级打造“胶心办”平台，明确了数据信息共享化、运转流程智能化和考评机制动态化的“三化”目标，有效构建“接诉即办”为民服务新模式，使得群众可以随时随地通过手机上传民生和发展诉求，“胶心办”平台在2023年度共受理群众诉求39.6万件，办结39.5万件，群众满意率达到94.18%。基层治理者只有真正地参与到民众日常生活中才能倾听到民众所关、所想的不同观点以及民众对治理者所提观点的不同意见。这种不同观点碰撞与交流，不仅可以使双方深入了解对方在想什么，也有利于理解对方为什么会这么想，进而形成评价共情。

基层治理者可以将之前实际体验所形成的认知，在这一平台上表达出来，并构建问题困难汇总和解决机制，切实纾解民之所困，切实解决民之所想、民之所忧。良好的认知与评价共情一旦形成，会直接提升基层治理者对于民众诉求的回应效果。良性互动和反馈有赖于基层党组织、基层政府内部监督机制的构建。一方面要通过自主持续整顿软弱涣散基层党组织，推动全面从严治党向基层延伸，加强日常监督以及“实行‘双随机、一公开’监管模式”；另一方面也有赖于各类组织、群众广泛参与到监督工作当中来，坚持共建共治。这种良性党群互动有利于基层治理者真正做到知民所知，想民所想，做民所望，以回应性为导向，切实提升为民服务能力。

（四）完善社会主义核心价值观的奖惩激励机制

对于违背社会主义核心价值观的行为，要进行制度化的谴责、纠错和惩罚，对于符合社会主义核心价值观的行为要进行奖励。以此鲜明彰显社会主流价值，使正确行为得到鼓励、错误行为受到谴责，对全体社会成员的行为进行规范和引导，倡导知荣明耻、弘扬知行合一，使人们明确宗旨观念，自觉维护社会和谐稳定。要建立多维立体的核心价值观践行评价机制和常效的社会奖励制度，使符合社会主义核心价值观的行为与各方面工作有机融合、协调发展，使践行社会主义核心价值观日常化、常态化，并成为社会工作的有机组成部分。

社会主义核心价值观的培育和践行是一个长期过程，核心价值观转化为公民内在的自律需要公民的自觉接受与认同，不同的个体，接受过程、认同程度也存在着一定差异。因此,还要健全道德规范的弹性调控机制,在道德调控上能够保持一定的弹性和张力。“要加强对社会组织领导人员和高层人员的道德教育,让他们能以身作则,发挥个人魅力。”[①]通过开展系统培训、相互交流等方式对人民群众进行教育引导,逐步强化人们的价值理念和道德观念,不断提升社会组织的公信力,增强社会组织发展的可持续性。要引导和鼓励社会组织、企业组织和社会公众在参与社会公共事务管理活动中塑造主体意识、民主理念、法治思维以及公共责任感、规则意识和义务观念,培育和强化各方共同推崇的价值和共同遵守的规范。[②] 倡导自由、平等、公正、法治、诚信的核心价值观,培育和增强社会协同治理主体的伦理自觉和道德自律。

基层党组织要提高基层干部群众工作的能力,在发挥核心价值观教育引领作用中争取主动,关键要不断创新工作思路,学会在帮助群众中教育群众、在感化群众中引导群众、在示范群众中引领群众,逐步摒除硬办法、扬弃老办法、推出新办法,综合运用法律、经济、行政和技术手段,切实发挥好基层党组织在核心价值观教育引领方面的功能。

---

① 宁德鹏:《用社会主义核心价值观引领社会治理理念创新》,《中国行政管理》2019 年第 4 期。

② 参见刘卫平:《论统筹城乡发展中社会管理的协同治理》,《江西社会科学》2013 年第 7 期。

第十一章　监督约束机制:基层治理中社会主义核心价值观的责任性融入

通过构建以基层党员、领导干部、行政人员和社会大众为对象的责任监督、问责惩戒与容错免责机制和社会信用记录审查机制,强化对社会主义核心价值观融入基层治理的责任落实,从而发挥社会主义核心价值观的责任控制功能,实现核心价值观融入基层治理的责任约束的落地见效。

一、落实基层党内监督制,以党的建设为统领推进核心价值观融入基层治理

任何价值观的形成都要经历从抽象理论概括到具体制度安排再到人们普遍认同并付诸实际行动的过程,也就是要经历一个从客观到主观的过程。“对于价值实践主体而言,这还是一个从内化到外化的过程。因此,培育社会主义核心价值观必须把握价值观的宣传传播规律、大众接受规律与实践养成规律。”①

社会主义核心价值观融入基层治理,要逐步完善建构保障核心价值观融入基层治理的制度机制,同时也要下力气解决如何确保制度制定后的能够切实落实执行的问题。要使社会主义核心价值观深入人心,转化为人们的自觉行动,必须落实基层党内监督制度,以加强党的建设为统领

① 吴桂韩:《社会主义核心价值观培育的理论逻辑与实践路径》,《中国特色社会主义研究》2013 年第 3 期。

推进核心价值观融入基层治理，切实履行对干部任职考核的监督职责。

以党内监督机制推进社会主义核心价值观融入基层治理，具体要做好以下四个方面的工作。

(一)完善党内监督的领导体制和工作机制，确保基层党组织履行基本监督职责

以党的建设为统领推进社会主义核心价值观融入基层治理，重点是发挥党的基层组织日常监督作用，以制度化、流程化的形式明确基层党组织在推动社会主义核心价值观融入基层治理中应当履行的监督职责，包括严肃开展党内政治生活，认真定期开展批评和自我批评，定期向上级党组织反映情况，提出意见和建议，发现党员、干部违反纪律问题时要及时教育或者处理，并向上级党组织报告。

加强党内监督是党章赋予基层党组织的一项重要职责，也是维护党的团结统一，永葆党的先进性和纯洁性的重要前提。《中国共产党章程》明确规定："强化全面从严治党主体责任和监督责任，加强对党的领导机关和党员领导干部特别是主要领导干部的监督，不断完善党内监督体系。"①2016 年修订的《中国共产党党内监督条例》对我们党建立健全党内监督体系进行了顶层设计，明确提出要"建立健全党中央统一领导，党委(党组)全面监督，纪律检查机关专责监督，党的工作部门职能监督，党的基层组织日常监督，党员民主监督的党内监督体系"②。党的基层组织应当履行日常监督职责，为党员干部更好履职尽责提供基本保障。2018 年印发的《中国共产党支部工作条例(试行)》将党的基层组织日常监督与党员民主监督进一步具体化，并规定"党支部是党的基础组织，是党组织开展工作的基本单元，是党在社会基层组织中的战斗堡垒，是党的全部工作和战斗力的基础，担负直接教育党员、管理党员、监督党员和组织群众、宣传群众、凝聚群众、服务群众的职责"③。

要明晰职能部室下属的办事机构和派出机构的权力边界，强化上级

① 《中国共产党章程》，人民出版社 2022 年版，第 12 页。

② 《中国共产党党内监督条例》，人民出版社 2016 年版，第 5 页。

③ 《中国共产党支部工作条例(试行)》，人民出版社 2018 年版，第 4～5 页。

党组织对基层组织的定期巡视和监督检查，完善对违纪违法行为的惩处制度，包括党纪政纪处分的相关配套制度，辞职、辞退、免职、降职、降薪、任职限制等有关制度以及考核、责任追究等制度。[①] 通过完善党内监督的领导体制和工作机制，切实保障基层党内监督工作，确保基层党组织更加积极主动地把社会主义核心价值观融入基层治理真正落到实处。

（二）落实基层党建工作责任制，切实加强"一把手"的民主考核

落实基层党建工作责任制，要认真开好民主生活会，切实加强"一把手"的民主考核。对基层党组织的社会主义核心价值观培育践行工作进行监督巡察，是推进全面从严治党、实现监督全覆盖的重要举措。基层党委常委会要向全委会定期报告核心价值观融入基层治理、推进基层治理现代化工作并接受监督，对考核不合格的领导干部坚决予以调整，对给国家利益、人民生命财产、公共财产造成重大损失或者恶劣影响的"一把手"，要按照党政领导干部问责的有关规定追究责任，依照党纪国法严肃处理。

在党内日常监督中必须把领导干部作为监督的重中之重，重点监督领导干部贯彻落实中央决策部署是否坚决、是否到位，要把上级领导干部对下级领导干部的监督，特别是上级一把手对下级一把手的监督，必须严格落实到位，严格考核考评。

2021 年 3 月 27 日，《中共中央关于加强对"一把手"和领导班子监督的意见》出台，明确了加强对"一把手"和领导班子监督的指导思想、总体要求、重点任务，"围绕加强对'一把手'的监督、同级领导班子监督、下级领导班子的监督，对各级党委（党组）、纪检机关、党的工作机关以及领导干部特别是'一把手'和领导班子其他成员分别提出具体要求"[②]。该意见明确规定"日常监督、专项督查、巡视巡察等都要向'一把手'聚焦，重点盯住'一把手'是否履行了管党治党政治责任，强调上级'一把手'必须抓好下级'一把手'，切实履行任职谈话、监督提醒等职责，并且要把监督下

① 参见毛荣生、王青云、彭曦：《强化基层党内监督的举措》，《上海党史与党建》2010 年第 3 期。
② 张洋：《以有效监督把"关键少数"管住用好》，《人民日报》2021 年 6 月 3 日。

级'一把手'情况作为每年述职的重点内容"[①]。巡视巡察报告应当将'一把手'履行第一责任人职责和廉洁自律情况单独列出,提出明确意见和整改要求,要求下级"一把手"在上级党委常委会(党组)扩大会议上述职述廉、接受评议。"一把手"要带头开展批评和自我批评,领导班子其他成员发现"一把手"存在重要问题的可直接向上级党组织报告。在任职回避、定期轮岗、干部交流、拟任人选把关上,要对"一把手"制定更严格的管理制度,明确推进"一把手"个人有关事项在领导班子中公开工作,纪检机关、组织部门对涉及下级"一把手"的信访举报问题进行专题分析,按规定开展谈心谈话或向上级报告。[②] 譬如,临沂市纪委监委坚持市级统筹抓县区促村居工作思路,整合县、乡、村三级监督力量,完善联席会议,畅通问题线索移送渠道,设置乡镇违规违纪问题"直报点",在自然村设立纪检监察信息员等,为社会主义核心价值观融入基层治理营造良好监督环境。

(三)完善落实基层党务公开制度

完善落实基层党务公开制度,定期召开领导干部民主生活会,开展批评与自我批评,强化上级党委向下级派驻巡视组或巡视员的制度,保障基层党员对党委书记或党工委书记的民主监督,为党员履行党内监督义务提供便利条件。要通过班子自评、组织党员群众测评、建立意见收集处理反馈制度等方式,对各基层党组织的培育和践行社会主义核心价值观工作进行民主评估,自觉接受党员群众的批评建议。2020 年 12 月,中共中央印发修订后的《中国共产党党员权利保障条例》,将党员权利保障方面的理论和实践创新成果提炼转化为党内法规制度,进一步促进党员权利保障工作的制度化、规范化,明确了党员享有的 13 项权利和应当履行的相应义务。第十一条明确规定:"党员有权向党组织负责地揭发、检举党的任何组织和任何党员的违纪违法事实,提出处理、处分有违纪违法行为党组织和党员的要求。"[③]该条例对于党员的倡议和建议权都作出了明确

---

① 《中共中央关于加强对"一把手"和领导班子监督的意见》,人民出版社 2021 年版,第 6 页。

② 参见《中共中央关于加强对"一把手"和领导班子监督的意见》,人民出版社 2021 年版,第 8 页。

③ 《中国共产党党员权利保障条例》,人民出版社 2021 年版,第 6 页。

规定，为党员更好使用监督权提供了法规依据。

（四）把落实党内监督与开展日常工作有机结合起来

落实基层党内监督，要开好领导班子民主生活会，会前做好调研工作，把落实党内监督与开展日常工作有机结合起来。深入一线着重听取干部、群众对主要负责人领导推进社会主义核心价值观融入基层治理工作的意见，并及时将群众反映和考核的有关情况和问题如实向“一把手”反馈，发现问题及时处理。上级党委、纪委还要通过与下级组织主要负责人签订责任状的形式，明确“一把手”当好班长，管好自己，抓好班子，带好队伍的责任。[①] 要使党风政风与社会主义核心价值观相一致，推动社会主义核心价值观在全社会蔚然成风。

二、落实基层干部问责制，以关键少数为抓手推进核心价值观融入基层治理

落实基层干部问责制重要目的之一，是以关键少数为抓手推进社会主义核心价值观融入基层治理。基层干部问责制就是对基层领导干部不履行、不完全履行或不正确履行职责进行严格责任追究的制度，问责内容应当涵盖领导干部的法律法规遵守、组织决策执行、党风廉政建设、工作绩效提高和党内民主改善等方面。

社会主义核心价值观融入基层治理，必须明确干部在推进核心价值观融入基层治理的岗位责任、工作事务和问责程序，细化问责处理方式，综合运用组织教育惩戒、党纪处理和司法介入等问责手段。切实加强对制度执行过程、运转状态、作用效果的监督检查。

要对基层党委政府推进社会主义核心价值观融入基层治理的中心工作、重点工作进行职责划分，不同部门在完成核心价值观融入基层治理任务中具体承担什么责任，需要根据事权、财权进行合理划分。要“推动党员干部带头践行社会主义核心价值观。把从严治党实践成果转化为道德规范和纪律要求，做到依规治党和以德治党相统一，充分展现共产党人高

---

① 参见毛荣生、王青云、彭曦：《强化基层党内监督的举措》，《上海党史与党建》2010 年第 3 期。

尚思想道德情操和价值追求”[①]。坚持权责对等、客观公正、宽严相济的原则，严格按党政问责制度办事，完善权责清单制度和绩效管理制度，健全基层干部激励保障体系。

以关键少数为抓手推进社会主义核心价值观融入基层治理，具体要做好以下四个方面的工作。

第一，要弄清楚问责的重点客体与问责情形。坚持严字当头、权责统一，实施规范问责、精准问责，增强问责的严肃性和公信力。“坚持权责一致、错责相当，建立问责提级审核、协同把关、质效评估等制度，实事求是查清事实、区分责任、作出处理，坚决防止和纠正滥用问责、不当问责、问责泛化简单化等问题，增强问责的严肃性和公信力。”[②]

第二，坚持权责对等原则，对基层组织及其工作人员社会主义核心价值观践行落实不力进行问责。不属于基层组织权力范围与职能边界内的事项，不能对基层组织及其工作人员进行问责，而是要追究具有相应权力与职能的上级部门及其工作人员的责任。对基层组织及其工作人员在推进社会主义核心价值观融入基层治理时出现的失误、失责，问责时要坚持惩罚与教育相结合的原则，对轻微过错要先行提醒、教育，进行诫勉谈话，通过开展批评和自我批评、约谈函询，让党员干部把遵纪守法自觉化为内心定律，并按党纪党规履职尽责。[③] 准确认识党政问责的实施重点与实施情形、实施程序与问责方式，严格按党政问责制度办事。

第三，推动基层领导干部责任清单与失责问责相结合。只有推动基层领导干部责任清单与失责问责相结合，才能把领导干部在推动核心价值观融入基层治理中的工作积极性真正调动起来。社会主义核心价值观融入基层治理，离不开基层领导干部带头推动落实，要按照职权边界划分核心价值观落地践行的具体职责，并纳入领导干部任期工作考核范畴，对于未能切实履行职责或在履职中有重大失误的，要按照基层工作纪律条

---

① 《中办国办印发〈关于进一步把社会主义核心价值观融入法治建设的指导意见〉》，《人民日报》2016 年 12 月 26 日。

② 《中国共产党第二十次全国代表大会文件汇编》，人民出版社 2022 年版，第 138 页。

③ 参见李军鹏：《基层问责滥用的根源、危害与治理》，《人民论坛》2019 年第 22 期。

例进行严肃问责。

第四,要把社会主义核心价值观践行落实工作纳入年度政绩责任考核。“基层党的组织、宣传、政法等工作部门,要找准自身定位,建立协作配合机构,完善多部门参与的联席会议制度,加强信息沟通和整体联动。”①基层党组织尤其是主要负责人要联系工作实际,分清直接责任与领导责任、执行责任与政治责任、集体责任与个人责任,以身作则,以上率下,杜绝责任虚化、泛化。纪检监察机关要加强对问责条例执行情况的监督检查,对开展问责工作不力的单位和部门进行严肃问责。同时,纪检监察机关要坚持问题导向,针对工作中问责不到位、不规范、不精准以及推卸责任等问题,及时督促纠正。另外,还要防止基层干部问责制走向反面,导致问责泛滥。

陕西省安康市石泉县针对干部怕丢票不敢管理、怕出事不敢干事、怕追责不敢担责等为官不为、廉而不勤现象,探索建立干部选拔任用、素质提升、鼓励激励、支持保护、容错纠错、能上能下等“敢抓敢管”系列机制,通过综合研判、考核考评、问责追责相结合,多维度甄别和调整不胜任现职干部,倒逼干部履职尽责。每年结合年度考核工作,对全县科级领导班子和科级干部履职情况进行专题调研,结果作为领导干部“下”的重要参考。明确了缺乏担当精神、道德品行不端、违反党纪政纪、身体健康原因等16种“下”的具体情形,制定《推进重点工作落实问责办法》,明确干部职工因主观原因工作推进不力等应当实施问责的4种情形,以及因决策失误导致重大失误等应当实行责任倒查的7种行为,给干部戴上“紧箍咒”,有效地解决了为官不为问题,有力地促进了党的建设,提升了干部队伍的思想境界。②

党政问责重点是党政领导干部,问责情形主要是管辖领域与区域出现了重大失误或严重错误,造成了恶劣影响。《中国共产党问责条例》规

① 江西省寻乌县纪委监委课题组:《关于基层精准规范问责的调研》,《中国纪检监察报》2020年4月30日。

② 参见《陕西石泉:建立“敢抓敢管”机制破解干部为官不为》,2017年2月7日,http://dangjian.people.com.cn/n1/2017/0207/c406978-29063582.html。

定，基层问责的重点是负有领导责任的人员及其上级领导，不能将问责对象扩大化。“重点突出坚定理想信念、践行根本宗旨、加强道德修养，坚持不懈整治形式主义、官僚主义、享乐主义和奢靡之风，使党的作风全面纯洁起来。以零容忍态度惩治腐败，严格依纪依法查处各类腐败案件，建设廉洁政治。”①“领导成员因工作严重失误、失职造成重大损失或者恶劣社会影响的，或者对重大事故负有领导责任的，应当引咎辞去领导职务。”②问责不能“小题大作”，不能凭领导个人喜好问责，要精准问责，问责事实与问责方式相符，要规范党政问责的事由和情形，采取定性和定量相结合的办法，对什么事该问责、什么事可以免责作出明确规定，使之具有较强的操作性。“要加强对绩效评估结果的应用，对工作绩效突出的要表扬奖励，对工作绩效不佳的要采取相应的惩罚措施。不能以简单问责代替整改，要真正着眼于完成任务、解决实际问题、满足人民群众美好生活需要来开展各项工作。”③

三、落实基层容错免责程序，以鼓励创新为手段推进核心价值观融入基层治理

党的各级组织要旗帜鲜明为敢于担当的干部担当，为敢于负责的干部负责。《关于新形势下党内政治生活的若干准则》强调：“干部是党的宝贵财富，必须既严格教育、严格管理、严格监督，又在政治上、思想上、工作上、生活上真诚关爱，鼓励干部干事创业、大胆作为。建立容错纠错机制，宽容干部在工作中特别是改革创新中的失误。”④容错免责程序也是鼓励基层领导干部与工作人员创新推进社会主义核心价值观融入基层治理的兜底安排。2016年，习近平总书记在省部级主要领导干部贯彻党的十八届五中全会精神专题研讨班上强调评价干部要坚持“三个区分开来”的重

① 《中办国办印发〈关于进一步把社会主义核心价值观融入法治建设的指导意见〉》，《人民日报》2016年12月26日。

② 《中华人民共和国公务员法》，人民出版社2019年版，第29页。

③ 李军鹏：《基层问责滥用的根源、危害与治理》，《人民论坛》2019年第22期。

④ 《关于新形势下党内政治生活的若干准则》，人民出版社2016年版，第31页。

要原则。[1] 习近平总书记提出“三个区分开来”的重要原则，划清了可容的“边线”和不容的“红线”。

容错之“错”是指干部在改革创新、干事创业中由于主观上的过失导致工作不能达到预期甚至造成一定损失，其与违法违纪行为有着本质的区别。但从各地具体改革实践来看，尤其是基层面临的客观情况是林林总总、不一而同的。因此，各地要在国家法律制度和政策规定的指导下，根据各自改革发展中的问题，精准把握容错免责的科学区间，因地制宜地设置无意过失与明知故犯、工作失误与违纪违法、探索实践与有规不依的界限，以此为基础兼顾基层实际和务实管用的原则形成容错的具体运行机制。同时，在此过程中要防止出现“容错”过度的现象发生，要通过建立容错“负面清单”的方式来强化约束，防止将党员干部犯下的任何错误都纳入容错机制，从而违背了容错机制建立的初衷。[2]

容错免责程序是鼓励基层领导干部与工作人员创新推进社会主义核心价值观融入基层治理的兜底安排，落实基层干部容错免责程序要注意做好以下四个方面的工作。

第一，以“三个区分开来”重要原则为指导，明确界定社会主义核心价值观融入基层治理时的基层容错免责的内容和对象。科学合理设置容错纠错程序，通过规范的程序对特定情况进行调查、取证，同时，容错免责要公开透明。在具体评判过程中，严格区分“故意”与“无意”，“为公”与“徇私”，“违纪违法”“违纪不违法”和“不违纪不违法”的界限，准确研判，慎重定性。[3] 区分开来，主要就是要看造成错误的根本原因，是无意为之还是故意为之，为公还是徇私。还要看造成错误产生的现实情景，是创新性探

---

① 即要把干部在推进改革中因缺乏经验、先行先试出现的失误和错误，同明知故犯的违纪违法行为区分开来；把上级尚无明确限制的探索性试验中的失误和错误，同上级明令禁止后依然我行我素的违纪违法行为区分开来；把为推动发展的无意过失，同为谋取私利的违纪违法行为区分开来，保护那些作风正派又敢作敢为、锐意进取的干部，最大限度调动广大干部的积极性、主动性、创造性，激励他们更好带领群众干事创业，确保如期全面建成小康社会，不断开创社会主义现代化建设新局面。参见习近平：《论把握新发展阶段、贯彻新发展理念、构建新发展格局》，中央文献出版社 2021 年版，第 110 页。

② 参见王志立：《完善好干部培养选拔机制研究》，《中州学刊》2019 年第 11 期。

③ 何丽君：《基层干部容错纠错的价值意义及其实践路径》，《治理研究》2019 年第 4 期。

索或先行先试中难免出现的过错，还是未严格履行职责、随意变通曲解中央精神造成的过错。容错纠错情况要写入纪检监察部门年度报告。

第二，要营造鼓励创新、容错创新的氛围。“在纠错过程中，对于探索性失误、创新性失误、改革性失误要区别对待，通过监督纠错、整改纠错等多种方式精准纠错。”[①]制定鼓励创新的制度，为干部干事创业营造敢于担当、宽容错误的良好氛围。引导领导干部创造性地贯彻执行党的路线方针政策，对核心价值观融入基层治理中出现的新情况、新问题能够提出前瞻性的解决思路和措施。领导干部有敢于负责的胆量和勇气，还需要有善于负责的本领。“领导干部要切实提高运用科学理论思维观察事物、分析问题、解决问题的能力，在容错纠错机制下不断增强工作的科学性、预见性、主动性和创造性。”[②]容错纠错的重要目的是保护和鼓励干部干事创业的积极性，激发领导干部敢于担当作为，为领导干部创新性推进干事创业提供政策保障，消除其心理顾虑。在推进基层治理现代化过程中，各级领导班子要积极营造敢闯敢试、锐意进取的舆论氛围，以“三个区分开来”为基本原则，凝聚全社会允许试错、宽容失败的社会共识，如此才能最大限度地调动广大领导干部的积极性、主动性与创造性，凝聚形成创新创业的强大合力。

第三，旗帜鲜明地树立重实干、重实绩的用人导向。选人用人是反映当地政治生态状况的风向标，领导干部在选人用人上只有旗帜鲜明地树立重实干、重实绩的用人导向，才能让大批优秀人才不断涌现，进而塑造形成人尽其才、人才济济的良好氛围。如果不能让担当者受尊重，让有为者有地位，党员干部的一腔热血、满怀豪情也不可能持续、持久。因此，要在全社会大力弘扬敢于担当、勇于干事、拼搏奉献的新风正气，同时建立容错免责、纠错整改和关心爱护、鼓励激励的工作机制，激发广大干部干事创业的积极性、主动性、创造性。健全基层干部容错机制，就是要向广大干部传递极为明确而又清晰的信号，形成能者上、优者奖、庸者下、劣者汰的用人导向，营造党员干部不能辜负党和人民重托的使命感，以守土有

---

① 王志立：《完善好干部培养选拔机制研究》，《中州学刊》2019 年第 11 期。

② 储著斌：《习近平领导干部容错纠错思想研究》，《决策与信息》2017 年第 1 期。

责、守土负责、守土尽责的责任担当，作出无愧于时代、无愧于人民、无愧于历史的业绩。譬如，江苏省南通市通州区探索建立“能上能下、容错纠错、鼓励激励”三位一体干部管理制度体系，坚持宽严相济、严管厚爱，大力整治为官不为、调整不适宜担任现职干部，同时建立容错免责、纠错整改和关心爱护、鼓励激励的工作机制。在推动干部担当作为方面，探索出一系列有效经验，例如坚持考核奖励是杠杆，绩效考核、表彰奖励撬动的是干部比学赶超、争先创优的积极性；选拔任用是导向，任人唯贤、崇尚实绩带动的是干部干事创业、担当作为的好风尚；关心爱护是态度，关注诉求、正向激励调动的是干部谋事创业、岗位奉献的原动力，有力地激发了广大干部干事创业的积极性、主动性、创造性。①

第四，严格落实民主集中制，建立基层决策咨询制度。在实际工作中，基层干部常犯的错误主要来自决策中的问题或是管理中的偏差。干部在推动社会主义核心价值观融入基层治理的过程中，也不可避免可能会产生一些错误思想或造成一些工作失误，但要厘清这些失误产生的原因，按照“三个区别开来”的标准，给予干部纠错整改机会。鼓励基层干部敢于担当作为，就要严格落实民主集中制，建立基层决策咨询制度，通过集体议事、民主协商等，尽量减少错误发生。要通过建立激励干部干事创业机制和改革创新合理容错机制，激发广大党员干部推进社会主义核心价值观融入基层治理创新的改革热情，改变部分干部在工作中，怕担责、不作为的畏难现状，从而在不断推进社会主义事业发展中发挥广大党员干部干事创业的主观能动性。

正如习近平总书记在全国组织工作会议上指出：“对那些勇担当、有本事、坚持原则、不怕得罪人、个性鲜明的干部，往往会出现认识不尽一致的情况，组织上一定要为他们说公道话。”②组织部门作为党员干部的“娘家”，必须时刻牢记担当，更要为担当者担当。

---

① 参见《江苏通州区：“能上能下、容错纠错、鼓励激励”推动干部担当作为》，2017 年 3 月 1 日，http://dangjian.people.com.cn/n1/2017/0301/c406978－29115233.html。

② 中共中央文献研究室编：《十八大以来重要文献选编》(上)，中央文献出版社 2014 年版，第 343 页。

四、落实基层社会信用体系，以守法诚信为支撑推进核心价值观融入基层治理

社会信用体系建设是建设诚信中国的重要举措。“加强基层社会的社会信用体系建设，对基层社会的居民、企业或组织等社会和市场主体的信用状况、信用等级、信用风险等内容进行建档、记录、揭示与预警的完善，有助于培育以守法诚信为风尚的社会资本，从而推进社会主义核心价值观融入基层治理。”①

诚信是法治的基石。我国首部地方性综合信用法规——《上海市社会信用条例》规定，“社会信用”是指具有完全民事行为能力的自然人、法人和非法人组织，在社会和经济活动中遵守法定义务或者履行约定义务的状态。“社会信用体系”是指通过制度和法律建设引导人们树立诚实守信的行为模式所构建的体系，是正式立法或政策文件所采纳的一种术语表达，其基本目标是弘扬社会主义诚信价值观，主要路径是依托制度体系更多指向对人们行为模式的塑造。我国社会信用体系建设不仅包括履约的情况，还包括守法的内容。王伟认为，“在传统的经济信用观点之下，衡量信用的维度是履约状态。在投资和交易过程中，履行约定、信守合同是信用的基本要求，也是信用建设的重点领域。但基于中国的公共信用制度，信用也包含了守法的维度，要求人们的行为与制度、法律保持一致。故履约和守法成为衡量信用的两个基本维度”②。在经济意义上，信用主要是指履约问题，比如以信守合同为基本要求的合同诚信。《中华人民共和国民法典》就是将诚信道德观融入立法的一个典范，关于诚信原则的要求集中体现在总则、物权、债权、人格权等编章之中，贯穿于立法、执法、司法、守法等各个法治环节。

第一，创建符合基层特点的社会信用管理机制。基层社会信用体系的搭建，可以探索成立由市长任组长，职能部门主要负责人任成员的社会

---

① 刘蕊、方雷：《社会主义核心价值观融入基层社会治理的机制创新》，《学习与探索》2021年第8期。

② 王伟：《社会信用体系建设中的理解分歧及其辨析》，《人民论坛》2021年第25期。

信用体系建设领导小组，统一领导本地区社会信用体系建设。同时，要把社会信用体系建设完成情况纳入年度工作考核，严格奖惩。健全对诚实守信的社会组织和个人的褒奖机制，把守法经营、诚实信用作为企业发展指标的重要内容，在社会上树立诚信光荣的良好政策导向和利益引导机制。对于守法经营、诚实信用的企业和组织优先办理审批业务事项，大力宣传和推介诚实守信的模范企业家和个人，在全社会营造重信用、讲法治的良好环境氛围。

习近平总书记指出："公有制企业也好，非公有制企业也好，各类企业都要把守法诚信作为安身立命之本，依法经营、依法治企、依法维权。法律底线不能破，偷税漏税、走私贩私、制假贩假等违法的事情坚决不做，偷工减料、缺斤短两、质次价高的亏心事坚决不做。"[①]习近平总书记的重要论述不仅对企业经营者坚持守法经营、诚信经营具有重要指导意义，而且为现代社会如何加强诚信建设提供了根本遵循。

调研发现，山东省荣成市 2013 年在全国率先启动村居信用体系建设，创新符合基层特点的信用管理机制，探索出五个"三位一体"的信用建设模式（即"机构、政策、氛围"三位一体，"村居、干部、村民"三位一体，"信息采集、考核、公示"三位一体，"'信用＋工作''信用＋奖励''信用＋服务'"三位一体，"奖励守信、惩戒失信、信用修复"三位一体），建立起信用主体全覆盖、信用信息类别全覆盖、街道区域全覆盖和信用产品应用全覆盖的社会征信体系。[②]

荣成市通过征信系统为村民建立信用信息档案，并对村民信用进行计分考核和分级管理，信用等级较高、得分较多的村民，在评先选优、入学参军、就业创业等方面享有同等条件优先考虑的权利。信用等级较低、得分较少的村民在参加上述活动时就相应受到限制。以此，激励更多村民参与志愿服务、公益活动，形成人人讲信用、乐助人的良好氛围。

---

① 习近平：《毫不动摇坚持我国基本经济制度 推动各种所有制经济健康发展》，《人民日报》2016 年 3 月 9 日。

② 参见张远娜、毕明：《基于信用体系建设的农村社会治理创新》，《宁夏党校学报》2020 年第 1 期。

第二，构建社会信用法治体系。构建社会信用法治体系是社会信用体系得以发展的根本保障。从未来的发展方向来看，要通过推动诚信价值观入法，制定社会信用基本法（即社会信用法），构建包括信用信息传递（采集、归集、共享、披露等）、信用奖惩、信用修复、信用服务等机制在内的重要制度。[①] 针对我国存在经济信用、公共信用两套信用机制的实际情况，要分别进行法律治理，实现经济信用法治化和公共信用法治化，实现不同类型信用制度的法治化。明确各类失信行为的认定标准、联合惩戒的期限及幅度、相关的抗辩事由及适用除外等，发挥公权力主体在信用建设方面的表率和示范作用，带动社会信用水平的整体提升。[②]

目前我国在公共信用制度建设方面出台多部法律规定。截至2020年12月，已有35部法律、42部行政法规规定了专门的信用条款。此外，大量的地方性立法也规定了公共信用制度。

2022年4月，中共中央国务院《关于加快建设全国统一大市场的意见》指出："建立健全以信用为基础的新型监管机制，全面推广信用承诺制度，建立企业信用状况综合评价体系，以信用风险为导向优化配置监管资源，依法依规编制出台全国失信惩戒措施基础清单。健全守信激励和失信惩戒机制，将失信惩戒和惩治腐败相结合。完善信用修复机制。加快推进社会信用立法。"[③]因此，将相关主体遵守法定义务的状态作为衡量信用的一种维度，进而运用信用手段实施治理，由此形成了具有中国特色的公共信用制度。以内蒙古自治区社会信息体系建设为例。2021年7月，内蒙古自治区制定并公布了《内蒙古自治区"十四五"社会信用体系建设规划》，在此之前，《内蒙古自治区公共信用信息管理条例》经自治区第十三届人民代表大会常务委员会第二十五次会议审议通过，并于2021年6月1日起施行。内蒙古自治区社会信用信息平台具备了对全区所有社会主体开展信用档案建设和与各盟市开展批量数据共享、与区直部门开展数据接口共享的能力，基本形成了全区"上下贯通、横向联通、全面覆

① 参见王伟：《社会信用体系建设中的理解分歧及其辨析》，《人民论坛》2021年第25期。
② 参见王伟：《社会信用体系建设中的理解分歧及其辨析》，《人民论坛》2021年第25期。
③ 《中共中央国务院关于加快建设全国统一大市场的意见》，人民出版社2022年版，第6页。

盖”的信用信息共享交换枢纽和信用大数据应用中心。[①] 截至 2020 年年底，自治区社会信用信息平台共归集国家和自治区各类市场主体、机关事业单位、社会组织和自然人的信用信息 2.7 亿条。市场监管、交通运输、生态环境等 10 余个区直部门建成行业信用监管系统，12 个盟市均已建成社会信用信息平台，为加快推进全区信用信息归集、共享、管理和应用奠定了坚实基础。

第三，多措并举调动民众参与社会信用建设的积极性。基层社会信用建设主体要能够覆盖企业、社会组织以及全体农村居民，政府和主管单位要通过正面引领、典型示范、荣誉激励等措施，激发各主体主人翁意识，调动民众参与社会信用建设的积极性，实现基层自我管理、自我服务、自我教育、自我监督，共同参与治理、共享治理成果。要引导民众共同参与弘扬真善美、贬斥假恶丑的信用体系建设。譬如，潍坊寿光市深化公民道德建设，建立好人挖掘、评议、审核、选树、宣传、回馈、发扬的闭环机制，广泛选树、宣传、学习先进典型，共涌现出 2 名“全国道德模范”，27 名“中国好人”，76 名“山东好人”。为推动群众“学好人、议好人、做好人”，营造全社会尊重好人的良好氛围，2022 年寿光市设立 500 万元“文明关爱 · 美德基金”，对道德典型落实免费保险、免费体检等“九免一送”关爱制度；2023 年又推出 10 亿元“美德信用贷”，对道德典型给予提高额度、优惠利率等组合式金融扶持，推动基层民众更加积极参与基层社会治理。居民信用信息建设方面，要把村居建设、移风易俗、公益事业、村级管理等方面纳入征集内容，建立完善的奖惩制度。通过“深入开展道德领域突出问题专项教育和治理，依法惩处公德失范、诚信缺失的违法行为，大力整治突破道德底线、丧失道德良知的现象，弘扬真善美、贬斥假恶丑。加强社会信用体系建设，完善守法诚信褒奖激励机制和违法失信行为惩戒机制，加大失信被执行人信用监督、威慑和惩戒力度”[②]，使社会治理的过程成为

---

① 参见《内蒙古自治区“十四五”社会信用体系建设规划》，《内蒙古日报（汉）》2021 年 7 月 13 日。

② 《中办国办印发〈关于进一步把社会主义核心价值观融入法治建设的指导意见〉》，《人民日报》2016 年 12 月 26 日。

培育和践行社会主义核心价值观的过程。

要建立失信黑名单制度和市场退出机制，涉及食品药品安全、环境保护、安全生产等重点领域违法犯罪的企业要列入失信黑名单，实行最严格的市场监管制度，在全社会形成扬善抑恶的制度机制和社会环境，培育人人敬畏法律、信任法律和遵从法律的良好意识。

总之，社会信用体系的有益探索对社会主义核心价值观融入基层治理起到了坚实的实践支撑作用，守法诚信对于基层道德体系巩固拓展具有重要价值。因此，社会信用体系建设要以社会治理为总目标进行整体规划，建章立制，以上率下，构建起强有力的组织制度保障。

第十二章　社会教化机制:基层治理中社会主义核心价值观的日常性融入

价值观是人们日常生活精神需求的产物,也是人存在和发展、心理和行为活动的表征。不同于日常价值观念集体无意识的存在方式,社会主义核心价值观是人们多元生活价值的高度提炼和升华,是对人们现实生活中感性丰富的价值观念的选择和提炼,归根结底,它根植于当前广大人民群众的现实生活之中。习近平总书记在十八届中央政治局第十三次集体学习时指出:“要按照社会主义核心价值观的基本要求,健全各行各业规章制度,完善市民公约、乡规民约、学生守则等行为准则,使社会主义核心价值观成为人们日常工作生活的基本遵循。”[①]因此,社会主义核心价值观的真正价值在于落实,贵在把核心价值观贯穿于人们日常言行和社会生活各领域、各方面。通过完善城乡居民的家庭生活规范、公共生活规范和职业生活规范等,将社会主义核心价值观融入人民群众的生活情景中,发挥社会主义核心价值观的日常教化功能,由此修正和弥补基层社会中行为规范的普遍缺失,实现社会规范的升华。

一、在基层治理中将社会主义核心价值观融入市民公约

社会主义核心价值观的培育真正要在“落细、落小、落实上下功夫”,

---

① 中共中央文献研究室编:《习近平关于社会主义文化建设论述摘编》,中央文献出版社2017年版,第110页。

就要依托基层治理的具体抓手，把核心价值观融入市民公约。市民公约是在城市化进程中，基于城市居民的共同空间归属自觉自愿形成的行为倡议或规范。社会主义核心价值观融入城市的基层治理，必须保证各项公约的显性导向，体现中国特色社会主义核心价值观的要求，把城市居民内在的主观约束与客观的规范倡议有机地统一起来。

其一，必须加强综合治理，结合群众反映强烈的突出问题，通过宣传和典型示范推动城市居民形成良好的风尚。市民公约是精神文明建设由虚变实的实践载体，是改善城乡人居环境的重要抓手。2020 年，突如其来的新冠肺炎疫情让人们再次高度关注和重新审视人与自然的关系，打造优美人居环境，既是新冠肺炎疫情的深刻警示，也是社会主义精神文明创建的重要内容。以市民公约为依托倡议居民齐心打造优美人居环境，对于增强人民群众幸福感获得感，满足人们对美好生活的向往，推进基层治理现代化、全面建成小康社会具有十分重大的现实意义。

2020 年 5 月 2 日，在北京市新冠肺炎疫情防控工作第 100 场新闻发布会上，北京市卫生健康委新闻发言人在发布会上介绍，为进一步提升广大市民健康素养，将疫情防控成果转化为首都市民卫生健康理念和行为，健康北京行动推进委员会办公室等十部门联合起草了《首都市民卫生健康公约》。新修订的《首都市民卫生健康公约》共有十个方面，简称“卫生健康公约十条”，于 2020 年 5 月 2 日正式发布，具体内容[①]如下：

1.合理膳食——食物多样搭配，减油减盐减糖
2.文明用餐——倡导公勺公筷，拒绝食用野味
3.科学健身——坚持体育锻炼，保持健康体重
4.控烟限酒——遵守控烟条例，切勿过量饮酒
5.心理平衡——理解包容乐观，家邻同仁和睦
6.规律作息——保证充足睡眠，减少视屏时间
7.讲究卫生——坚持刷牙洗手，定期清洁居室
8.知礼守礼——掌握健康礼仪，社交距离适宜

① 参见《〈首都市民卫生健康公约〉发布》，《北京日报》2020 年 5 月 3 日。

9.注重预防——定期参加体检，及时有序就医

10.保护环境——节约公共资源，垃圾分类投放

在疫情这场大考中，人们对于保持社交距离、使用公筷文明就餐等内容有了更为清晰和深切的体悟，为防控工作提供了有力支撑。文明素养和文明行为不仅反映和体现着社会的文明进步程度，更是在现实层面有益于人们的卫生健康和生命安全。《首都市民卫生健康公约》是卫生健康领域的一次重大实践创新，也是推动社会主义核心价值观践行落地的重要载体。实践证明，只有核心价值观真正融入居民日常生活，融入全体人民共同参与的实践之中，才能真正发挥作用。

2020 年 5 月 11 日，上海市爱卫会(市健促委)向社会正式发布《上海市民健康公约》。这是上海着眼全体市民健康素养水平提升而在全市范围内倡议发起制定的市民健康公约，上海市爱卫办(市健促办)发扬“爱国卫生运动”广泛发动群众参与的优良传统，针对一些卫生健康陋习，起草制定市民健康公约，并听取相关部门、专家和广大市民意见建议，进行多轮征求意见，修改完善。《上海市民健康公约》全文内容如下：

不随地吐痰　不乱扔垃圾

不随处抽烟　不过量饮酒

不重油重盐　不食用野味

不沉溺网络　不熬夜透支

科学防护勤洗手　咳嗽喷嚏遮口鼻

环境清洁常通风　宠物饲养讲文明

少喝饮料多喝水　心态乐观爱运动

社交距离须保持　公筷公勺分餐食

定期体检打疫苗　合理用药遵医嘱

其二，要加大监督督促力度，对一些不文明现象进行跟踪曝光，督促问题解决。多地实践充分表明，落实基层治理过程中社会主义核心价值观融入市民公约，要在社区、村镇等成立“市民文明劝导队”，开展经常性的文明引导和不文明行为劝阻活动。发挥各级公安交通、城市管理等职

能部门的作用，依法进行集中整治和综合治理[①]，并结合属地管理，进一步对路口不文明、车站不文明等行为进行公开曝光，引导更多人自觉践行社会主义核心价值观。

潍坊市公布新版《潍坊市民文明公约》，以社会主义核心价值观、中华民族优秀传统美德和现代文明理念为内核，提倡明公德，讲礼仪，不违反公序良俗，倡议遵纪法，循规章，守望相助心相连，以这样的本地公约形式来增加市民群体对核心价值观的接受度与理解力，从而加强了社会治理的文化底蕴与精神厚度。

其三，党员领导干部要以身作则、带头践行，把市民公约的要求融入学习型党组织建设中，发挥道德榜样的示范引领作用，持续推进道德模范参与市民公约宣讲，推进社会主义核心价值观在道德模范群体中率先落地生根。党员领导干部在培育和践行社会主义核心价值观中居于重要地位，起着关键引领作用，党员领导干部带头遵守市民公约，宣传践行市民公约，将会形成强大聚合效应，带动更多的市民自觉遵守公约，自觉践行核心价值观。道德模范就是群众身边的一面精神旗帜，全国道德模范评选自 2007 年开始启动，是由中央宣传部、中央文明办、全国总工会、共青团中央、全国妇联、中央军委政治工作部共同举办的评选表彰活动，每两年评选一次，评选范围涵盖“助人为乐、见义勇为、诚实守信、敬业奉献、孝老爱亲”等个人、家庭、社会的主要优良道德内容，截至 2023 年已连续评选八届，涌现出一大批家喻户晓的先进人物。

其四，注意要把市民公约实施与城市管理、社会综合治理紧密结合起来。市民公约属于广义上的软法范畴，以社会约束力作为其效力基础。与法律法规等硬法相比，其柔性治理特点在核心价值观的践行中凸显独特作用，表现出治理重心低、治理成本低和治理效能高的优势。因此，市民公约是社会治理与城市治理的法治结合点。“商业、旅游、文化、体育、交通、环保等相关部门要把宣传践行市民文明公约作为履行公共管理职

---

① 参见滕盛萍：《建立公共文明行为规范体系——北京市践行社会主义核心价值观的有益尝试》，《道德与文明》2014 年第 5 期。

能的重要内容之一,并纳入日常工作管理目标”[①],利用各种时机和场合,大力营造弘扬和践行社会主义核心价值观的浓厚社会氛围,使核心价值观的影响像空气一样无所不在、无时不有,让共建文明共享文明成为人民的自觉行动。

二、在基层治理中将社会主义核心价值观融入乡规民约

乡规民约无疑是提升基层治理实效的重要载体。以教化民、以礼成俗、调解息讼、维护稳定的传统乡规民约在历代乡村的基层社会治理中都曾发挥过重要作用。乡规民约是指“由某一特定乡村地域范围内的组织或人群共同商议制定的、以书面文字或口头约定为主要传载方式的、用来维持乡村社会生产生活秩序的、具有一定权威性的内部公共行为规范”[②]。它是基层民众在不违背国家法律和法规的情况下共同约定的自我教育、自我约束、自我监督实施的行为规范。乡规民约与法律不同,它是村民们自动接受的、具有调节力的自我控制力。乡规民约在农村道德新秩序的建设过程中发挥着重要作用,作为乡村自治的内容,乡规民约是经过集体反复讨论而制定出来的,集体的民主结构保证每个人对集体作出的决定负有个人的道德责任,从而提高集体的统一性。

乡规民约不失时机地填补了法律和道德之间的“空白带”,巧妙地克服了道德所具有的“软弱性”,因为在农村中大量存在的民间纠纷和轻微民事纠纷是法律所鞭长莫及的,在社会主义初级阶段,人们的道德觉悟也还没有达到很高的境界,农村中还有一些“厚脸皮”“昧良心”的人,道德因缺乏具体的规范和一定的强制有时显得苍白无力。村规民约能有效地制止这类行为的发生,奥秘就在于它既发挥了道德的舆论谴责作用,又吸取了法律、经济和行政的强制手段,从一开始就把村民的行为引导到了积极向上的方向上来。乡规民约的建立,使村民的自我管理走上了经常化、制度化的轨道,真正做到了有章可循,并且因乡规民约是建构在公正的基础

① 滕盛萍:《建立公共文明行为规范体系——北京市践行社会主义核心价值观的有益尝试》,《道德与文明》2014 年第 5 期。

② 党晓虹:《中国传统乡规民约及其当代转化研究》,中国社会科学出版社 2020 年版,第 29 页。

上的，全体村民在其面前人人平等、一视同仁，这样对村民行为的纠正能使村民真正心服口服，由此逐渐成为自己的行为习惯。

新时代推进探索将社会主义核心价值观融入现代的乡规民约，必须深入挖掘传统乡规民约在基层社会治理中的规范价值，促成传统乡规民约向现代价值规范转换，在实现这一转换的过程中尤其要注意克服传统乡规民约中漠视公民权利、忽视人权保障、淡化法律意识的先天不足，使融入社会主流价值观的乡规民约能够被广大村民普遍接受并自觉遵从。譬如，菏泽成武县发布《喜事新办丧事简办指导标准》，对于彩礼金额提出指导标准，并对生育、祝寿、升学、乔迁、开业等喜事提倡文明节俭，不准大操大办。解决婚丧嫁娶的铺张浪费和攀比问题，需动员村民广泛参与乡规民约的讨论与制定，提高村民在基层社会治理中的积极性和参与度。针对过去较多出现的村委会贿选和腐败、村里宗族派系斗争、婚丧嫁娶的铺张浪费、婚姻和邻里矛盾、村容村貌、道德滑坡等问题，可通过乡规民约，让村民基于本村发展水平和主要社会矛盾因地制宜地制定本村“法律”，列举负面清单，约束村委会和村民行为。通过让村民广泛参与乡规民约的讨论与制定，以此来提高村民在基层社会治理中的积极性和参与度。还有一些让村民苦不堪言、深受其累的各种人情往来，特别是婚丧嫁娶的铺张浪费和攀比问题，很多人碍于情面，在乡情乡风的道德绑架中逐渐失去理智，盲目比阔、比富，深陷其中，有苦无处说。而浙江省桐乡市推出了“村规民约＋文明评判”组合拳，让群众自己制定、评判酒席标准，解绑了群众的“面子债”，刹住了乡里攀比之风，形成了良好的治理秩序。[①] 国家政权不直接介入乡村社会治理，也在一定程度上有助于国家权威的建立，有利于调节国家与乡村社会之间的关系，维护社会秩序。

综上所述，社会主义核心价值观融入乡规民约既十分必要，也有操作可行性。具体地说，将社会主义核心价值观与乡规民约进行有效融合，需要注意以下四个方面。

第一，社会主义核心价值观融入乡规民约，要注重挖掘乡规民约传统

① 参见郁建兴、任杰：《中国基层社会治理中的自治、法治与德治》，《学术月刊》2018 年第 12 期。

文化元素,以原有优秀传统文化共识增加村民对社会主义核心价值观的文化认同。对文化形式的认同与否直接影响到对制度的理解与接受程度,影响到共同体成员个体和群体之间关系的确认,影响到共同体价值涵量和精神支撑在共同体成员中的内化与秉承。实践充分证明,乡规民约在推进农村地区民主自治、稳定农村社会秩序、协调农村社会发展、推动农村社会风尚进步等方面起到了积极作用。[①] 时至今日,乡规民约对村民自治的影响依然广泛存在,在某种程度上这种潜在影响已逐渐内化为中华民族普遍的社会心理和价值取向。

第二,社会主义核心价值观融入乡规民约,要充分考虑广大村民在资源分配、生产互助、生活互帮、社会保障、社会关系维护、社会风气净化等方面的普遍诉求。汲取我国传统乡规民约演化变迁中的优秀经验,在乡规民约中对社会主义核心价值观进行具体化表达,结合时代发展大趋势,并根据各地实际风俗文化特色,与时俱进地制定和完善契合中国式现代化的新时代乡规民约。

第三,社会主义核心价值观融入乡规民约,要以促进村民群众追求美好生活为价值目标,重构新型乡规民约。村民群众对美好生活的向往是乡规民约产生、存在和发展的价值目标。[②] 党的十八以来,习近平总书记提出坚持以人民为中心的发展思想,明确树立和坚持了人民至上的执政价值和根本伦理原则。基层群众对于美好生活的向往和幸福生活的追求与国家建设小康社会,实现富强、民主、文明、和谐、美丽的社会主义现代化强国的目标具有一致性。新时代乡规民约要体现和反映新时代的鲜明特征,要与以中国式现代化全面推进中华民族伟大复兴的中心任务关联起来。

第四,社会主义核心价值观融入乡规民约,要将团结互助意识、生态文明观念、网络信息规范等融入新型乡规民约构建中。新时代的乡规民

---

① 参见党晓虹:《虚置与重构:乡规民约的当代困境及未来走向析论》,《理论导刊》2016 年第 8 期。

② 参见苗国强:《反躬、再塑与实现:新型乡规民约与乡村伦理重构》,《齐鲁学刊》2019 年第 4 期。

约必须以习近平新时代中国特色社会主义思想为指导思想，以中国特色社会主义道德体系为根本要求，以社会主义核心价值观为准则，以追求乡村全面振兴为目标，调动村民群众在乡村振兴中的积极性、主动性、创造性。[①]

推进建设“产业兴旺、生态宜居、乡风文明、治理有效、生活富裕”的美丽乡村，离不开新型乡规民约的内在规制教化作用，在培育和践行社会主义核心价值观的过程中，要注重发挥乡规民约的特殊价值，让乡规民约在新的乡村伦理秩序中彰显强大道德力量。

习近平总书记指出：“一种价值观要真正发挥作用，必须融入社会生活，让人们在实践中感知它、领悟它，达到‘百姓日用而不知’的程度。”[②]推动社会主义核心价值观融入乡规民约，要用社会主义核心价值观推动移风易俗，摒弃守旧落后的风俗和行为，倡导新兴向上的思想和行动，逐步提高村民群众的精神境界，让“乡里乡亲”感受到社会主义核心价值观强大的感召力、凝聚力和引导力，再塑文明新风尚的乡村伦理秩序。[③]

2018年6月12日至14日，习近平总书记视察山东期间，来到济南市章丘区双山街道三涧溪村考察。在村党群服务中心，习近平总书记听取这个村以党建为统领，强化班子建设、推动产业发展、保护生态环境、汇聚人才资源、建设文明村风家风、壮大村级集体经济等情况介绍。乡村振兴离不开产业振兴，农业农村工作，说一千、道一万，增加农民收入是关键。要加快构建促进农民持续较快增收的长效政策机制，让广大农民都尽快富裕起来。不仅物质上要富裕起来，而且还要注重让广大农民精神富足，要加强村规民约建设，移风易俗，为农民减轻负担。“三涧溪村成立红白理事会，针对村里大操大办的歪风，研究制定村规民约，村干部带头移风易俗，刹住了大操大办红白喜事这个歪风。”[④]干部带头移风易俗，村里风

① 参见苗国强：《反躬、再塑与实现：新型乡规民约与乡村伦理重构》，《齐鲁学刊》2019年第4期。

② 中共中央文献研究室编：《习近平关于社会主义文化建设论述摘编》，中央文献出版社2017年版，第109页。

③ 参见苗国强：《反躬、再塑与实现：新型乡规民约与乡村伦理重构》，《齐鲁学刊》2019年第4期。

④ 张晓明：《乡村振兴，党建来统领》，《中国纪检监察报》2018年7月4日。

气自然就转变过来了，也为村民减轻了负担。新时代乡规民约发挥在基层社会治理中的移风易俗作用有着显著优势。一些地方村民因传统风俗而深受其累，甚至出现有村民因大操大办红白喜事而致贫的现象。以贵州省黔东南苗族侗族自治州锦屏县瑶白、华寨、黄门三村为例。原来的时候村中红白喜事"大事七天小事三天"。瑶白、华寨、黄门三村长期存在红白喜事花费巨大这种"陋俗"，甚至一度导致群众生产生活的困难。陋俗不仅不适应社会发展，还给村民带来巨大的经济负担，严重影响到村民的生产生活。2013 年，黄门村党支部议定《黄门村风俗习俗礼节礼尚往来处置制度》，该制度不仅区分了大礼、中礼、小礼以及面子礼，还对礼金标准进行了规定。同时制定《黄门村移风易俗关于红白喜事禁止大量燃放烟花爆竹规定》，"利于创建环卫，促使环境宜居和谐。利于安全稳定，避免事故发生。利于避免噪声污染，促进身心健康。利于经济发展，减少不必要的浪费"①。

总体上讲，尽管在当代农村社会现代转型过程中，乡村治理土壤与治理条件发生了巨大变化，但乡规民约对于当代农村社会的和谐有序发展来讲依然具有存续的必要性与价值。将社会主义核心价值观以合理、适当的方式融入乡规民约体系建设，通过乡规民约的独特产生形式、内容表现、植根、传播与落实方式，使社会主义核心价值观内化为乡村民众的社会风尚、社会意识和行为习惯，成为处理乡村"细事"的前提。② 但是也要看到乡规民约在基层社会治理中依然存在的实践悖论。有的地方乡规民约价值导向不鲜明，针对性、可操作性不强，保障不够有力。究其原因，在于乡规民约惩戒性色彩的弱化，而且现实中村庄空心化问题突出，村民与农村社会原有的天然联系在减弱，以上种种因素必然会导致乡规民约的约束力相对减弱。

因此，乡规民约真正发挥价值导引作用，还必须与社会主义核心价值观相结合，必须以社会主义核心价值观为指导，把现代思维习惯和理性精神的规范要求融入乡规民约，尊重和深刻把握乡规民约的独特法律、文化

① 陈寒非：《风俗与法律：村规民约促进移风易俗的方式与逻辑》，《学术交流》2017 年第 5 期。
② 参见胡仁智：《把核心价值观融入乡规民约》，《光明日报》2018 年 11 月 6 日。

价值及其生成规律，通过自然合理的方法将社会主义核心价值观融入其中，这样乡规民约在乡村社会治理中的规范指引作用才能得以更好体现。

三、在基层治理中将社会主义核心价值观融入行业规范

“行业规范是在特定的身份场域内协调利益配置、调整人际关系、指导主体行为的规则和范式。作为特定行业的惯例以及对从业者行为的规约，行业规范是社会规范的重要组成部分，对于协调社会关系、约束个体行为、保障群众利益以及对于推进和实现有效的社会治理发挥着独特的促进作用。”[①]行业规范蕴含着鲜明的价值导向，行业规范的设置和遵循状况直接影响人们对社会主义核心价值观的认知认同和自觉践行。我国现行的《国民经济行业分类》按照同一种经济活动的性质划分的行业分类标准共分20个门类、97个大类、473个中类、1381个小类。在这些行业门类中，基本上每个行业都有相应的行业规范和从业标准，比如教育行业的行业规范有《新时代高校教师职业行为十项准则》《关于高校教师师德失范行为处理的指导意见》《中小学教师违反职业道德行为处理办法》《幼儿园教师违反职业道德行为处理办法》等，这些教师行业相应的规范，对违反师德行为的认定、查处等作出具体规定，明确学校的主体责任以及师德师风建设失职失责情形，建立违规行为的受理处理机制和责任追究机制。行业规范本身就彰显着某种价值观念，是社会主义核心价值观在具体行业中的现实体现和具象反映，从中观和微观层面把核心价值观的精髓和要求贯穿到具体从事生产、管理和服务的各项工作中。

第一，推进社会主义核心价值观在基层治理中的实践践行，必须把社会主义核心价值观的要求融入基层行业规范，发挥行业规范在培育和践行社会主义核心价值观中的积极作用。要加强行业规范的制度化建设，紧密联系各地区不同行业的具体实际，组织力量做好行业规范的修订完善工作，使各项规范守则内容既具体、简洁、明了，又彰显社会主义核心价值观的要求，易于大家掌握和执行。通过建章立制更好地发挥行业规范

① 刘蕊、方雷：《社会主义核心价值观融入基层社会治理的机制创新》，《学习与探索》2021年第8期。

对培育和践行社会主义核心价值观的刚性约束作用，确保核心价值观的生成和践行。譬如，《山东省新媒体协会自律公约》要求山东省新媒体协会的会员单位共同遵守国家法律法规，践行社会主义核心价值观，坚决反对和抵制恶意抄袭、恶意转载、恶意篡改等一切侵权违法行为，弘扬主旋律，传播正能量。行业规范与每个行业成员良好行为的养成密切相关，直接影响人们对社会主义核心价值观的认知认同和自觉践行。要在全社会建立和形成一套包括预警、运行、奖惩、评估等环节的制度体系，通过制度，尤其是价值评价、奖惩制度来引导人们的价值选择，使社会主义核心价值观看得见、摸得着、用得上，要使人们在方方面面充分感受社会主义核心价值观，真正体现出社会的公平正义、浩然正气。[①]

第二，推进社会主义核心价值观在基层治理中的实践践行，必须把社会主义核心价值观的要求融入行业自律之中。行业自律是一种软约束，在某些情况下，行业自律的软约束能发挥出引领人们向上向善的巨大效力。

实际上，各种行业自律组织都通过制定行业自律公约等共同认可的条文来推动行业自律，确保行业行为符合法律规定和道德要求。行业中的自律公约也是开展行业价值观建设，培育和践行社会主义核心价值观的有效手段和重要方式。从全球范围来看，许多国家都强调发挥行业自律在网络监管中的重要作用，在互联网监管服务方面，英国主张以行业自律为主角，通过行业自律组织进行网络监管治理。英国的行业自律组织如互联网观察基金会（IWF）发挥着重要作用，该组织通过建立黑名单和举报热线，鼓励网民参与网络治理。事实证明，采用行业自律的方式加强网络内容监管是一种有效有力的监管方式。我国在充分发挥互联网企业在网络内容监管中的自律性方面采取了许多有效措施，尽力把网络不良信息隔断在源头。目前我国主要有《中国互联网行业自律公约》《互联网站禁止传播淫秽色情等不良信息自律规范》《互联网新闻信息服务自律公约》《博客服务自律公约》《中国无线信息服务行业诚信自律细则》《中国互

① 参见邵士庆：《简析社会主义核心价值观建设中的几对重要关系》，《高校马克思主义理论研究》2023 年第 1 期。

联网视听节目服务自律公约》《网络音乐行业发展联盟》《中国网络视听节目服务自律公约》等行业自律公约。[①] 这些公约针对不同行业制定了自律公约，对不同行业的互联网企业或个人提出了职业要求。对遵守行业自律规范的企业，行业自律组织通过网络等各种方式予以正面宣传，以扩大其社会影响。对违反行业自律规范的企业，同样通过网络等方式向社会披露，对社会造成严重后果者要取消其从业资格。各行业从业人员都应自觉遵守相应行业规范，违反行业规范、违背核心价值观的言论和行为都应受到抵制和相应追究。2021 年演员张某参观靖国神社事件引发各界强烈关注。2021 年 8 月 15 日，中国演出行业协会对演员张某参观靖国神社的不当行为进行道德申斥，并根据《演出行业演艺人员从业自律管理办法》的规定，要求会员单位对其进行从业抵制。这是从行业自律角度对本行业人员违反行业自律准则作出的相应处罚决定。中国演出行业协会道德自律委员会评议认为，演员张某的行为存在严重不当，不仅伤害民族感情，而且对其受众中的青少年群体带来恶劣的不良影响。因此，该委员会对演员张某参观靖国神社的不当行为进行道德申斥，并根据《演出行业演艺人员从业自律管理办法》的规定，要求会员单位对其进行从业抵制。[②] 行业自律管理是践行社会主义核心价值观的重要载体，作为社会公众人物的演员，理应带头践行社会主义核心价值观，带头弘扬正能量。一切违背核心价值观的言论、行为都应受到抵制和相应追究。

注重结合各个行业规范的自身内在准则，实行嵌入式内在融入，使社会主义核心价值观成为指导各行各业从业者的价值指引与行为规范。譬如，潍坊寿光市聚焦核心价值观融入社会发展，在“两企三新”领域创新开展关爱激励、共促成长等十大主题行动，发布文明诚信经营“十条公约”，引导“两企三新”讲社会责任、讲守法经营、讲公平竞争、讲诚信守约，利用互联网平台开设核心价值观云讲堂，组织开展“好网民、在寿光”传播实践及“城市文明随手拍”等活动，以社会主义核心价值观引领网络文明建设。

---

① 参见赵惜群等：《中国网络内容建设调研报告》，人民出版社 2017 年版，第 378 页。

② 参见《中演协公告：对张哲瀚进行从业抵制》，《长江日报》2021 年 8 月 15 日。

四、在基层治理中将社会主义核心价值观融入家风家教

家风家教是基层治理中最基础、最直接、最有效的德育教化方式，是培育和践行社会主义核心价值观在基层治理中的重要载体。家庭作为构成社会的基本单位，也是培育和践行社会主义核心价值观的重要阵地。习近平总书记在2015年春节团拜会上指出："不论时代发生多大变化，不论生活格局发生多大变化，我们都要重视家庭建设，注重家庭、注重家教、注重家风，紧密结合培育和弘扬社会主义核心价值观，发扬光大中华民族传统家庭美德，促进家庭和睦，促进亲人相亲相爱，促进下一代健康成长，促进老年人老有所养，使千千万万个家庭成为国家发展、民族进步、社会和谐的重要基点。"①

家庭是价值观塑造的起点，家风是一个家庭的生活方式、文化氛围，优良家风作为传统道德教育最基本的方式，包含着中华民族内在的道德文化要求，体现着中华民族丰富的精神内涵。

良好的家风、家训对于家庭成员积极价值观的形成和塑造起着潜移默化的作用，"而社会主义核心价值观尤其是个人层面的价值观恰恰是对传统家训教化和优秀家风的继承创新，这为社会主义核心价值观落细、落小、落实奠定了良好的共识基础"②。将社会主义核心价值观融入基层治理，尤其要注重培育和传承优秀家风，充分利用优秀家风中所包含的有利于时代进步的价值追求和文化基因，深入挖掘传统家风中蕴含的有利于社会发展的价值内涵。譬如，日照市成立好家风学习中心，在全市开展亮家风家训活动，收集整理了63万多条家风家训，全市40多万群众参与，推动爱国爱家、诚信友善的价值理念深入人心，实现优秀传统家风与社会主义核心价值观的创新性融合转化。

中华民族千百年来积淀下来的优秀家风在当今依然具有重要时代价值。习近平总书记强调："中华文明绵延数千年，有其独特的价值体系。

① 中共中央党史和文献研究院编：《习近平关于注重家庭家教家风建设论述摘编》，中央文献出版社2021年版，第3页。

② 高诚：《传统家训与社会主义核心价值观》，《中国社会科学报》2017年8月17日。

中华优秀传统文化已经成为中华民族的基因，植根在中国人内心，潜移默化影响着中国人的思想方式和行为方式。今天，我们提倡和弘扬社会主义核心价值观，必须从中汲取丰富营养，否则就不会有生命力和影响力。"[①]良好的家风对社会而言，就是一种"德"的力量。优秀家风彰显了优秀传统文化的基本精神，无疑是涵养社会主义核心价值观"小德"与"大德"的重要思想源泉，能够使抽象的社会主义核心价值观变得具体而鲜活。[②] 2021年2月25日，习近平总书记在全国脱贫攻坚总结表彰大会上指出："脱贫攻坚，取得了物质上的累累硕果，也取得了精神上的累累硕果。广大脱贫群众激发了奋发向上的精气神，社会主义核心价值观得到广泛传播，文明新风得到广泛弘扬，艰苦奋斗、苦干实干、用自己的双手创造幸福生活的精神在广大贫困地区蔚然成风。"[③]弘扬优秀家风对于引导人们认同和践行社会主义核心价值观有着重要作用，特别是在个人层面的核心价值观的培育和践行方面更是起着直接的促进作用。

社会主义核心价值观融入基层治理的家风培育要注重以下三个方面。

第一，要构建家庭教育、家风培育的社区支持体系，推动核心价值观融入良好家风培育在基层见诸行动、见行见效。[④] 动员社会力量，推动建立街道、社区（村）家庭教育指导机构，为家长提供公益性家庭教育、家风建设指导服务。要注重发挥基层社会媒介、新闻媒体主阵地的作用，努力挖掘家风背后的故事，重点打造一批具有现代化气息、能够传播核心价值观的优秀家风文化节目和网站，加强社会主义核心价值观舆论引导。[⑤]

---

① 习近平：《青年要自觉践行社会主义核心价值观——在北京大学师生座谈会上的讲话》，人民出版社2014年版，第7页。

② 参见张琳、陈延斌：《传承优秀家风：涵育社会主义核心价值观的有效路径》，《探索》2016年第1期。

③ 习近平：《论把握新发展阶段、贯彻新发展理念、构建新发展格局》，中央文献出版社2021年版，第512页。

④ 参见刘蕊、方雷：《社会主义核心价值观融入基层社会治理的机制创新》，《学习与探索》2021年第8期。

⑤ 参见张琳、陈延斌：《当前我国家风家教现状的实证调查与思考》，《中州学刊》2016年第8期。

家风影响民风，民风汇成国风。只有家庭、学校、社会、媒体共同协作形成工作合力，才能构建以家风文化渗透、滋养社会主义核心价值观的长效机制，才能真正提高社会主义核心价值观融入基层良好家风培育的实效性。不同家风的内容和基本要求或许各不相同，但基本精神都彰显着崇德向善、明礼爱国的内在价值。要以家庭为单位，以街道、乡村社区为载体，挖掘传统优秀资源，厘定家规、村规，制定符合现代文明社会发展进步的乡村文明规范、社会规范、家庭规范等，积极营造良好氛围。①

第二，把社会主义核心价值观同良好家风培育相互联系起来，使核心价值观落细、落小、落实能够有具体的抓手和有效载体。任何一种价值观只有植根于人民，才有可能转化为人民普遍遵循的内在规范。正是在这个意义上，“家风虽然不能涵盖社会主义核心价值观的全部，但它是人们的价值观形成和精神成长的重要起点，是我们国家和社会能够形成核心价值观依托的文化土壤，对引导人们培育和践行社会主义核心价值观来说，是最基础的东西”②。弘扬和践行良好家风能够为在全社会培育知荣辱、讲正气、作奉献、促和谐的良好风尚奠定基础，如果没有这些人格道德基础，就无法激发人们的道德和情感，也就谈不上培育和践行社会主义核心价值观。正如习近平总书记指出：“事实充分证明，社会主义核心价值观、中华优秀传统文化是凝聚人心、汇聚民力的强大力量。只要我们坚定道德追求，不断激发全社会向上向善的正能量，就一定能够为中华民族乘风破浪、阔步前行提供不竭的精神力量！”③

第三，培育良好家风为积极践行社会主义核心价值观营造良好氛围。良好家风的实践养成是社会主义核心价值观融入社会生活的重要载体和有效途径。首先，良好家风是亿万家庭的内在需求，有广泛的群众基础。其次，良好家风对家庭和个人的外在行为和内在思想具有相对约束力。作为价值观养成的途径，家风家教有着特定的文化约束力，是人们行为准

① 参见邱仁富：《以社会主义核心价值观引领文化建设》，《马克思主义理论学科研究》2023 年第 3 期。

② 陈晋：《从家风看社会主义核心价值观的培育》，《思想政治工作研究》2014 年第 4 期。

③ 习近平：《论把握新发展阶段、贯彻新发展理念、构建新发展格局》，中央文献出版社 2021 年版，第 520 页。

则的精神尺度，以此为尺度人们的行为便相应地受到约束和规范。最后，要处理好继承和创造性发展的关系，重点做好创造性转化和创新性发展。优化家风家教知识培训，不断拓宽传播渠道，建立长效教育机制，处理好传承和创新的关系。[①]

要注重发挥基层社会媒介、新闻媒体舆论宣传主阵地的作用，努力挖掘家风背后的故事，重点打造一批具有现代化气息、能够传播核心价值观的优秀家风文化节目和网站，加强社会主义核心价值观舆论引导。譬如山东广播电视台举办首届《宽厚人家》展播，系统展示山东人民“仁爱”“宽容”“诚信”“敬业”“致善”“传承”的宽厚家风；曲阜市纪委监委联合多个部门打造家风访谈栏目《儒乡圣地 家风传承》，传递传统美德，深化廉洁文化品牌建设。家风正才能民风好，民风好才能国风昌。基层社会治理中的家庭、学校、社会、媒体等多元主体在党的领导下共同协作形成工作合力，才能构建起以家风文化渗透、滋养社会主义核心价值观的长效机制，才能真正提高社会主义核心价值观融入基层良好家风培育中的实效性。

培育和践行社会主义核心价值观，领导干部尤其应带好头，从弘扬和实行良好的家风开始，以身作则，言传身教，以优良家风塑造高尚品格。家风正，领导干部的作风才能正。家风不正，则难以形成良好作风。“领导干部要努力成为全社会的道德楷模，带头践行社会主义核心价值观，讲党性、重品行、作表率，带头注重家庭、家教、家风，保持共产党人的高尚品格和廉洁操守，以实际行动带动全社会崇德向善、尊法守法。”[②]作为党的领导干部，对家属更应该严格要求，要求家属模范遵守党纪国法，自觉把家庭成员管好，在家庭中给子女做好行为示范和言传身教，加强对子女遵规守纪和爱党爱国的思想教育和关心关爱。

总之，培育社会主义核心价值观是一项长期而艰巨的系统工程，需要贴近百姓生活，融入人们的日常行为规范，使人们在潜移默化中接受教育、陶冶情操、自觉践行。

---

① 参见孙兰英、卢婉婷：《家风家教是培育和践行社会主义核心价值观的基础》，《思想教育研究》2014 年第 12 期。

② 习近平：《论坚持全面依法治国》，中央文献出版社 2020 年版，第 167～168 页。

第十三章　制度吸纳机制：基层治理中社会主义核心价值观的长效性融入

实现基层治理中社会主义核心价值观的长效性融入，要创新融入机制，通过推动基于道德准则的制度转化、基于社会规范的制度约束、基于审查清理的制度更新和基于基层联系的制度反馈，统筹推进制度转化、制度约束、制度更新和制度反馈将社会主义核心价值观融入基层治理的制度建设中，从而发挥社会主义核心价值观的制度约束功能，改进和完善基层社会中制度规范的供给方式，将制度约束效力转化为推进核心价值观融入基层治理的实际效能。

一、创新制度设计，建立核心价值观融入基层治理的道德准则转化机制

“一个社会基本遵循的价值体系形成于人们的意识，通过实践的不断强化内化为人们的精神追求，并外化为人们的自觉行动，能够为实现治理现代化提供理念共识。”[①]习近平总书记强调：“要把实践中广泛认同、较为成熟、操作性强的道德要求及时上升为法律规范，引导全社会崇德向善。”[②]

基层治理现代化也需要发挥道德规范、文化传统、行为准则等非正式

① 黄建军：《推进治理现代化须重视非正式制度》，《学习时报》2015年10月5日。

② 习近平：《论坚持全面依法治国》，中央文献出版社2020年版，第166页。

制度的价值整合功能，道德准则转化为法律规范有利于增强道德本身的约束力。将平等、公平、诚实、信用等原则写入法律规范都是社会道德法律化的例证。近代以来，西方的立法实践也体现出道德的法律化取向。《德国民法典》第 242 条规定：债务人须依诚实与信用并照顾交易惯例，履行其给付。《瑞士民法典》第 2 条规定：无论何人行使权利义务，均应依诚实信用为之。《美国统一商法典》第 203 条规定：凡本法范围内之任何合同或义务均要求（当事人）必须以诚信履行或执行之。① 可见，在西方民法典或商法典中，作为道德原则的诚实信用被转化为最高的法律原则。博登海默（Edgar Bodenheimer）认为，那些被视为社会交往的基本而必要的道德正义原则，在一切社会中都被赋予了具有强大力量的强制性质。这些道德原则的约束力的增强，是通过将它们转化为法律规则实现的。②

道德准则转化为法律规范只能是基本的社会道德的法律化，而不能是理想的社会道德的法律化。所谓基本道德是"多数人都能够自觉遵行的道德要求，而理想的道德则往往高于现实生活中一般人的道德水平，是多数人做不到或不可能持久坚持的道德要求，只有社会上少数具有坚强道德信念和优良道德修养的人才会对之持之以恒、矢志不渝"③。理想的道德必然超过人们所能承载的平均道德力，无法被多数人普遍遵守，也就不可能转化为具有普遍性的法律。季冬晓、王婵认为，评判规范伦理能否上升为法律规范，主要以两个方面为依据：一是探究分析道德规范的社会影响力是否为法律规范的迫切需求；二是获得法律资源支撑的可能性，将实施的必要性和有效性作为价值评价标准。④

道德与法律的内在密切关系，决定了依法治国与以德治国可以相结合进而上升为治国方略。《中共中央关于全面推进依法治国若干重大问题的决定》提出："国家和社会治理需要法律和道德共同发挥作用。必须

① 参见崔永东：《道德与中西法治》，人民出版社 2002 年版，第 66 页。

② 参见［美］埃德加·博登海默：《法理学—法哲学及其方法》，邓正来、姬敬武译，华夏出版社 1987 年版，第361 页。

③ 程秀波：《道德法律化的根据与界限》，《河南师范大学学报》（哲学社会科学版）2005 年第 7 期。

④ 参见季冬晓、王婵：《完善新时代党内法规体系的逻辑理路》，《理论探讨》2023 年第 3 期。

坚持一手抓法治、一手抓德治，大力弘扬社会主义核心价值观，弘扬中华传统美德，培育社会公德、职业道德、家庭美德、个人品德，既重视发挥法律的规范作用，又重视发挥道德的教化作用。”[①]道德准则转化要寻找合适有效的道德载体，用确定的、法规化的道德来规范人们的思想行为。

虽然道德准则可以转化为法律规范，但道德准则不能代替法律规范，法律规范也无法取代道德准则的调节功能。李光辉、李勇认为，当某些道德准则和道德规范需要以一种相对规范的方式被全社会共同遵循的时候，国家立法开始介入道德领域；当一种相对具有普遍性的行为侵犯到特定的社会关系或者社会秩序，仅靠某种道德规范的约束已经不足以制止的时候，就需要将该道德规范确认为法律规范，通过国家的强制力来制止。[②] 因此，可以说道德规范向法律规范转化所依据的基本条件是道德手段对某种社会关系、社会秩序和个人行为的调节失效，同时侵犯这些关系和秩序的个人行为已经蔓延成普遍的社会问题。法律义务的设定必须保持适当的度，这个度应该是一种“底线道德”，即对社会成员提出的最低道德要求，这个度不能超出其道德观念所能接受的程度。

其一，注重创新道德准则法律化的规范程序，以制度化形式彰显法律强制力。在基层治理中，我们要进行制度创新，通过符合法律规定和法定程序的方式将符合社会主义核心价值观的道德准则以制度安排的形式明确提出和固定下来，利用具有权威性、公共性和惩戒性的刚性制度，提高个人或组织违反社会公序良俗的经济成本、社会成本、政治成本乃至法律成本，为社会公认的道德准则的普遍实现提供可靠的制度保障。

2016 年，中办国办印发《关于进一步把社会主义核心价值观融入法治建设的指导意见》，也强调：“注重把一些基本道德规范转化为法律规范，把实践中行之有效的政策制度及时上升为法律法规，推动文明行为、社会诚信、见义勇为、尊崇英雄、志愿服务、勤劳节俭、孝亲敬老等方面的

① 《中共中央关于全面推进依法治国若干重大问题的决定》，人民出版社 2014 年版，第 7 页。

② 参见李光辉、李勇：《论道德规范向法律规范的有效转化》，《探索》2004 年第 4 期。

立法工作。”[①]

其二,注重把握道德准则法律化的转化时机和制度创设,使其具有法律约束力。将道德准则法律化,使其具有法律约束力,要注重考虑转化的时机和转化的制度安排。

2018 年 12 月 29 日,第十三届全国人民代表大会常务委员会第七次会议修订《中华人民共和国公务员法》,并于 2019 年 6 月 1 日起开始施行。其中规定,公务员要“带头践行社会主义核心价值观,坚守法治,遵守纪律,恪守职业道德,模范遵守社会公德、家庭美德;清正廉洁,公道正派”[②]。同时也规定公务员不得有违反职业道德、社会公德和家庭美德的行为。把遵守职业道德、社会公德和家庭美德的规定,从软性道德约束层面上升到法律义务层面,将道德层面的准则要求写入法律条文之中,就使其具有了硬约束力,一旦出现违反职业道德、社会公德、家庭美德的行为,就要承担相应纪律责任和法律责任。

将道德教育和法律教育相结合,把内心自律的道德和外部强制的法律这两种本是严格区分的控制手段相互融合,既重新阐释了道德与法律之间的关系,又利用道德法的法律化实现了道德对权力的制约,“将纠正德行缺失与弥补人性缺陷的举措并行,从而在规制政府行为以促进人类德性的回归、树立公职人员的廉耻观和道德准则等方面发挥了重要作用”[③]。

公职人员财产申报制度最初也作为一项道德约束,后来逐步上升到制度层面。以美国为例,美国公职人员财产申报经过 100 多年的发展,形成了相对较为完善的官员财产申报制度。1978 年,美国国会通过关于规范政府官员职业道德的法律,即《政府行为道德法》,标志着美国正式确立官员财产申报制度。在《政府行为道德法》等约束公职人员行为的法典中,有关财产申报的规定就多达 4 万多页,相当于一部宏大的法典。美国

① 《中办国办印发〈关于进一步把社会主义核心价值观融入法治建设的指导意见〉》,《人民日报》2016 年 12 月 26 日。

② 《中华人民共和国公务员法》,人民出版社 2019 年版,第 7 页。

③ 姚文胜:《美国〈公职人员道德准则法〉的特色及启示》,《特区实践与理论》2015 年第 3 期。

公职人员财产申报制度从最初作为一项道德约束，发展到逐步明确的法律规定，归根结底是建立在行政伦理基础上。“该项制度运行的内在逻辑是把公共服务看作公众的信任，为了确保每个公民对联邦政府恪尽职守抱有完全信心，每个公职人员都必须把对宪法、法律和道德规范的忠诚置于个人利益之上，必须尊重并坚持道德行为的原则及准则。”[①]

2018 年 5 月，中共中央印发了《社会主义核心价值观融入法治建设立法修法规划》，强调把社会主义核心价值观融入立法体制，从源头上确保鲜明的价值导向，并对把社会主义核心价值观融入全面依法治国战略部署进行了总体规划，即着力把社会主义核心价值观融入法律法规的立改废释全过程，确保各项立法导向更加鲜明、要求更加明确、措施更加有力，推动社会主义核心价值观全面融入中国特色社会主义法律体系。[②]在制度设计中体现法治性与规范性，提升社会主义核心价值观在社会治理中的刚性约束力。邹城市探索“融合式党建”，推动文化融合、组织融合、阵地融合、队伍融合、数据融合、资源融合，将优秀传统文化作为城市党建与基层治理深度融合的催化剂，将孟子“出入相友 守望相助”等优秀传统文化理念与基层治理相结合，为居民提供家门口的优质服务和精细管理。通过创新机制助推制度的进步与完善，利用制度权威性、公共性和惩戒性的优势，提高个人或组织违反社会公序良俗的各项成本，为社会公认的、具有社会主义核心价值观指向的道德准则的普遍实现提供可靠的制度保障。

二、推进制度配合，构建核心价值观融入基层治理的社会规范约束机制

社会规范是基层群众在长期实践中积累形成的，用以调解主体间关系的约定俗成或明确规定的日常规矩、行为准则或互动规则。它建立在一定社会关系基础上，目的在于维护社会公众利益、社会秩序。社会规范既是一种以肯定方式存在的价值范导，也是一种以否定方式存在的约束

① 姚文胜：《美国〈公职人员道德准则法〉的特色及启示》，《特区实践与理论》2015 年第 3 期。
② 参见《社会主义核心价值观融入法治建设立法修法规划》，《人民日报》2018 年 5 月 8 日。

与禁止，其基本的功能或价值是确保社会有机体保持正常的运行状态，使人们的社会生活处于一种有序的、正常的、可能的状态。[①] 社会生活的理想样态不仅应是一种受到规范与约束的生活，而且必须是受到规范与约束的生活。只有确立和构建起社会生活的相应规范体系，人们的社会生活才可能处于有序规范的正确轨道上。

从表现方式来看，社会规范可分为成文规范和不成文规范，如法律制度、单位规章、村规民约属于成文规范，而社会公共道德等则属于不成文规范。这两种不同的表现形式，我们可以理解为法治、德治的不同载体。

社会规范约束体系是将基层群众普遍认可的良好社会规范优化组合，使群众在日常生活、工作和交往中都能够有所遵循，用以弥补法律法规的隙漏。“道德的与文化的社会规范则属于社会的意识形态或思想的上层建筑，虽然它们也由社会的生产方式与交换方式决定，并反映社会生产方式与交换方式的要求，但由于它们与社会经济基础的关系相对间接，因而道德与文化对人们活动与行为的规范与约束则相对富有柔性与弹性，通常表现为一种软约束。”[②]

其一，把社会主义核心价值观融入基层治理，要推动利益协调机制、矛盾调处机制、激励惩戒机制、权益保障机制等制度最大限度相互协同配合。一方面，明确界定党政机关、企事业单位在践行社会主义核心价值观方面的事权责利，充分发挥党员、干部、工人、农民、知识分子等的作用，形成人人践行社会主义核心价值观建设的生动景象。推动社会主义核心价值观真正深入人心，既需要广大民众自愿自觉的参与践行，更需要党和政府不断大力引导和积极推动，通过把各相关主体在社会主义核心价值观建设中的责任公开明确，以清单形式融入基层治理的制度规章、融入具体任务考核之中，这样才能激发各个主体承担责任的积极性。另一方面，明确公民在社会主义核心价值观建设中的主体责任。公民是社会主义核心价值观建设的主要参与者之一，与社会一样，公民在国家治理中的作用也越来越突出，同样在社会主义核心价值观建设中的作用也越来越重要。

---

① 参见林剑：《论社会规范的价值取向及其合理性》，《教学与研究》2017 年第 11 期。

② 林剑：《论社会规范的价值取向及其合理性》，《教学与研究》2017 年第 11 期。

由于公民根据职业、财富、社会影响的不同，可以分为不同的阶层，但是不管处于什么阶层的公民，他们都要经历家庭教育和学校教育，因此要从家庭教育和学校教育着手，明确社会主义核心价值观建设中公民主体的责任。父母要在教导孩子为人处世的过程中，渗透社会主义核心价值观的基本内容，还要使孩子知道在社会上不同的公民在建设社会主义核心价值观过程中分别应该承担什么样的责任。学校是一个人走向社会的前站，学校教育对于一个人在社会上日后的发展至关重要。学校要利用课堂教学、学生活动、社会实践等形式教授学生社会主义核心价值观的理念、实质和基本要求。因此，家庭教育和学校教育的互动结合，可以使不同层次的公民对自己在社会主义核心价值观建设中的角色有基本的认知，使他们走上社会后能快速地找到自己的位置，这样就会加快社会主义核心价值观建设的步伐。

其二，发挥社会主义核心价值观的价值引领作用，防止出现具体制度规定与社会主义核心价值观相背离现象。制度建设必须以社会主义核心价值观为灵魂。“核心价值观奠定着国家制度的道义基础，是国家制度赖以立足发展的灵魂，决定着国家制度变革和调整的基本方向。”[①]在基层治理中构建系统完备、科学规范、运行有效的制度体系，需要发挥社会主义核心价值观的价值引领作用，没有社会主义核心价值观的系统性、一致性和引领性，各种制度的价值目标和价值指向就不可能一致，制度的系统性和科学性也就无从谈起。

制度化是彰显价值和塑造价值的有效形式。健全社会主义核心价值观的良好制度保障，特别是建立健全社会主义核心价值观建设的制度体系，是其发挥价值引领作用的根本条件和关键环节，将社会主义核心价值观要求融入经济、政治、文化和社会等各项基本制度，通过制度来引导人们坚持正确的价值观念和价值取向，调节、规范人们的价值关系和价值行为，使人们自觉遵循和践行社会主义核心价值观。人的社会生活需要多种不同形式的规范，用以对人们的活动与行为进行秩序建构。要发挥政

① 汪信砚主编：《社会主义核心价值观与当代中国文化软实力研究》，人民出版社 2018 年版，第 252 页。

策的导向作用，特别是要把社会主义核心价值观融入法律法规，使符合社会主义核心价值观的行为得到鼓励，违背社会主义核心价值观的行为受到制约。

三、增强制度活力，推行核心价值观融入基层治理的备案审查与定期清理机制

进行备案审查和定期清理基层党政机关的规范性文件，是推进基层治理进程、实现社会主义核心价值观深度融入的活力所在。创新核心价值观的融入机制，应当明确规定文件审查范围和期限、明确审查原则和机构、统一审查标准和程序，定期清理不符合社会主义核心价值观融入基层治理的实际进展的规范性文件。

由于一段时间以来各地对制发"红头文件"的约束、监督不强，一些政府部门、单位或者受利益驱动，或者缺乏法治意识，出台了一些令人啼笑皆非、饱受诟病的"红头文件"。① 因此，禁止地方制发带有立法性质的文件对于推进基层治理现代化越发具有极为重要的意义。党的十八届四中全会强调："加强备案审查制度和能力建设，把所有规范性文件纳入备案审查范围，依法撤销和纠正违宪违法的规范性文件，禁止地方制发带有立法性质的文件。"②党的十九大则进一步明确提出："加强宪法实施和监督，推进合宪性审查工作，维护宪法权威。"③

落实"禁止地方制发带有立法性质的文件"这一要求，要加强备案审查工作。备案审查制度是我国政治领域内一项重要的宪法实施和监督制度，无论负责报备的机关，还是负责审查的机关，都应从宪法实施和宪法监督的高度，不断增强开展备案审查工作的自觉性、责任感和使命感，切实担负起备案审查工作职责。④ 报备机关要按照法律规定和程序要求认真报备，做到"有件必备"。审查机关要对规范性文件进行备案审查，备案

---

① 参见彭波、张潇月：《"红头文件"不是法》，《人民日报》2014年12月3日。

② 《中共中央关于全面推进依法治国若干重大问题的决定》，人民出版社2014年版，第9页。

③ 习近平：《决胜全面建成小康社会 夺取新时代中国特色社会主义伟大胜利——在中国共产党第十九次全国代表大会上的报告》，人民出版社2017年版，第38页。

④ 参见段红柳：《论规范性文件备案审查》，《湖南行政学院学报》2017年第1期。

审查工作的重点在于审查,做到“有备必审”“有错必纠”。备案审查和制定新法等工作一样,都是地方人大常委会的重点工作。加强重点领域立法工作的同时,要不断加强备案审查工作。

其一,与时俱进及时调整与社会主义核心价值观内在精神相违背的文件、制度。社会主义核心价值观融入基层治理形成的相关规范性文件,依然需要根据时代发展进行审查和清理,及时调整那些与社会主义核心价值观内在精神相违背的文件、制度,更要强化公民在规范性文件备案审查中的地位和作用,将公民权利诉求作为重要动力源泉,借助公民个案启动规范性文件的审查。

2016 年,中共中央办公厅、国务院办公厅印发的《关于进一步把社会主义核心价值观融入法治建设的指导意见》专门对文件备案审查进行强调,指出:“加强规范性文件备案审查制度和能力建设,建立健全法律法规定期清理机制,对与社会主义核心价值观要求不相适应的,依照法定程序及时进行修改和废止。”[①]要完善督促纠正机制,对于通过审查发现有问题的规范性文件,与制定机关加大沟通协调力度,督促制定机关自行纠正规范性文件存在的问题。要为提高文件审查质量,深化备案审查工作提供智力支持,以进一步提升规范性文件备案审查能力与水平。同时注重加强备案审查的信息化建设,提高人大常委会的备案审查信息化水平和工作能力。

其二,落实好公民审查建议权,对“红头文件”有疑义可依法提出审查建议。社会团体、企业事业组织以及公民认为规范性文件存在违法设定行政许可、行政处罚、行政强制,或者对上位法设定的行政许可、行政处罚、行政强制违法作出调整和改变,与上位法明显不一致,或者与上位法的认法目的、原则明显相违背,旨在抵消、改变或者规避上位法规定,同上级或者本级人民代表大会及其常务委员会的决议、决定等规范性文件相抵触等情形的,可以向负责备案审查的县级以上人民代表大会常务委员会提出审查建议。对于审查建议权应当以书面形式提出,写明建议审查

① 《中办国办印发〈关于进一步把社会主义核心价值观融入法治建设的指导意见〉》,《人民日报》2016 年 12 月 26 日。

的规范性文件名称、审查的事项和理由。

总之，基层治理中社会主义核心价值观融入机制的构建，是一个不断在实践中探索修正的过程，也必然是充满无限挑战性的创新改革的过程。这种融入机制不会是仅仅一个创意想法就解决全部问题，而是要涉及许多领域许多方面的具体机制设计。党的十九大报告指出："社会主义核心价值观是当代中国精神的集中体现，凝结着全体人民共同的价值追求。要以培养担当民族复兴大任的时代新人为着眼点，强化教育引导、实践养成、制度保障，发挥社会主义核心价值观对国民教育、精神文明创建、精神文化产品创作生产传播的引领作用，把社会主义核心价值观融入社会发展各方面，转化为人们的情感认同和行为习惯。"[①]建构基层治理中社会主义核心价值观融入机制，必须站在以社会主义核心价值观为支撑推进国家治理体系和治理能力现代化的战略高度，必须把握全面贯彻习近平新时代中国特色社会主义思想和党的领导权威的本质向度，必须依据破解核心价值观融入机制障碍的实践效度，从理论逻辑、价值关怀、情景回归、问题析出和机制创新等多重层次逐渐深入。

① 习近平：《决胜全面建成小康社会　夺取新时代中国特色社会主义伟大胜利——在中国共产党第十九次全国代表大会上的报告》，人民出版社2017年版，第42页。

参考文献

一、著作

《马克思恩格斯选集》第1～4卷，人民出版社2012年版。

《马克思恩格斯文集》第1～10卷，人民出版社2009年版。

《毛泽东选集》第1～4卷，人民出版社1991年版。

《邓小平文选》第1～3卷，人民出版社1994、1993年版。

《江泽民文选》第1～3卷，人民出版社2006年版。

《胡锦涛文选》第1～3卷，人民出版社2016年版。

《习近平著作选读》第1～2卷，人民出版社2023年版。

中共中央文献研究室编：《建国以来重要文献选编》第10册，中央文献出版社1994年版。

中共中央文献研究室编：《十八大以来重要文献选编》（上），中央文献出版社2014年版。

中共中央文献研究室编：《十八大以来重要文献选编》（中），中央文献出版社2016年版。

中共中央党史和文献研究院编：《十八大以来重要文献选编》（下），中央文献出版社2018年版。

中共中央党史和文献研究院编：《十九大以来重要文献选编》（上），中央文献出版社2019年版。

中共中央党史和文献研究院编:《十九大以来重要文献选编》(中),中央文献出版社2021年版。

《习近平谈治国理政》,外文出版社2014年版。

《习近平谈治国理政》第2卷,外文出版社2017年版。

《习近平谈治国理政》第3卷,外文出版社2020年版。

《习近平谈治国理政》第4卷,外文出版社2022年版。

中共中央文献研究室编:《习近平关于全面深化改革论述摘编》,中央文献出版社2014年版。

中共中央文献研究室编:《习近平关于全面依法治国论述摘编》,中央文献出版社2015年版。

中共中央文献研究室编:《习近平关于社会主义文化建设论述摘编》,中央文献出版社2017年版。

中共中央文献研究室编:《习近平关于协调推进"四个全面"战略布局论述摘编》,中央文献出版社2015年版。

中共中央宣传部编:《习近平总书记系列重要讲话读本》,人民出版社2016年版。

中共中央宣传部编:《习近平新时代中国特色社会主义思想学习纲要》,学习出版社2019年版。

习近平:《在文艺工作座谈会上的讲话》,人民出版社2015年版。

习近平:《青年要自觉践行社会主义核心价值观——在北京大学师生座谈会上的讲话》,人民出版社2014年版。

习近平:《在会见第一届全国文明家庭代表时的讲话》,人民出版社2017年版。

《关于培育和践行社会主义核心价值观的意见》,人民出版社2013年版。

俞可平:《社会主义核心价值观建设的管理与实践》,重庆出版社2015年版。

刘艳军、刘晓青:《基于传统家训文化视角的现代乡村治理与农民社会主义核心价值观培育研究》,光明日报出版社2016年版。

王蓓等:《实践社会主义核心价值观引领的法制机制研究》,中国社会科学出版社 2015 年版。

罗国杰主编:《马克思主义价值观研究》,人民出版社 2013 年版。

郭建宁主编:《民族复兴的价值支撑:社会主义核心价值观研究》,高等教育出版社 2015 年版。

王炳林、郝清杰、黄明理:《强基固本的精神力量:社会主义核心价值观纵横谈》,安徽人民出版社 2016 年版。

刘建军、王思敏:《社会主义核心价值观七日谈》,河北人民出版社 2015 年版。

韩震:《社会主义核心价值观新论》,中国人民大学出版社 2014 年版。

吴潜涛、艾四林主编:《社会主义核心价值观研究前沿问题聚焦:社会主义核心价值观协同创新北京峰会文萃》,人民出版社 2017 年版。

龚群:《当代中国社会价值观调查研究》,北京师范大学出版社 2012 年版。

沈壮海主编:《兴国之魂:社会主义核心价值体系释讲》,湖北教育出版社 2014 年版。

潘维、玛雅:《聚焦当代中国价值观》,生活·读书·新知三联书店 2008 年版。

陈来:《中华文明的核心价值》,生活·读书·新知三联书店 2015 年版。

戴木才:《中国特色核心价值观的传统、现实与前景》,广西人民出版社 2011 年版。

何锡蓉:《当代中国的精神旗帜:社会主义核心价值观研究》,上海人民出版社 2014 年版。

李斌雄:《中国共产党的价值观研究》,中国社会科学出版社 2003 年版。

孙杰:《当代中国社会主义核心价值观研究》,人民出版社 2016 年版。

曹雅欣:《国学与社会主义核心价值观》,光明日报出版社 2015 年版。

张学森:《核心价值观的历史演进与当代构建》,人民出版社 2014

年版。

张娜:《核心价值观视野下的社会建设》,重庆出版社 2014 年版。

李德顺、马俊峰:《价值论原理》,陕西人民出版社 2002 年版。

李德顺:《价值论:一种主体性的研究》,中国人民大学出版社 2013 年版。

李文阁:《生活价值论》,云南人民出版社 2005 年版。

罗国杰:《中国革命道德》,中国人民大学出版社 2013 年版。

骆郁廷:《精神动力论》,武汉大学出版社 2003 年版。

农华西:《意识形态与核心价值体系建设》,湖南人民出版社 2007 年版。

姚小玲、陈萌:《中国传统伦理思想:社会主义核心价值体系构建的文化底蕴》,人民出版社 2015 年版。

田海舰:《培育和践行社会主义核心价值观多维研究》,人民出版社 2015 年版。

吴学琴等:《当代中国日常生活维度的意识形态研究》,人民出版社 2014 年版。

邱仁富:《社会主义核心价值观培育研究》,上海大学出版社 2015 年版。

赵存生、宇文利等:《中国精神:弘扬和培育中华民族精神的理论与实践》,上海人民出版社 2014 年版。

靳凤林:《祠堂与教堂:中西传统核心价值观比较研究》,人民出版社 2018 年版。

李杰:《核心价值观与国民社会心态的调试》,浙江大学出版社 2015 年版。

张立文:《中国传统文化与人类命运共同体》,中国人民大学出版社 2018 年版。

袁银传主编:《价值观、核心价值观、核心价值体系:中国特色社会主义核心价值观》,武汉大学出版社 2014 年版。

王燕文主编:《社会主义核心价值观研究丛书·总论》,江苏人民出版社 2015 年版。

王明生主编:《社会主义核心价值观研究丛书·富强篇》,江苏人民出版社 2015 年版。

刘旺洪主编:《社会主义核心价值观研究丛书·民主篇》,江苏人民出版社 2015 年版。

叶南客主编:《社会主义核心价值观研究丛书·文明篇》,江苏人民出版社 2015 年版。

管向群主编:《社会主义核心价值观研究丛书·和谐篇》,江苏人民出版社 2015 年版。

袁久红主编:《社会主义核心价值观研究丛书·自由篇》,江苏人民出版社 2015 年版。

王庆五主编:《社会主义核心价值观研究丛书·平等篇》,江苏人民出版社 2015 年版。

桑学成主编:《社会主义核心价值观研究丛书·公正篇》,江苏人民出版社 2015 年版。

公丕祥主编:《社会主义核心价值观研究丛书·法治篇》,江苏人民出版社 2015 年版。

郭广银主编:《社会主义核心价值观研究丛书·爱国篇》,江苏人民出版社 2015 年版。

杨明主编:《社会主义核心价值观研究丛书·敬业篇》,江苏人民出版社 2015 年版。

王小锡主编:《社会主义核心价值观研究丛书·诚信篇》,江苏人民出版社 2015 年版。

黄明理主编:《社会主义核心价值观研究丛书·友善篇》,江苏人民出版社 2015 年版。

双传学主编:《社会主义核心价值观研究丛书·实践篇》,江苏人民出版社 2015 年版。

吴锦良:《基层社会治理》,中国人民大学出版社 2014 年版。

谢庆奎、商红日主编:《基层民主与社区治理》,北京大学出版社 2011

年版。

章志远、张伟、黄雪元主编:《基层社会治理法治化的杨舍实践》,苏州大学出版社 2016 年版。

贺海涛、聂新平主编:《基层社区治理的创新实践:国家治理现代化视野下的罗湖探索》,中国社会科学出版社 2016 年版。

郑曙光等:《基层社会治理创新在宁波的实践》,中国法制出版社 2016 年版。

高建生:《民意表达:基层社会治理意义上的解读》,中国社会出版社 2014 年版。

全永波等:《社会治理法治化研究:基于舟山市社会基层治理的调查》,光明日报出版社 2016 年版。

高红等:《社区社会组织与城市基层合作治理》,人民出版社 2016 年版。

孔娜娜等:《行动者、关系与过程:基层社会治理的结构性转换》,中国社会科学出版社 2014 年版。

周庆智:《在政府与社会之间:基层治理诸问题研究》,中国社会科学出版社 2015 年版。

唐奕:《治理之基:中国基层治理队伍建设纵横谈》,中国社会科学出版社 2016 年版。

史云贵:《中国基层社会治理机制创新研究》,天津人民出版社 2015 年版。

潘小娟:《中国基层社会重构:社区治理研究》,中国法制出版社 2004 年版。

上海市中国特色社会主义理论体系研究中心编:《中国道路上海实践:基层治理创新》,上海人民出版社 2017 年版。

时树菁:《中国基层治理问题研究》,中国社会科学出版社 2015 年版。

黄宗智主编:《中国乡村研究》第二辑,商务印书馆 2003 年版。

尤琳:《中国乡村关系:基层治理结构与治理能力研究》,中国社会科学出版社 2015 年版。

温铁军等:《居安思危:国家安全与乡村治理》,东方出版社2016年版。

姜彦君:《历史性突破:浙江法治建设的价值探索》,浙江大学出版社2008年版。

曹锦清:《黄河边的中国:一个学者对乡村社会的观察与思考》,上海文艺出版社2000年版。

李春山、何京泽:《社会主义核心价值观大众化研究》,人民出版社2017年版。

韩震:《社会主义核心价值观与中国文化国际传播》,中国人民大学出版社2017年版。

吴潜涛:《社会主义核心价值观基本理念研究》,中国人民大学出版社2023年版。

孙柏瑛:《城市基层政府社会治理体制机制的现代转型》,中国社会科学出版社2020年版。

李强、安超:《中国基层社会治理》,社会科学文献出版社2020年版。

吕德文:《基层中国:国家治理的基石》,东方出版社2021年版。

陈胜云:《社会主义核心价值观经典溯源》,上海社会科学院出版社2023年版。

陈玉君:《马克思主义价值理论与社会主义核心价值观研究》,人民出版社2022年版。

谢安国:《大学生社会主义核心价值观认同研究》,中国社会科学出版社2022年版。

[匈]卢卡奇:《历史与阶级意识》,杜章智等译,商务印书馆2007年版。

[英]戴维·英格利斯:《文化与日常生活》,张秋月等译,中央编译出版社2010年版。

[德]马勒茨克:《跨文化交流:不同文化的人与人之间的交往》,潘亚玲译,北京大学出版社2001年版。

[美]乔尔·S.米格代尔:《社会中的国家:国家与社会如何相互改变

与相互构成》,李杨、郭一聪译,江苏人民出版社 2013 年版。

[美]W.理查德·斯科特:《制度与组织:思想观念与物资利益》,姚伟、王黎芳译,中国人民大学出版社 2010 年版。

[美]孔飞力:《中国现代国家的起源》,陈兼、陈之宏译,生活·读书·新知三联书店 2013 年版。

[美]杜赞奇:《文化、权力与国家:1900～1942 年的华北农村》,王福明译,江苏人民出版社 1994 年版。

[美]塞缪尔·亨廷顿、劳伦斯·哈里森主编:《文化的重要作用:价值观如何影响人类进步》,程克雄译,新华出版社 2010 年版。

二、期刊论文

沈壮海:《社会主义核心价值观研究的几点思考》,《学校党建与思想教育》2015 年第 9 期。

沈壮海:《构筑社会治理创新的价值基础——当代中国的社会主义核心价值观建设》,《社会主义核心价值观研究》2016 年第 1 期。

刘书林:《论社会主义核心价值观的几个重要关系》,《思想理论教育导刊》2014 年第 9 期。

刘建军:《"社会主义核心价值观"的三种区分》,《思想理论教育导刊》2015 年第 2 期。

陈金钊:《对法治作为社会主义核心价值观的诠释》,《法律科学》(西北政法大学学报)2015 年第 2 期。

冯留建:《社会主义核心价值观培育的路径探析》,《北京师范大学学报》(社会科学版)2013 年第 1 期。

顾钰民:《深化社会主义核心价值观研究的几个问题》,《中国特色社会主义研究》2013 年第 4 期。

王久高:《社会主义核心价值观的生成与内涵》,《中国特色社会主义研究》2014 年第 4 期。

董良:《社会主义核心价值观宣传教育的话语维度》,《教育探索》2016 年第 7 期。

龚继民:《中国共产党探索社会主义核心价值观的发展历程》,《福建省社会主义学院学报》2015 年第 6 期。

孟迎辉、邓泉国:《社会主义核心价值观与日常生活的内在逻辑》,《社会主义研究》2015 年第 1 期。

吴翠丽:《社会主义核心价值观嵌入日常生活的内在机理与实现路径》,《南京社会科学》2015 年第 2 期。

方晓珍:《社会主义核心价值观与中国优秀传统文化的关系分析》,《思想理论教育导刊》2015 年第 6 期。

杜鸿林:《关于培育和践行社会主义核心价值观的若干思考》,《理论与现代化》2013 年第 2 期。

许耀桐:《关于社会主义核心价值观的若干问题》,《中共中央党校(国家行政学院)学报》2012 年第 4 期。

张春芳:《论社会主义核心价值观乡土化及其构建途径》,《东南学术》2011 年第 2 期。

孙向军:《论社会主义核心价值观及其培育》,《中共中央党校(国家行政学院)学报》2013 年第 2 期。

孟轲:《论社会主义核心价值观的认同主体》,《马克思主义研究》2015 年第 4 期。

喻文德:《论社会主义核心价值观的制度化建设》,《中国特色社会主义研究》2016 年第 2 期。

陆树程、杨倩:《论培育和践行社会主义核心价值观的内在机制》,《毛泽东邓小平理论研究》2014 年第 8 期。

刘铮、刘新庚:《社会主义核心价值观实现路径探索》,《求索》2011 年第 9 期。

李健:《社会主义核心价值观与西方“普世”价值的四大区别》,《思想理论教育导刊》2015 年第 3 期。

曾令辉:《论构建培育和践行社会主义核心价值观长效机制的切入点与维度》,《思想教育研究》2015 年第 12 期。

刘先春、柳宝军:《家训家风:培育和涵养社会主义核心价值观的道德根基与有效载体》,《思想教育研究》2016 年第 1 期。

王伟:《社会信用体系建设中的理解分歧及其辨析》,《人民论坛》2021 年第 25 期。

刘立新:《运用大数据优化社会主义核心价值观大众化宣传教育》,《思想理论教育导刊》2017 年第 12 期。

蔡娟:《社会主义核心价值观:全面深化改革的强大引擎》,《毛泽东邓小平理论研究》2014 年第 8 期。

吴春梅、席莹:《农民的社会主义核心价值观认同:困境与出路》,《科学社会主义》2014 年第 6 期。

周琪:《社会主义核心价值观建设的内在逻辑及实现》,《西南大学学报》(社会科学版)2016 年第 1 期。

贺东航、牛宗岭:《全面依法治国背景下的基层法治建设与民间法再造》,《江苏行政学院学报》2016 年第 4 期。

于龙刚:《法治与治理之间:基层社会警察"解纷息争"机制分析》,《华中科技大学学报》(社会科学版)2016 年第 3 期。

骆郁廷、唐丽敏:《核心价值观的社会治理作用及其实现机制》,《思想政治教育研究》2017 年第 2 期。

王学俭、金德楠:《论社会主义核心价值观的社会治理功能及其实现机理》,《黑龙江高教研究》2014 年第 11 期。

徐瑞鸿:《将社会主义核心价值观融入国家治理现代化》,《人民论坛》2016 年第 5 期。

胡宝荣、李强:《论社会主义核心价值观在社会治理中的作用》,《中国特色社会主义研究》2014 年第 2 期。

段立国:《国家治理现代化与社会主义核心价值观的内在关联》,《湖北社会科学》2015 年第 4 期。

双传学:《社会主义核心价值观与国家治理现代化的契合性——基于软实力的一种考察视角》,《中国特色社会主义研究》2014 年第 6 期。

黄力之:《国家治理与社会核心价值观建设的关系》,《思想理论教育》2014 年第 6 期。

刘涛:《论社会主义核心价值观与国家治理现代化的契合》,《湖北民族学院学报》(哲学社会科学版)2017 年第 1 期。

任洁:《社会核心价值观在国家治理中的功能》,《中国社会科学院研究生院学报》2015 年第 4 期。

苗瑞丹、徐雅芬:《论社会主义核心价值观在国家治理中的作用》,《人民论坛》2014 年第 11 期。

温海霞:《社会主义核心价值观的文化治理功能及其实现路径》,《理论导刊》2016 年第 9 期。

杨松菊:《社会主义核心价值观对社会风气治理的引领》,《求索》2016 年第 6 期。

廖秋子:《社会主义核心价值观与依法治国的辩证关系:基于国家治理视角的分析》,《中国党政干部论坛》2017 年第 4 期。

王贤卿:《努力把社会主义核心价值观融入法治建设》,《求是》2017 年第 7 期。

薛金华:《全面依法治国与社会主义核心价值观培育的关系辩证》,《学校党建与思想教育》2016 年第 8 期。

余华:《论全面推进依法治国的价值支点:以培育和践行社会主义核心价值观为视角》,《四川师范大学学报》(社会科学版)2014 年第 4 期。

刘旺洪:《社会主义核心价值观是中国特色社会主义法治的灵魂》,《红旗文稿》2017 年第 3 期。

褚丽、彭凤莲:《践行社会主义核心价值观的法治途径》,《南通大学学报》(社会科学版)2017 年第 1 期。

陈金钊:《"社会主义核心价值观融入法治建设"的方法论诠释》,《当代世界与社会主义》2017 年第 4 期。

汪庆军、邓淑华:《怎样将核心价值观融入法治建设》,《人民论坛》2017 年第 12 期。

冯玉军：《把社会主义核心价值观融入法治建设的要义和途径》，《当代世界与社会主义》2017 年第 4 期。

万尚庆：《社会主义核心价值观引领下的中国法治文化建设》，《学习与探索》2016 年第 6 期。

刘鹤挺：《略论推进我国基层法治文化建设》，《理论导刊》2013 年第 8 期。

刘作翔：《法治文化的几个理论问题》，《法学论坛》2012 年第 1 期。

王若磊：《法治文化之要义及其在当代中国语境下的建构》，《理论与改革》2013 年第 3 期。

张晓蓓、陈勇：《民族混居地基层法治构建中的法传统思考》，《西南民族大学学报》(人文社会科学版)2006 年第 2 期。

谢永萍、李涛：《用创新思维破解基层法治难题》，《人民论坛》2017 年第 19 期。

吴庆悦、胡莎莎：《我国基层法治政府的构建及其可行性路径探析》，《前沿》2010 年第 20 期。

郭蕾、吕维霞：《我国区(县)法治政府建设绩效评估体系构建研究：基于对苏北、苏中和苏南地区的实证调查》，《社会科学研究》2014 年第1 期。

应松年：《加快法治建设促进国家治理体系和治理能力现代化》，《中国法学》2014 年第 6 期。

喻中：《改进党对法治建设的领导方式》，《北京行政学院学报》2013 年第 1 期。

郭星华、石任昊：《从社会管制、社会管理到社会治理：改革开放以来中国现代法治建设的变迁》，《黑龙江社会科学》2014 年第 6 期。

方雷、孟燕：《从制度优势到治理效能——基于国家治理三维场域的中国共产党执行力解析》，《山西大学学报》(哲学社会科学版)2021 年第 2 期。

董大伟：《舆论引导新格局的基本内涵及构建策略》，《中国党政干部论坛》2020 年第 6 期。

何晓斌:《大数据技术下的基层社会治理:路径、问题和思考》,《西安交通大学学报》(社会科学版)2020 年第 1 期。

布成良:《党建引领基层社会治理的逻辑与路径》,《社会科学》2020 年第 6 期。

高立伟:《党建引领下的基层治理智能化精细化研究》,《人民论坛·学术前沿》2019 年第 21 期。

拜茹、尤光付:《自主性与行政吸纳合作:乡村振兴中基层社会治理模式的机制分析》,《青海社会科学》2019 年第 1 期。

陈东辉:《基层党建引领社会治理创新的探索与路径》,《理论与改革》2019 年第 3 期。

贺雪峰:《规则下乡与治理内卷化:农村基层治理的辩证法》,《社会科学》2019 年第 4 期。

王浦劬、汤彬:《当代中国治理的党政结构与功能机制分析》,《中国社会科学》2019 年第 9 期。

唐亚林、刘伟:《党建引领新时代基层公共文化建设的政治逻辑、实现机制与新型空间》,《毛泽东邓小平理论研究》2019 年第 6 期。

王思斌:《新中国 70 年国家治理格局下的社会治理和基层社会治理》,《青海社会科学》2019 年第 6 期。

周庆智:《政社互嵌结构与基层社会治理变革》,《南京大学学报》(哲学·人文科学·社会科学)2018 年第 3 期。

郁建兴:《中国基层社会治理中的自治、法治与德治》,《学术月刊》2018 年第 12 期。

党晓虹:《虚置与重构:乡规民约的当代困境及未来走向析论》,《理论导刊》2016 年第 8 期。

宁友金、王永友:《社会主义核心价值观融入社会治理:价值、困境与实现》,《思想政治教育研究》2019 年第 1 期。

李增元、李洪强:《农村社区化治理:现状、问题及对策》,《中州学刊》2016 年第 4 期。

叶林:《城乡基层协同治理的难题与化解:顺德改革的探索》,《公共行政评论》2014年第2期。

周雪光:《从“黄宗羲定律”到帝国的逻辑:中国国家治理逻辑的历史线索》,《开放时代》2014年第5期。

赵旭东:《乡规民约与新乡土秩序的建构:乡规民约在中国城镇化建设过程中的意义》,《中国党政干部论坛》2015年第7期。

梁平:《基层治理的践行困境及法治路径》,《山东社会科学》2016年第10期。

周庆智:《基层社会自治与社会治理现代转型》,《政治学研究》2016年第4期。

孙柏瑛:《以执政党为核心的基层社会治理机制研究》,《教学与研究》2015年第1期。

卢福营:《基层社会治理的政府创新应当法治化》,《浙江社会科学》2014年第12期。

朱政:《秩序重建与乡村治理的法治化:关于恩施市沐抚办事处基层社会治理创新调研的再思考》,《西安电子科技大学学报》(社会科学版)2015年第1期。

李占宾:《基层治理的现实困境及法治化路径》,《河南师范大学学报》(哲学社会科学版)2016年第1期。

方世南:《以法治型党组织建设推动基层治理法治化》,《学习论坛》2015年第4期。

彭澎:《农村基层治理法治化的制度内涵与发展目标研究》,《湖北社会科学》2016年第12期。

王艺璇、秦前红、王宇波:《我国新型农村社区地位及法治化路径研究》,《学习与实践》2015年第3期。

路媛:《社会主义核心价值观融入日常生活的张力及成效优化》,《思想理论教育》2023年第3期。

沈月娣、罗景华、李官金:《农村基层治理法治化建设研究——以浙江省湖州市、丽水市为例》,《浙江师范大学学报》(社会科学版)2017 年第 1 期。

韦少雄:《当前乡村治理法治化研究范式的检视及转型研究》,《云南行政学院学报》2016 年第 5 期。

周庆智:《论中国基层政府治理现代化》,《武汉大学学报》(哲学社会科学版)2016 年第 3 期。

雷磊:《社会主义核心价值观融入司法裁判的方法论反思》,《法学研究》2023 年第 1 期。

赵媛媛、黄迪民:《"法治中国"建设中的基层治理法治化》,《青海社会科学》2016 年第 4 期。

江治强:《基层社会治理机制的构建设想和路径》,《中国民政》2013 年第 9 期。

黄蓉生:《用社会主义核心价值观引领精神生活共同富裕》,《西南大学学报》(社会科学版)2023 年第 1 期。

陈荣卓、颜慧娟:《法治视域下的社会治理:区域实践与创新路径》,《江汉论坛》2013 年第 12 期。

陈家刚:《基层治理:转型发展的逻辑与路径》,《学习与探索》2015 年第 2 期。

梁小娟:《社会主义核心价值观的构建与深化发展》,《重庆社会科学》2023 年第 1 期。

周铁涛:《农村基层治理法治化研究:基于湖南益阳农村的调查与思考》,《领导科学》2016 年第 35 期。

袁方成、余礼信:《法治化与现代化:城乡基层综合治理的取向与路径》,《探索》2015 年第 6 期。

彭澎:《基层治理法治化的逻辑构成与结构范畴研究》,《政法论丛》2017 年第 2 期。

周向军:《以"六个坚持"推进社会主义核心价值观的广泛践行》,《社会主义核心价值观研究》2022 年第 6 期。

肖富群:《法治在广西农村基层治理中的重要功能及其推进:基于广西4市农村基层的调查研究》,《社会科学家》2015年第12期。

俞可平、徐秀丽:《中国农村治理的历史与现状:以定县、邹平和江宁为例的比较分析》,《经济社会体制比较》2004年第2期。

林尚立:《社区党建:中国政治发展的新生长点》,《上海党史与党建》2001年第3期。

后 记

本书在社会主义核心价值观和基层治理两个领域已有研究的基础上探讨两者之间的学理关联和实践关系，是围绕核心价值观融入基层治理的体制困境及其回应机制展开的系统研究。

通过对相关学术史与研究动态的全面总结和系统梳理，在借鉴既有研究成果的基础上，我们认为“基层治理中核心价值观融入机制”的议题，必须从研究内容上突破社会主义核心价值观与新时代基层治理未能纵深结合的理论匮乏，必须从研究范式上突破社会主义核心价值观与基层治理未能多维融合的逻辑单一，必须从研究目的上突破社会主义核心价值观与基层治理未能机制统合的机械回应，进而推进基层治理的具体实践中社会主义核心价值观融入机制的系统构建、策略落地与应用实现。

本书是山东大学当代社会主义研究所方雷承担的山东省社科规划重点课题“新时代基层社会治理中社会主义核心价值观融入机制研究”的结项成果，初稿于2020年初完成。2024年结合承接的山东省决策咨询委员会的研究项目“推动社会主义核心价值观融入社会发展研究”(该项目同时被列为山东省社科规划重点委托课题)的结项成果整合为本书稿。

方雷负责本书学术框架、提纲设计、组织研讨、统稿审订等工作。刘蕊负责本书第一、二、三篇的编写工作，李宸负责本书导论的编写工作，亓子龙、孟燕、黄硕明参与了课题讨论、资料整理和后期校对等工作。

在写作过程中，我们引用和参考了国内学者和有关网站的大量研究成果、观点和数据资料，并在脚注和参考文献中作了说明，如有遗漏、曲解或错误，敬请批评指正。

特别感谢山东大学出版社的协助与支持。

作者谨识